《叶隐》之道

张秀莹 著

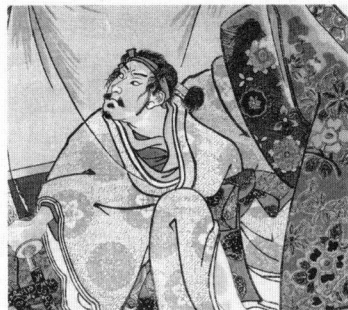

浙江工商大学出版社

杭州

图书在版编目(CIP)数据

《叶隐》之道 / 张秀莹著. —杭州:浙江工商大学出版社,2019.8

ISBN 978-7-5178-3361-1

Ⅰ.①叶… Ⅱ.①张… Ⅲ.①武士—道德规范—研究

Ⅳ.①K313.03

中国版本图书馆 CIP 数据核字(2019)第150968号

《叶隐》之道

《YEYIN》ZHIDAO

张秀莹 著

责任编辑	姚　媛
责任校对	刘　颖
封面设计	林朦朦
责任印制	包建辉
出版发行	浙江工商大学出版社
	(杭州市教工路198号　邮政编码310012)
	(E-mail:zjgsupress@163.com)
	(网址:http://www.zjgsupress.com)
	电话:0571-89995993,89991806(传真)
排　　版	杭州朝曦图文设计有限公司
印　　刷	杭州高腾印务有限公司
开　　本	710mm×1000mm　1/16
印　　张	16.75
字　　数	270千
版 印 次	2019年8月第1版　2019年8月第1次印刷
书　　号	ISBN 978-7-5178-3361-1
定　　价	58.00元

本书获得"教育部人文社会科学研究青年资金项目"资助，
项目批准号为:14YJC720029

凡 例

·本书中对《叶隐》原文的引用，皆来自岩波文库于1941年（初版）、2002年（第27版）发行的由和辻哲郎、古川哲史校订的《叶隐》上、中、下三册。行文过程中的中文译文原则上均为笔者自行翻译，翻译过程中参考了由中央公论社于1969年（初版）发行的奈良本辰也编辑的《日本的名著 17 叶隐》现代日语译文，以及由广西师范大学出版社于2007年出版发行的李冬君所译的《叶隐闻书》中文译本。

·涉及《叶隐》的引用部分，均采用"《闻书第○ ○○》"（如"《闻书第十28》"）的形式表记。

前　言

　　当今时代，在日本社会说到武士道相关的道德伦理书，人们大体会想到于江户时代前期面世的一系列书籍。如大久保三彦左卫门的《三河物语》(元和八年、1622年；六十三岁)、宫本武藏的《五轮书》(正保二年、1645年；六十二岁)、铃木正三的《驴鞍桥》(万治三年、1660年；弟子惠中编辑了正三从七十岁到七十七岁去世止，七年间的言说，正三去世五年后出版发行)、山鹿素行的《山鹿语类》(宽文三年、1663年；四十二岁)、大道寺友山的《武道初心集》(享保年间、1716—1736年)和山本常朝的《叶隐》(享保元年、1716年；五十八岁)等。其中，《叶隐》更被视为武士道之圣书。这大概是因为开头的一句包含死之觉悟的句子——"武士道即是发现死亡之道"。综观全书，可以说"死"在《叶隐》的思想中基本占据中心位置，也因此有人把《叶隐》所表现的武士道精神理解为果断地、毫不留恋地死。死，似乎构成了武士的本分和本质，并且是起着决定意义的本质。《叶隐》中的武士，几乎被看成等同于向死的存在。也因此，第二次世界大战期间，《叶隐》被军国主义分子利用，成为当时盲目奔赴侵略战场的日本军人人手一册的热门书。正是因为此，在一段时期内，人们谈《叶隐》色变，不仅中国人，多数日本人也对其敬而远之。但万事都讲究追根溯源，所谓"没有调查就没有发言权"，又所谓"知己知彼，百战不殆"，笔者认为，对在一定历史时期内起过重大作用的一本书，我们至少应该有所了解，进而才能或批判，或赞扬，或扬弃，或吸收。尽管误解和偏见使人们不愿意去了解、探求《叶隐》，也尽管因为种种原因，《叶隐》曾有被人敬而远之的历史，但仍然阻止不了一部分专家学者从事有关《叶隐》的研究。目前《叶隐》已被翻译成多国文字，2007年广西师范大学出版社出版了一本李冬君翻译的《叶隐闻书》，自此《叶隐》也有了中文译本，这无疑为中国的学者研究《叶隐》提供了一个非常有利的条件。但是遗憾的是，迄今为止，针对《叶隐》的系统研究似乎仍然仅限于日本本土。

　　文化是一个有机整体，要对文化的全貌有一个实际认识，不能不说认识个别时期的个别文化已用处甚微。只有将各文化与总体之间千丝万缕的联系揭示出来，指出其相似点和不同点，才有可能认识文化的全貌，才能在研究文化时，不仅得到乐趣，且有所神益。《叶隐》的思想不仅受日本土生土长的神道教的影响,也受佛教、禅宗的影响,甚至我们还可以捕捉到其受中国儒家思想影响的踪迹。在当今世界政治经济全球化、人类文化多元化的趋势下,基于文明碰撞,重新认识及融合的立场,我们有必要突破传统的国境文化的藩篱,以人类文化、世界文化为背景,用发展的眼光去解读《叶隐》。基于人类文化本来具有的跨越国境、超越地域的历史特点及未来文化势必趋向融合的立场,从东方各国及东西文化有异有同的视点出发,考察中日之间文化、精神、伦理的相互影响、渗透及其相互作用,也是当务之急。可以说,在当代视域下对《叶隐》的伦理思想进行重新解构与诠释是一种跨越时代、跨越国界、跨越语言的跨文化研究和实践。对《叶隐》的重新诠释,等同于对日本文化进行深层剖析,不但有助于我们从更深层面上了解日本文化、认识日本人以及解读日本人的精神世界,也有助于我们认识自己,以及认识"人"。

目录
CONTENTS

序章

第一节　问题的提出及课题的确立

"若人问起大和心,满山樱花映朝晖",这是由日本江户时期的国学大师本居宣长代表全体日本国民吟出的两句和歌,在日本可谓家喻户晓。自古以来,樱花即以其骤然开放和决然凋零的干脆与洒脱深深赢得日本人民的喜爱,日本人将自己对于人生的某种理想寄托于樱花,甚至把樱花视为日本民族灵魂的象征。可以说,樱花是日本的国花,是其国家极具代表性的自然景观。"花数樱花,人数武士",这句短句跟开头的和歌可谓相得益彰,生动地体现了日本武士在日本人心目中的地位——如樱花一样干脆、洒脱,又高贵而清洁。实际上,武士的道德规范、伦理信条——武士道,一直以来都被视为大和魂及整个日本民族的精神支柱,是日本社会的民族楷模和日本精神的核心要素,堪称改写日本历史的物质力量和指导思想。尽管武士并不是在日本成立之初就存在的,它顺应历史的需要产生又因历史的发展而退出历史舞台,但是武士作为日本实质上的统治阶级,经历了镰仓时代、室町时代和江户时代,从它的萌芽到作为一个阶级从日本的历史舞台消失,经历了将近一千年的时光。明治维新以后,作为一个阶级,武士虽然消失了,但其精神并未连同时光的流逝化为历史的尘埃。甚至时至今日,武士的道德规范及伦理思想作为一种曾经活跃的精神要素,仍然以各种形式表现在日本文化的方方面面。在日本人的行为模式中,仍然可以清晰地窥见武士的影子及武士道的痕迹。也就是说,诞生并成长于封建时代的武士及其精神,与后面的近代甚至现代精神都有着密切的关系。尽管关于武士道并没有成文的典章制度和完整的体系,其本身却是约束武士的道德律法,也是日本社会长期以来的主流意识形态。正如新渡户稻造在《武士道》一书中明确指出的那样,武士道是日本的国民之魂,是日本国民赖以生存的力量与精神支柱。他说:"即使具有最进步思想的日本人,如果在他的皮肤上划上一道伤痕来看的话,伤痕下就会出现一个武士的影子。"①中国学者阎德学也曾说过:"我想武士道对于日本正如儒家文化对于中国一样,作为一个民族精神文化是不会消亡的,除非日本民族灭亡了。"②想要深刻地了解日本人以及日本文化,考察日本的民族心理,就必须了解武士这个已经不存在的阶层,而他们流传至今的道德体系——"武士道",便是一个绕不过去的课题。

一、武士道起源论

所谓武道,是平安时代后期武士兴起以来面对公家贵族产生自我意识时所形成的行为规范和生活方式。一般认为,武士道起源于日本镰仓幕府时期,也就是封建社会开始占据优势的时候。随着贵族与武士争权夺利愈演愈烈,从富农中产生出的地主武士凭借扎根社会底层的优势,在权力统治机构中一路攀升成为权力阶层。当武士依靠各自紧密的主仆关系向超越贵族的权力之路迈进的时候,武士中最上层的统治者因害怕有人犯上作乱而制定出了许多的行为准则来拘束、捆缚武士。这些行为准则逐渐发展,最终形成了后来的武士道。换句话说,所谓武士道,就是封建社会武士的道德规范。

对于武士道的起源问题,中国学者娄贵书曾对中日学者的观点做过详尽的归纳总结,其结论是:日本学者多持"神话传说起源论"和"战争生活起源论"两种观点;而中国学者则坚持"武士道是在其物质载体——武士产生之后,才逐渐形成于武士的战争实践中"的观点。

一方面,持"神话传说起源论"的日本学者的代表有井上哲次郎、佐伯有义、蜷川龙夫、菊池宽等。井上哲次郎曾宣称日本的武士道精神源于太古,必须追溯到神代,并坚称从神武天皇③至佛教传入的大约1260年间是武士道历史的第一个时期。佐伯有义甚至称武士道的起源远至皇族天照大神,认为"在诸神的行动中,都可以看到武士道"。蜷川龙夫强调,日本民族自古富有敬神尚武精

---

① 新渡户稻造著,张俊彦译:《武士道》,商务印书馆1993年版,第104页。
② 阎德学:《武士之路 日本战略文化及军事走向》,人民出版社2006年版。
③ "记纪"上记载的第一代天皇,于公元前660年继位。

神,而此种精神正是武士道之渊源,并且神代之时便已潜在。大伴、物部两氏作为天孙降临以来的建国肇业之元勋,其身上恰巧体现了日本民族纯正的武士道精神。菊池宽也指出,日本的武士道精神就是为主君舍一命的精神,这种精神,即物部氏守护古代朝廷的精神。

　　另一方面,持"战争生活起源论"的日本学者有桥本实、樱井庄太郎、和合正治等。桥本实是"二战"前研究武士道的代表人物,他曾在《日本武士道史》中明确指出:"日本民族的民族精神,恰好获得称为东国的地盘,与富有武勇精神的虾夷同化而生成东人,发扬所谓东人的武勇精神,并由东人的后身——东国武士所继承,通过不断在战场上的训练确立起所谓忠节武勇的武士精神,此即武士道的萌芽,成为在镰仓时期被作为时代的道德加以讴歌的镰仓武士道的先驱。""镰仓武士道是镰仓武士实践生活的产物。镰仓武士的实践生活在镰仓武士道的形成过程中,扮演了伟大角色。"①其还强调,研究武士道必须以武士道产生的时代为根本条件,充分把握时代的社会制度、政治形态,特别是经济状态,需要通过其土壤把握和阐明武士道生成发展的活动状况。樱井庄太郎认为,武士道是从武士在战场上的实践生活中产生的,最初称为兵之道、弓矢之道等,进入近世以后才被山鹿素行等武士道学者体系化,但实际上又常常陷入暴力道。和合正治指出,武者之习正是以武者之家为中心酿成的,具有惜名不惜死、死中求活等特性,也得到当时中央贵族的极高评价,而这些都是构成武士道的渊源。高桥富雄更提出"关东地方之风为武士道之母,武士的武勇之职为武士道之父",一语道出武士道源自关东武士的实质。

　　针对以上日本学者的观点,我国学者李威周先生曾提出质疑:"在作为武士道主体的武士尚未产生的情况下,怎么会有什么无主体承担者的武士道呢?"②这一质疑犀利地否定了缺乏事实依据,穿凿附会的武士道之神话传说起源论。③在西方,武士道也曾引起研究者的热烈讨论,否定与肯定者兼而有之。否定者认为武士道是近代日本的产物,否定武士道存在于近代以前。持此种观点的原因在于把武士道狭隘地理解为近代天皇至上主义,也可以说是国家至上主义。对于武士道的起源问题,笔者赞同李威周先生的质疑,在笔者的观念里,武士是

① 橋本実『日本の武士道史』(地人書館、1940年)73ページ。
② 李威周:《论日本武士道》,载《中日哲学思想论集》,齐鲁书社1992年版,第274页。
③ 娄贵书:《日本武士兴亡史》,中国社会科学出版社2013年版,第304—306页。

武士道的物质载体，而武士道是武士文化的核心，所以笔者赞同武士道是在8世纪中后期随着其物质载体——武士的产生而逐渐形成，并逐渐融合在武士以战争为职业的生活方式和武家政权以武为本的军事统治中的观点。在本书中，笔者就秉承武士道的"武士生活实践起源论"，将在第一章中，按照武士掌权的各个时代的不同背景，对武士道的不同表现进行考察。

二、"武士道"一词的产生及流传

武士道是武士的道德伦理，但是"武士道"一词，并不是伴随着武士的出现而出现的。最开始有「もののふの道」「ますらをの道」的说法，其后又有「兵の道」「武者の習」「弓矢とる身の習」「弓矢の道」等表达方式，再然后才出现了「侍道」「武士の道」「武士道」「士道」等表述，明治以后，"武士道"的说法才开始占压倒性的多数。由此可见，所谓"武士道"，只不过是众多表现武士之道的词语之一，并且是距离现代较近的时代才开始使用的。迄今为止，在关于武士道的研究者中，基本达成一致意见的是："武士道"这一名称，是进入近世，即江户时代以后才在文献中出现的。其中，古川哲史指出，大概在丰臣时代末期该词开始使用，并持续至今。从文献中有明确记载的角度来看，《甲阳军鉴》应该是最早且频繁使用"武士道"一词的著作，该书由小幡景宪汇总而成，大概在庆长（庆长元年为1596年）以前就开始在世间广泛流传。"武士道丛书"收录了六十多部于德川时代编撰的论著，其中，使用"武士道"一词的不过十部左右，并且有六部论著中，"武士道"一词只分别出现一次，而频繁使用该词的只有大道寺友山（1639—1730）的《武道初心集》、力丸东山（天明年间的人，天明元年为1781年）的《武学启蒙》、中村中倧（1778—1851）的《尚武论》和吉田松阴（1830—1859）的《武教讲录》等四部论著而已。但在未收录于"武士道丛书"的文献中，如《武士道功者书》《军法侍用集》《诸家评定》等曾频繁使用"武士道"一词。①尤其在本书的考察对象《叶隐》中的用例更是不胜枚举。笠谷和比古单从词语的角度分析，指出《叶隐》作为武士道著述也许并未对同时代或后代（原文如此）产生影响，但是它作为一种记录，可以证明'武士道'这个词和概念已经着实渗透到了九州佐贺地方，并且当地已经确立了首尾一致的行动规范说教。这一记录不仅有效，而且是极为重要的证据之一。可以说《叶隐》证明了在18世纪的日本社会，武士道一词和概念出现了全国性的

---

① 古川哲史『武士道の思想とその周辺』（福村書店、1957年）2—3ページ。

普及"①。这种观点与古川哲史的观点有不一致的地方,尽管无法判断哪个观点更接近真实的历史,但从德川时代开始编撰"武士道丛书"这个角度来看,即便武士道的概念并不像笠谷和比古所说的那样在18世纪出现"全国性的普及",至少作为一个词语,"武士道"为全国所知应该是不夸张的。近年来,武士道研究者一般将近世日本的武士思想分为两大流派:一种是以山鹿素行的《山鹿语类》为代表,受中国儒家思想影响的武士道论;另一种则是以《叶隐》为代表,承袭于16世纪战国乱世,凸显地方色彩的传统武士道论。日本学者多田显曾指出:"素行的士道论是兵儒一致的新武士道,而《叶隐》武士道论才是武士道的本流。"②

明治三十一年(1898年)二月,大日本武术讲习会创立了《武士道》杂志。该杂志的创刊号上刊载了瑞穗太郎的发刊词。针对当时埃及、印度、越南、缅甸、泰国、中国、朝鲜以及东南亚各国处于西欧各国蹂躏下的现状,瑞穗太郎言辞激烈地批判了欧美列强的帝国主义行径,指出:"这是无情无义、伤天害理的强盗行为,这是弱肉强食的兽行。"瑞穗太郎认为,唯有日本可以与基于优胜劣汰、弱肉强食世界观的"世界兽欲倾向"进行对抗,他宣称,日本一定要振兴"人类最大的精华"——"武士道",一定要发挥"至诚"和"威势"。由此可见,当时《武士道》杂志将"至诚"和"威势"视为"武士道"的精髓,并俨然认为拥有武士道精神的日本就拥有正义,而欧美列强的帝国主义行径则是"世界兽欲倾向"的表现,唯有日本可以与之抗衡。如今看来,那只不过是在甲午中日战争中意外获胜之后的膨胀和猖狂,是把其侵略性战争加以正当化的说辞罢了。明治三十二年(1899年),新渡户稻造(1862—1933)在美国出版了《武士道》,该书是在美国用英语写作的,橘玲称之为"人们了解在日俄战争(1904—1905年)中打败强大俄国的'新兴国家'日本秘密的著作"③,当时在美国和欧洲各国都很畅销。自此"武士道"一词广传于西方世界,进而被频繁使用。关于武士道,日本以外的外国人最先接触的就是新渡户稻造的《武士道》。

新渡户稻造出生于文久二年(1862年),六岁那年,日本迎来了明治维新。新渡户稻造在东京学习英语,毕业以后,进入札幌农学校,进而留学美国和德国,后娶了美国人为妻。回国后作为农政和经营殖民地的专家,在日本的教育

① 古川哲史『武士道の思想とその周辺』(福村書店、1957年)2—3ページ。
② 多田顕『武士道の倫理—山鹿素行の場合』(麗澤大学出版会、2006年)26ページ。
③ 橘玲著,周以量译:《(日本人):括号里的日本人》,中信出版社2013年版,第34页。

界和当时的台湾总督府工作过,1920—1926年担任国际联盟事务次长。从《武士道》的创作背景来看,其一开始的目的是向外国人介绍日本,其中难免有大量美化日本人的意识和内容。连日本学者家永三郎也曾经说过,"必须认识到:明治以后的伦理学家美化为普遍道德,在欧美各国也大肆宣扬的所谓武士道,是江户时代形成的观念形态,而封建社会成长期武士道德的实际内容,却具有按照这种观点来看有点无法想象的性质"。在当时的美国,许多知识分子对金钱万能的资本主义侵蚀古老而美好的传统——中世纪的价值观感到十分忧虑,对于他们来说,基督教是他们精神世界的唯一支柱。在这种情况下,新渡户稻造写下《武士道》,是想向美国人灌输这样的道理:欧美社会不复存在的"骑士精神",在日本以"武士道"的形式保存了下来,在日本同样存在着可以接受基督教的"文化"土壤。就这样,在毫无资料可供利用的加利福尼亚,并非历史学家的新渡户稻造"运用了以东方主义加工过的'武士'这个形象塑造了理想中的'日本人',创造了在世界上都很畅销的商品"①。之后,该书多次再版,甚至美国总统西奥多·罗斯福也成了该书的读者,买来分赠友人。1938年,卢沟桥事变的第二年,经由矢内原忠雄翻译的日文版《武士道》开始在日本出版。人们对其展开了热烈的讨论,随后与武士道相关的各种杂志创刊,"武士道丛书"等大批相关作品也相继出版,自此,武士道在日本掀起了一个热潮。

三、武士道研究的开展

自从20世纪30年代,武士道在日本形成一股热潮之后,也有人对这一倾向提出批判,后来笠谷和比古将这些批判议论大体总结成两种类型。一种是英国著名的日本研究者张伯伦对武士道的批判。张伯伦认为,所谓的武士道是明治时代创造的词,在近代的日本社会并不存在。当然,随着研究的不断深入,针对这一批判的意见已经得到修正,前文的表述也已经证明,"武士道"这个词,在《甲阳军鉴》《武道初心集》以及本课题的研究对象《叶隐》等书中均已经有过明确记载。对武士道进行批判的另一重要人物是津田左右吉。在《文学中体现的国民思想研究》中,津田左右吉将武士道问题作为主要题目,对明治、大正时期盛极一时的武士道赞扬论持强烈的批判态度,力主武士道并不像世人所宣扬的那么美好,而是发动背叛、以下犯上的暴力行动。该书强调了武士道的非道德

---

① 橘玲著,周以量译:《(日本人):括号里的日本人》,中信出版社2013年版,第37页。

性、暴力的一面,他厌恶地称武士道为"变态""强盗",那些极尽批判的口吻,甚至带着偏执的意味。如今,仍然有人继承津田左右吉的关于武士道非道德性的论说,其中有一部分人认为江户时代偶尔可见的武士道也不过是战国时代的遗风,在他们的观念中,江户时代的武士道与战国时代的武士道同样是暴力的和非道德的行动。①另外,在甲午中日战争至第二次世界大战结束前,除了新渡户稻造所美化的武士道之外,还出现了井上哲次郎的武士道论,井上哲次郎支持由"武家主义武士道"演变而来的"天皇主义武士道"。可以说,这一次武士道热是明治维新以后发生在日本本土的第一次热潮。1945年日本战败后,在联军统治下,利用教育手段推行和平民主主义的政策,当时的出版业、电影演艺界也参与其中。在日本国民中有着相当人气、宣传忠君爱国思想的历史剧,包括深受日本国民喜爱的歌舞伎剧目《忠臣藏》都被禁演。那些"忠孝""忠孝一体"等战前的道德理念在人们的意识中逐渐消失。在这样的时代背景下,江户时代被当成武士基本生存的时代,且明治时期之后也在一定程度上被推崇的武士道渐渐淡出人们视线。

第二次对武士道的研究热潮从20世纪80年代开始并延续至今。在当时军国主义翻案风愈演愈烈的背景下,涌现了一大批武士道著作,如奈良本辰也的《武士道系谱》(1971),相良亨的《武士道》(1981)、《武士的思想》(1984),俵本浩太郎的《新·士道论》(1992),笠谷和比古的《武士道与日本型能力主义》(2005)等,不胜枚举。这些战后武士道研究作品的共性是普遍带有强烈的民族感情和现实关怀,没有系统论述武士道的负面因素,主要是为武士道正名和肯定武士道,企图重振武士精神。

另外,对武士道的研究也体现在文学研究领域。针对武士文学的研究,在日本多局限于对镰仓幕府、室町幕府时期战记文学的研究,因此到目前为止,日本的武士文学研究多侧重于单项研究,涉及武士道与文学关系的论著,有儿玉敬一的《今川了俊:武士道与文学》(1944)、高木武的《太平记与武士道》(1938)、石原靖久的《司马辽太郎的"武士道"》(2004),基本属于作家论或属于作品论。新渡户稻造曾经指出:"日本乃是武士之所赐。他们不只是国民之花,而且还是其之根。所有上天美好的恩赐,都是经过他们流传下来的。"尽管不能否认其中夸张的成分,但是从与人们生活有着密切关系的大众文学经常将武士作为题材

---

① 笠谷和比古、周志国、杨士敏:《武士道概念的历史沿革》,《南开日本研究》2011年第00期,第90—128页。

这个侧面来看,也可知武士道对日本人的影响确实非同一般。在日本的江户时代,大众文学的特征已经很明显,除了井原西鹤的武家小说(《武道传来记》《武家义理物语》),净琉璃、歌舞伎等戏剧形式也离不开武士题材,如《假名手本忠臣藏》《曾根崎情死》《情死天网岛》等。另外,近世文学中的读本小说,尤以上田秋成的《雨月物语》为代表,也属于武士题材。因为近世中央集权的政治特点,这些武士题材的作品多数以赞美武士的忠诚和义理为主要目的。明治中期出现了主要以扶弱除暴的侠义世界为题材的小说,其中以村上浪六的作品为代表,被称为"拨鬓小说",其中表现的思想赢得了大众的共鸣。大正时期是传奇时代小说大量产出的时代,代表作品有中里介山的《大菩萨岭》(1913)、大佛次郎的《鞍马天狗》(1924)等。昭和时期,与武士相关的小说呈现出多姿多彩的倾向:20世纪20年代末期开始出现剑豪热,于是相应地出现了剑豪小说,代表作品有吉川英治的《宫本武藏》(1936)、山本周五郎的《予让》(1952)、五味康佑的《柳生武艺账》(1956)、柴田炼三郎的《决斗者 宫本武藏》(1970)等。"二战"前,出现了以追捕犯人为题材的捕物贴,代表作品有冈本绮堂的《半七捕物贴》(1915)、野村胡堂的《钱形平次捕物贴》(1931)等。"二战"后的20世纪50—60年代出现了残酷小说热,代表作品有《残酷物语》(1959)、南条范夫的《被虐的系谱》(1961)。60年代中后期,应读者的强烈要求,出现了股旅物(以描写赌徒、浪子到处巡游为题材的作品),代表作品有笹泽左保的《木枯纹次郎》(1971)。70年代,司马辽太郎开始被誉为国民作家。60—70年代也是他创作的高峰期,作品多取材于日本的战国时代、幕府末年以及明治维新时期和日俄战争时期,具有很大的社会影响和现实性,主要有:《真说宫本武藏》(1962)、《龙马行进》(1962)、《城塞》(1967)、《殉死》(1967)、《坂上之云》(1969)等。

近年来,日本出版界也兴起了一股武士道热。2005年11月藤原正彦创作的《国家的品格》(新潮社)出版。他在书中提倡基于恻隐之心、"物哀"等的日本固有文化,尤其是武士道精神的复兴。在藤原正彦看来,所谓近代,是一个"肮脏"的时代。他主张日本人应该回到江户时代之前的年代,因为那时的人们的生活非常"单纯"。《国家的品格》很快捕获了日本人的心,在日本畅销百万册以上。据《读卖新闻》2007年5月8日的报道,有日本公司的领导者因读了此书深受感动,便组织经营管理人员接受以武士道为内容的培训,以倡导企业内部的合作精神等。由此可见,武士道存在着多种可能的解释,它对当今日本人的吸引力也相当大。可以说武士道问题一直是日本历史和日本文化上一个重要的问题。由武士道转化的物质能量更是难以估计。研究武士道可以最大限度地挖掘日本国民的主动精神、创造精神和牺牲精神。在封建军人专政的时代,武士道作为其道德体系的支柱,显示了巨大的威力。如今,在总结日本军国主义战争机器的巨大破坏力时,可能也需要从武士道那里寻求答案。由于没有明确的教义或仪式,日本社会现在不再提倡武士道精神,作为一种思想体系,其已经灭亡,但它的能量仍深深蕴藏在日本文化之中。

中国人关注日本的武士道已有百余年的历史,梁启超认为日本的强盛与武士道有着密不可分的关系;戴季陶在《日本论》中对日本武士、日本军国主义等问题都有分析,认为日本尚武思想中的杀伐气最值得国人研究;中华人民共和国成立后,日本史研究的前辈万峰、张玉祥、王金林、王家骅、汤重南、卞崇道、李威周、宋成有等,作为较早和较系统地对日本武士道展开研究的学者,在武士道研究方面做了很多开创性的工作;进入21世纪,中国学者对武士道的关注热度不减,娄贵书从伦理道德、战争精神和统治思想等三方面系统阐明了武士道的含义,以武士为主线,通过梳理日本文献资料,展现日本武士的历史全貌,揭示出是武士的存在改变了日本的历史命运、社会制度、发展路径、民族文化、理想价值和日本民族等的本质。在中国的文学界,也可见到从武士道与文学关系的角度进行的研究,尤其常在期刊或学位论文中见到关于某位作家的武士道观或某部作品中的武士道等方面的内容,如谭艳红的《漱石文学与武士道》(2002),李群的《武士道与文化侵略——探析近松门左卫门文学中的侵华意识》(2005)、《近松门文学中的武士道和侵华意识》(2006),胡水清的《日本文学中英雄崇拜的雏形——战记物语中的武士道精神》(2008)等,其共同点是限于某一作家或作品中的武士道研究,但是与日本本土研究不同的是,中国学者的这些研究多倾向于从文学表现中探寻武士道的真相,并且往往聚焦在武士道的负面作用上。就笔者目力所及,在中国,对武士道与文学的关系进行的较为系统的研究,只有关立丹的《武士道与日本近现代文学》(2009)。在该论著中,关立丹以乃木希典和宫本武藏两个题材的作品及其变迁为中心,主要探讨了森欧外、夏目漱石、芥川龙之介等一系列作家对乃木殉死事件的反应及作家本人的武士道观,战后不同作家对宫本武藏的不同解读,以及司马辽太郎的创作方式与历史观等。尽管作者建立了很好的问题意识,即探索武士道与日本文学的关系,并对大众文学中的武士道也稍有涉及,可从其论著的内容和论证过程来看,很遗憾最后还是变成了作家评传与作品评论。

武士道作为日本社会文化背景的重要组成部分,不但越来越受到中国学者的关注,也受到中国普通民众的关注。2005 年 8 月 18 日,中央电视台《新闻调查》栏目播出的节目《军国的背影》中,与会专家多次提到了武士道与日本军国主义的传承关系问题。[①]事实上,在中国普通民众的心里,武士道往往与军国主义相关联,那么武士道究竟是不是一开始就提倡军国主义?其精髓是不是就意味着扩张和侵略呢?武士道从产生以来,其精神和思想是否就是一以贯之,一成不变的?这些都是值得人们深入思考的问题。近年来,中国国内以"武士道"为切入点研究日本传统文化及日本近代化的专家、学者逐渐增多,并且取得了丰硕的成果。但是这些研究大多集中在日本江户时代幕藩体制或日本近代化方面,用动态的眼光对于武士道本身进行研究,对其固有思想进行深入挖掘和阐释的似乎并不多见,正如小泽富夫曾在《作为历史的武士道》一书中指出的那样:"几乎少有像武士道那样被人为改变的思想……在战争年代,武士道经由一部分政治家、学者和军人的倡导,真不知在国民道德论和军人精神教育方面曾发挥过何等人为的作用。从这个意义上说真正的武士道反因此而消失,恐并不过分。"换句话说,就是"以往的武士道研究或人为的武士道论,是为实现某种目的而被改变了的产物,并非对武士道固有思想的阐扬"[②]。那么,武士道原来所固有的根本思想究竟是什么呢,而其背后的根据又何在呢?是否真如新渡户稻造所宣称的那样,武士道思想的源流是儒释道的融合?本书以此为问题意识,从历史的角度在对日本武士的兴衰史进行考察的基础上,力求厘清武士道的发展和演变过程,从而明确不同历史时期武士伦理道德的主要内容及其产生的社会历史原因,深入挖掘武士道思想的内涵与本质。为了能够做到有的放矢,在论证的过程中,笔者将主要焦点放在成书于江户时期的《叶隐》上面,结合文献学和文本分析的方法,力求对《叶隐》中表现出来的武士道进行动态的解读。

第二节　将《叶隐》作为研究焦点的理由

成书于江户时代的与武士道相关的书籍,除了前文提到的小幡景宪编撰的

---

① 王炜:《日本武士名誉观》,社会科学出版社 2008 年版,第 8 页。

② 小沢富夫『歴史としての武士道』(ぺりかん社、2005 年)まえがき。

《甲阳军鉴》之外,另有大道寺友山的《武道初心集》等,与这些书相比,《叶隐》的思想并未构成江户时代的主流,但它因开头"武士道就是求死之道"一句,相对于其他的书更广为后世所知。张博认为,《叶隐》的武士道,既与德川光圀①"蹈死以尽忠节者有之,全生以尽忠节者亦有之"的儒教化的正统武士道相悖,也不是战国武士传统的继承和发展,而是中下层武士日常"奉公"②体验之上独自的创造。③江户时代的日本,一方面,从德川幕府的政策、法令到官方意识形态无不表里如一地强调四民阶级的区别;另一方面,从 17 世纪中期开始,社会上也确实出现了武士和庶民在生活、文化上交流、融合的现象。可以说《叶隐》中表现出来的文化是始终处于社会中层的文化,同时受到来自更通俗的庶民文化与更高雅的精英文化的双重挑战。同时,正因为它位于中层,所以也是士庶文化交流、融合的一种体现。

除此之外,《叶隐》本身的流传过程迷雾重重,人们对《叶隐》的态度也充满了戏剧性的变化。在"二战"时期,《叶隐》甚至成为被军国主义分子利用的工具,而如今又从教育学、思想史、伦理学,甚至文学的角度被广泛阅读。以上这些都是笔者对《叶隐》加以关注的原因,如果详述选择《叶隐》作为本书研究对象的理由,大体可总结为以下三点:第一,《叶隐》的成书背景;第二,《叶隐》谜一般的流传经过以及对其相关研究的开展过程;第三,从《叶隐》目前在中国的研究现状来看,其不但有很大的研究空间,而且有一定的理论价值和实际意义。

一、《叶隐》的成书背景

《叶隐》是由山本常朝(1659—1719)和田代阵基(1678—1748)两人合作完成的。山本常朝原本是佐贺藩(原肥前锅岛藩)第二代藩主锅岛光茂的侍臣,"奉公"生涯长达三十余年,与主君感情深厚。元禄十三年(1700年),锅岛光茂去世。光茂在世时,山本常朝就曾几次因为感动于主君的深情厚谊,决心将来为主君殉死。但是,宽文三年(1663年),出于"殉死自古以来即为不义无益之事"的考虑,江户幕府在全国范围内颁布了禁止殉死的命令,并于天和三年(1683年)和宝永

① 德川光圀(1628—1701),日本江户时代的大名,水户藩第二代藩主。
② 此处的"奉公"为日语词,中文意思为"效劳、服务"。为了方便叙述,古代日语中的一些官职,如"家老""老中""年寄"(若无特别解释,则为日本古代官职)等,以及"奉公""御恩""隐奉公""奉公人"等词,在解释相关意思后,直接用日语原型表述。下同。
③ 张博:《浮世绘、武士道与大奥:日本江户时代的大众文化》,上海三联书店 2014 年版。

七年(1710年)编入武家诸法度。山本常朝所在的佐贺藩更是在宽文元年(1661年),早于幕府两年就在藩内禁止殉死,而这一禁令正是山本常朝的主君锅岛光茂下达的,于是素有殉死之志的山本常朝只能放弃自己的想法,以出家的形式代替殉死。十年后,侍奉过佐贺藩第三代、第四代藩主的藩士田代阵基因被免职成为浪人,前来山本常朝隐居之地拜访。当时两人生活的时代,距离江户初期最后一次大的战乱——岛原之乱也已有数十年的时间,天下呈现一片和平景象。而自古以来,不问东西,生活在和平时代的人们往往容易思想懈怠。少了居安思危的危机感,君臣之间的情谊也不像可以在战场上同生共死的战争年代那样浓厚,尤其在山本常朝和田代阵基两人相遇之前的贞亨四年到宝永六年(1687—1709年)的二十三年间,人们更是仿佛沉溺在和平之中不能自拔,五代将军德川纲吉在此期间颁布的《生类怜悯令》就是最好的证明。德川家康从江户幕府建立之初,就用法令将武士定位于士农工商之首,武士离开土地,从领主那里领取粮饷,丧失独立性,被固定在统治阶层的一个链条当中,由镰仓时代农业的经营者彻底变为城市的消费者。他们在当时的社会中处于等级结构的中间部位,与其上的皇室公卿、将军大名共同完成对其下的百姓、商人和贱民等的统治。如前文所述,江户时代的日本,从德川幕府的政策、法令到官方意识形态无不表里如一地强调四民阶级区别;可是,与此同时,从17世纪中期开始,社会上的确出现了武士和庶民之间在生活、文化上交流、融合的现象。《江户见闻录》①中就记载了江户豪商极尽奢侈,乘肥马,衣轻裘,从者众多的情形,武士们对其争相效仿,渐渐出现了世风日下的状况。当时在生活上,富豪町人和武士所不同的不过是不能手持长枪,腰插双刀而已。反观武士们,即便是作为"名君楷模"的德川光圀,青少年时不但常常混迹于江户市井,出入秦楼楚馆,还在水户藩邸练习三味线,而这些在当时被认为是只有庶民才能从事的低俗娱乐活动。不得不说,出现这种情形,从根本上说,是天下承平和商品经济发展的必然结果。和平时代,本身就意味着武士已经由维护领土、村庄安全的军人转变为维持社会秩序和发展的行政官僚,原本安身立命的"弓马之道"越来越远离实用,成为"武艺"。褪去杀伐之

---

① 《江户见闻录》,元禄年间成书,著作系筑前国黑田藩的武士酒泉彦太夫,生卒年不详。在茨城县立历史馆所编《茨城县史料 近世思想编 大日本史编纂记录》,元禄十四年(1702年)条注(462页,京都大学文学部所藏)中,有水户藩儒官安积觉为编纂《大日本史》搜集资料而给酒泉彦太夫的信,据此推测酒泉彦太夫大概是黑田藩的儒学者。

气的武士们,从生活到精神状态都渐渐与占城市人口大多数的庶民相接近。不仅如此,随着商品经济的发展,市民生活水平急速上升,他们理所当然地开始追求王侯的各种物质与文化享受。具体地说,江户时代综合性大都市的繁荣,为武士与庶民的交流创造了平台。例如日本桥这样的商业区,隅田川一类的郊游"名所",吉原、深川的花街,新桥的茶屋,两国的小剧场等消费场所,都基本上不存在武士与庶民的分别,属于充满较多自由和平等的天地。当然,这里的"自由"不是现代人所理解的人权上的自由,而是经营、消费的生活自由;"平等"也不是法律层面的平等,而是金钱面前的平等。也就是说,在江户城本丸御殿里,严格按照家格、职位区分办公场所、活动场所、用具的武士们,在结束了工作后,大体都可以聚集在新桥的歌舞伎茶屋里和町人同席喝酒,谈笑风生。

由此可见,正如町人们希望在武门"奉公"一样,武士们也同样向往町家轻松、恣意的生活。元禄时代既出现了乔装私访向町人学做乌冬面的大名,也出现了热恋歌舞伎演员、屡屡出城幽会的大奥女官,甚至将军也在山王祭、神田祭时允许町人的花车驶入城中以供御览。一言以蔽之,正如德富苏峰所说:"元禄时代(1688—1707年)是町人模仿武士的时代,也是武士模仿町人的时代。"[①]在这种情况下,武士们仿佛忘却了武士该有的本分,肆意谈论酒色、金钱。置于这样的环境之中,佐贺藩自然也不能丝毫不受影响。当时佐贺藩的情形,大概就像《闻书第八42》中安住道谷[②]所感叹的那样:"今日锅岛枪尖已经折了一寸五分。知道直茂公[③]、胜茂公军功和物语者少了,讨厌旧风昔话,远离锅岛家传统,这是五分折;过去以糙米饭和萝卜干度日,讲究身份的是养马,给马吃细米和豆,那是因为有弓矢之事时能派上用场,可近日来,讲究吃喝,让妻子乘轿子,穿金丝银线的华丽之衣招摇过市,却没有养马人,这又是五分折;加上与江户上方往来频繁,上下都模仿他国风习,讨厌肥前古风,气概风骨越来越弱,这又是五分折。"这段话生动地表明,在当时已经天下太平的大背景下,幕藩体制下的武

---

① 德富蘇峰(平泉澄訂)『近世日本国民史　元禄時代(世相篇)』(講談社、1982年)105ページ。

② 安住道谷,原名勘助,父亲是小城藩主锅岛元茂的贴身侍从。受小城藩二代藩主锅岛直能(元茂之子)之命开凿芦刈水道,引川上川之水,灌溉数千町农田。入道后称道谷,人们敬之如神。于贞享元年(1684年)去世。

③ 直茂公(1538—1618),佐贺藩藩祖。安土桃山时代武将,隆信部下。隆信死后,因其子病弱,开始握有领国的实权,成为事实上的大名。1601年,从德川家康那里受领地封印,佐贺藩获得了三十五万七千石的实权。其子胜茂为佐贺藩初代藩主。

士,无论是从他们存在的生活状态,还是从他们的意识来看,都已经从战争年代的战斗者转变成和平时代的统治者,武士们可以在战场上厮杀呐喊、攻城夺命、叱咤风云的时代已经一去不复返了。山本常朝痛感时局的变化,经常对田代阵基讲述佐贺藩锅岛家的历代故事和武家社会的风俗习惯,谈论武士应该具备的素质和应该遵循的道德规范,田代阵基将所听闻之事整理、记录下来,前后花费了将近七年的时间,终于于享保元年(1716年)成书,即为《叶隐》。因为此书是以这种一人讲述一人记录的形式形成的,各卷开头均以"闻书"题名,所以后世也称此书为《叶隐闻书》。《叶隐》全书共计十一卷,其中《闻书第一》和《闻书第二》两卷,又以"教训"为副标题,这两部分的内容被认为是山本常朝本人直接讲述的,而其后的编写则很有可能是山本常朝和田代阵基两人共同完成的;其余各卷被推断为可能是田代阵基将从其他书物里看到或从别人那里听来的故事,一人单独整理而成的。①

至于两人为何将书命名为《叶隐》,对此历来有以下几种解释。第一,山本常朝居住的黑土原庵,位于金立山上,其周围一带盛产干柿子,其中有一种被称为「葉がくし」(hagakushi②)的叶隐柿,有人主张山本常朝与田代阵基是选取了叶隐柿的读音,将书命名为《叶隐》(hagakure)的。而笔者认为,此种说法未免有牵强附会之嫌。第二,日语中的「隠れる/隠」一词包含身份高贵的人逝世之意。《叶隐》序文"夜荫之闲谈"一节,曾有一段内容揭示了山本常朝出家隐居的缘由。元禄十三年(1700年),山本常朝的主君锅岛光茂去世,因为当时禁死令已然颁布,素有殉死志向的山本常朝不能殉死,于是选择以出家遁世的方式代替殉死。"叶隐"便包含着在不为人知的隐居之地继续默默为主君一家"奉公"之意,这似乎也恰好暗合了山本常朝以必死之心为主家"奉公"的决心。第三,平安时代末期的歌僧西行法师在《山家集》中有一首著名的和歌「葉隠に 散りとどまりし 花のみぞ しのびし人に 会う心地する/叶覆枝头绿,乍见余芳悄然羞,宛若遇伊人」,有人主张《叶隐》之名就是源于此歌。《叶隐》扉页写有「宝永七年三月五日初めて参会 浮世から何里あらうか山桜(古丸)白雲や只今花に尋ね合ひ(期酔)/宝永七年三月五日初会 远离浮世 隐栖山野 如盛开之山樱(古丸)悠悠白云 只今唯寻 会山樱之花朵(期酔)」,表明了此书两位作者的相遇

---

① 小池喜明『葉隠 武士と「奉公」』(講談社、1999年)37—38ページ。

② 此处为日文读音,下同。

时间,其中"古丸"和"期醉"分别是山本常朝和田代阵基两人的俳号。山本常朝在和歌中用远离浮世的"山樱"暗喻隐居的自己,田代阵基将自己与山本常朝的相遇比喻成白云对樱花的探访,不难想见,这种探访里在包含着期待的同时,也包含着无比的喜悦。因此,两人很有可能是为了纪念彼此的相遇而将书名定为《叶隐》的。

《叶隐》成书当年,正是第七代将军德川家继去世,第八代将军德川吉宗就任之年。按理说,此书的出现正当其时。因为它完全可以对新世代的武士道德的培养起到一定的作用,对于纠正奢侈低俗的武士之风产生一定的影响,但是山本常朝和田代阵基创作《叶隐》的初衷并非要使之流传于世。因为在此书的卷首,印有山本常朝的一再叮嘱:"此书共计十一卷,都应悉数烧毁。书中涉及众多时事批判,讲到众人的邪恶丑陋,也不免有一些主观推测等,都只为自己日后参考。因如实记录了我记忆中的事,如为他人所见,恐引起误会和忌恨,因此再三强调,务必将此书付之一炬。"山本常朝嘱咐田代阵基将书悉数烧毁,但是田代阵基并未依令行事,而是将书藏了起来。这一幕,像极了20世纪伟大的作家卡夫卡与他的好友布洛德之间的故事。卡夫卡在去世前曾强烈要求布洛德将他一生所有的作品销毁,而布洛德并没有听卡夫卡的话,而是把卡夫卡的所有作品都保留下来,并予以整理出版。正因为有了布洛德的"自作主张",世人才能读到卡夫卡的经典作品。同时,正因为卡夫卡当初写作的目的不在于发表,他才能够保持住一种纯粹意义上的个人写作,也因此才能够更真实、更直接地面对生命个体所遭遇的处境,写出"人"的本真的生存状态,并使之最终上升为一种20世纪人类的生存状态。同理,正因为山本常朝的初始目的不在于将此书示于外人,所以才能够以最真实的心态对"世间的批判""武士的善恶"等发表自己的看法和意见,也才能使后世读者以最大的可能性了解山本常朝所在当时的状态,并无限接近其前及其后时代的状态,可以说对还原武士道的真实面目起到了至关重要的作用。以上,是笔者将《叶隐》选为主要研究对象的最根本原因。

二、《叶隐》的流传经过及其研究的开展

如前所述,《叶隐》因成书的方式,后世也称其为《叶隐闻书》,明治以后,更被称为《锅岛论语》《肥前论语》《叶隐论语》。当今,已无法找到由田代阵基执笔的《叶隐》原本,流传下来的基本都是抄写本。在这些抄写本当中,有十余种是完整的十一卷,还有四十多种是不完整的版本,并且多数都流传于佐贺。从题

名上看,除《叶隐》的表记之外,还有《叶隐闻书》《叶隐集》等由汉字表记,以及由汉字和假名一起表记的『葉かく礼』、由万叶假名表记的『波可久礼』等版本。从现存抄写本的数量和种类上可以推测,《叶隐》在江户中后期曾在佐贺藩内部被广泛阅读过,但是并未公开出版发行。到了幕府末期,藩主锅岛闲叟在藩士之间组织读书会,《叶隐》才被公开摆上桌面。随后藩校弘道馆的教头枝吉神阳(文政五年至文久二年,1822—1862年)对《叶隐》全书中的人物家系及知行俸禄等进行详细查阅,编撰了《叶隐闻书校补》。以此为契机,在幕末到明治初期,《叶隐》才得以公开,渐渐进入更多人的视线,但当时的范围也仍然仅仅限于佐贺藩内。直到明治三十九年(1906年),《叶隐》才因为一位小学教员的自费出版,而被县外人知晓(关于这一点将在后文详述)。《叶隐》一直秘而不传,固然与前文提到的山本常朝的殷殷嘱托紧密相关,但依笔者之见,山本常朝的嘱托一定不单纯在于害怕和担心引起他藩的误会和忌恨,他本人最清楚,除了对他藩,对本藩的时政他也进行了批评,甚至对当时中央集权的幕府政治他也是颇有微词的。山本常朝深知自己的一些理论是有悖于当时的社会大背景的,可以说,他的这一嘱托里面包含着他对时势的深刻洞察。

(一)江户时代《叶隐》被禁始末

《叶隐》成书之后,在接下来的一百五十年间,非但没有得到公开出版发行,甚至无法避免其成为禁书的命运。其部分原因在于山本常朝本人要将此书烧毁、不准示于外人的嘱托,而在这一嘱托背后,除了山本常朝本人所说的"恐引起误会和忌恨"之外,笔者认为还有以下几点原因。

1. 内容与江户时代封建中央集权制的时代背景相悖

如前文所述,《叶隐》成书的时代,战争已经结束,时局渐趋稳定。1603年幕府统治建立以后,进行了一系列的改革,建立了封建中央集权的政治和经济体制。元和偃武(1615年为元和元年)以来,随着幕府以兵农分离为中心的一系列政策的开展,武士开始渐渐离开自己的土地,去城下町生活。当然,幕府实施的一连串政策,是为了结束战国时代下克上的混乱局面,从而确保自己政权的安定,但与此同时,也给武士的生活方式带来了巨大的变革。随着商品经济的发展,幕府开始危机四伏。

在政治上,从第三代将军德川家光时期的锁国政策开始,幕府已经彻底断绝了与外界的联系。为了巩固封建统治,又制定了颇具特色的"参觐交代"制度。该制度最早见于明文规定的,是宽永十二年(1635年)修订的《武家诸法度》:"大名小名,在国、江户交替相定。每岁夏四月中参觐。"①当然,实际执行起来,参觐的具体时间会根据各藩国的实际情况加以调整。例如山本常朝所在藩的藩主佐贺锅岛氏便与负责长崎警备的福冈黑田氏交替参觐,一方十一月参府,另一方就封,转年二月再交换。因此,大名一部分时间待在自己的领地,但是必须定期返回江户亲自辅佐幕府将军。他们要在首都拥有一处名望不错的住所必然需要大量的开支。根据忠田敏夫的研究,享保年间(1716—1736年),如逢参觐年,秋田藩全藩收入的五六成都被用于领主佐竹家旅途来回的费用,两成左右作为在江户的生活费,剩下的才被用作藩国内行政支出等费用。佐竹家205800石的知行,按照四公六农计算,全年供租收入82320石,其中两成约16464石是在江户的生活费。②同时,参觐途中所产生的旅费也不容小视,路途往返不但会浪费不少时间,组织浩浩荡荡的随从队伍陪同领主更是一个大麻烦,并且行程都要严格按照特定的路线和时间,还要有定期的检查,以确保没有任何走私物进入首都,以及没有任何人质逃脱。例如宝历二年(1752年)周防、长门两国领主毛利重就当年参觐交代的大名行列有549人,先行负责安排泊宿,戒备安全的又有15人,共计564人。途中为渡河,临时雇用的船夫和搬运工就多达2465人,每人工钱32文。仅渡河一项就要耗费银两982.4文,按生活必需品的购买力换算为今天的人民币约合49120元。③由此可见,参觐这一制度,既限制了大名的财力,又"剥削"了他们大量的时间和精力。这显然是幕府为削弱诸侯势力而实施的一种策略。

　　在经济上,随着中世时代的结束,庄园经济已告瓦解。商品经济的逐渐形成和发展,使城市生活费用不断增加。幕府大名、武士的礼仪和服饰以及娱乐享受日益繁缛奢侈。有资料表明,1617年,日本第一花柳街在日本桥附近建立,并得到幕府公认。后来迁至浅草附近,据说有三千多名获特许的妓女分布于二百多个住宅区。武士享乐成风,幕府财政渐渐陷入困难局面。尤其《叶隐》成书的宝永七年到享保元年(1710—1716年)的七年间,天下诸侯无论在政治上还是经济上都已陷入闭塞状态,在这种环境下,锅岛藩也出现了一种世风日下、上下左右人际关系稀薄化的情况。很多人苦恼于此种现状并力求改变。为了解决

① 菊池駿助纂修『德川禁令考』前集第3(司法省、1978—1882年)22ページ。

② 忠田敏夫『参勤交代道中記』(平凡社、1993年)85ページ。

③ 张博:《浮世绘、武士道与大奥:日本江户时代的大众文化》,上海三联书店2014年版。

这些问题,很多人也曾试图从战国的习俗传统、禅宗、哲学中寻找答案,但是对于他们所给予的回答,以山本常朝为代表的中下层武士并不觉得满足,他们要在传统解释之外寻求更加切合自身生活的回答。山本常朝在痛定思痛之后,认为武士的堕落是江户风化、上方风化①的结果,为了重新构筑真正的君臣关系,他在排斥上方风化的同时强调"国学"。

元禄年间②,第五代将军德川纲吉推行文治政策,天下太平,政治稳定,酿出了多家自由争鸣的学术气候,在这种时代背景下,日本文化领域兴起了前所未见的"整理国故"的国学运动。所谓国学即以古典文献学的方法为主要手段,对日本的古代文明进行实证性的、变换角度的发掘研究,旨在进一步澄清日本固有的民族精神。国学运动的中坚人物主要有荷田春满(1669—1736)、贺茂真渊(1697—1769)、本居宣长(1730—1801)、平田笃胤(1776—1843),通称"国学四大人"。有学者指出,立足于复古主义的国学家们掀起的复古思潮,其目的在于清除融入神道的儒学和佛教思想等外来文化要素,再现日本古神道的纯粹原生

---

① 16、17世纪之交,第一次出现"上方"这个词。上方文化是包括京都与大阪在内的文化概念,与江户文化构成相反的两极。中西进曾做过椭圆文化圈的构想,他认为文化会形成以首都为圆心的文化圈。在古代日本,首都先是在奈良,后迁至京都,于是形成了以那些地方为中心的圆形文化。到了中世、近世,在关东又形成了以镰仓和江户为中心的另一个圆形文化。如此,一个文化圈便拥有了两个中心。以往在极其强固的一极形成文化的状态被相对化了,双方逐渐势均力敌,形成对等的文化。与其说东部形成了另外一个都市,毋宁说那里就是首都,而以往的中心变为对极的事物。中西进说,上方就是这样形成的。而采取非都城的立场正是上方的能量之所在。总之,那时候都城成了一种权威,而权威不具有实力。实力是自由的,是被称为"野蛮"世界的力量。因此形成了京都与大阪联合起来的联合都市,那里成为"上方"。他特别强调,在17世纪,存在上方的力量。他更以大阪的井原西鹤(1642—1693)以及近松门左卫门(1653—1724)的文学没有都城意识为例,指出二人的文学都是作为人在进行表现。近松非常强烈地表现了顽强的人性,因为他说即便是"情死",也不单单是死去,尽心乃死之原点,二人一起去死就是尽心。在死亡中添加浓厚的人性的文学才是上方文学,与朱子学至上的武士的价值观存在根本不同。文学既然如此,上方文化想必也没有太大的不同。这也许是一心强调武士道的山本常朝排斥上方风化的根本原因所在。参见中西进著,彭曦译:《日本文化的构造》,南京大学出版社2013年版。

② 一般说起元禄时代,指的都是以"元禄"为年号的十七年(1688—1704年),在当今日本,也在广义上把第五代将军德川纲吉时代,即纲吉成为将军的延宝八年(1680年)到去世时的宝永六年(1709年)这将近三十年的时间称为元禄时代。

质,实质是提倡一种复古神道。但山本常朝强调的"国学"不同于国学家们的复古神道。他在《叶隐》开篇的"夜荫之闲谈"中特意指出:作为锅岛藩的家臣,有义务了解"国学",要将先祖的苦劳奋斗和慈悲胸怀牢记于心。可见,山本常朝所提倡的"国学"是佐贺、锅岛藩自己的"国学",是指锅岛藩的传统及历史,尤其是指龙造寺领地变为锅岛藩领地的详细过程。在"夜荫之闲谈"中有如下表述:"感念主恩,就会在心中产生无论如何也要报恩的觉悟。如承蒙眷顾,有幸能在主君近侧做一名仆役,就更要忘我奉公。即便被贬为浪人被命切腹,也只考虑奉公这一件事。哪怕在深山,在地下,哪怕是生,哪怕是死,都要为主君献身。这才是锅岛藩士的觉悟法门,应该入骨而化为骨髓。跟我这个出家之身可能并不相符,我确实从来没有祈望过成佛。如果没有'七生以报国'之大志无以成大事。没有哪怕一人也要保藩国安泰的决心,所有的修行都不会成正果。"另外,山本常朝在这段闲谈中也阐述了龙造寺领地变为锅岛藩,并持续至今的理由,即"凡我藩武士,不管是浪人还是被判切腹者的子孙,都被允许住在藩内,享受主君俸禄,如此,大家才能感念主君深恩,无私奉公"。这种"哪怕在深山,在地下,哪怕是生,哪怕是死,都要为主家献身"之觉悟,才是锅岛藩武士真正的精神底色,同时也正是山本常朝本人所追求和企望的。山本常朝是出家之身,却从未祈愿过成佛,他追求的是"七生报国",愿意永远以锅岛藩武士的身份轮回转世。而"七生报国"一说,最初来自镰仓时代楠木正成与其弟楠木正季临死前的一段对话。据《太平记》记载,在湊川之战(1336年)中自知已经到了最后关头的楠木正成问其弟楠木正季:"听说人死的时候,一念解脱一生善恶,死后会被引导向来生九界之中,你最想去哪一界?"正季大笑:"哪怕轮回七生,我也只愿意转世在人间,一定要灭了朝敌!"楠木正成亦仰面大笑:"此意和我相同,你我同生共死,必要灭了朝敌。"之后两人在笑声中互刺身亡。楠木正成本人是恶党出身,早年打家劫舍,啸聚山林,后辅佐后醍醐天皇,在推翻镰仓幕府的战斗过程中表现英勇。楠木正成是反幕府而忠于天皇的,一心为主君尽忠的山本常朝,并未具体区分楠木正成所忠诚的对象,只把他的"七生报国"看成忠诚的极致表现,并把它视为自己忠于主君的理想。

《叶隐》似乎也排斥佐贺藩之外的一切学问,在"夜荫之闲谈"中有这样一段话:"无论释迦、孔子,还是楠木正成、武田信玄,即便多么卓尔不群,毕竟不是我藩之人,因此未必合我家风。无论战时还是平时,无论身份高低贵贱,身为我藩藩士,只要崇奉先祖,并严守其遗训即可。我藩藩士不应倾心他藩学问,最重要的是专心我藩历史与传统。"丸山真男从这段话中读出了《叶隐》武士道对外来思想的强烈排斥倾向。不仅如此,他还认为这种排斥在江户末期还伴随着幕末志士对江户朱子学的造反,即通过对旧有主从关系的肯定和对非人格化与仪礼化上下级关系的否定,实现了《叶隐》武士道性格与幕末战斗者武士性格的超时空对接,用丸山真男的话说就是:"长达二百多年幕府体制的冻结,在外压面前开始融化。幕末动乱中充满活力的战国状况的所谓再现,便给以往作为战斗者的武士性格赋予了再度,也是最后沸腾的机会。"①另外,针对以上这些非常明显的本藩中心主义的论调,古川哲史也曾分析说:"这种地方分权的封建制度的保持显然与当时的德川幕府的中央集权制是相悖的,是《叶隐》成为禁书的原因。"②同是佐贺藩出身的大隈重信(1914—1916年任日本首相)也曾指责《叶隐》是旧佐贺藩因循守旧,强情穷理的根源。在他回忆录里曾有如此记载:"叶隐武士认为唯独佐贺藩主才是自己的君主,为君主尽忠尽义……像这样,在佐贺藩里也无学派,唯有'佐贺藩'这一流派。虽然凭借武力的忠义是正确的,但从顾全大局的角度而言,毫无益处……这种叶隐主义的结果将导致佐贺藩的命运比日本全国的旦夕祸福还要重要。"③古贺谷堂④在《学政官见》中也说:"国学从锅岛学中产生,但纯粹地学习锅岛学没有什么益处。"他严厉批判《叶隐》所崇尚的以锅岛至上主义为基础的绝对国学观,认为为了推动当时佐贺藩的发展和繁荣,武士除了要懂得和学、汉学、洋学三种学问之外,还要学习兰学、医学等。山本常朝字里行间过分地强调佐贺藩国学以及对佐贺藩主的效忠,他的观点很容易被解读成地方分权主义,而这恰恰与江户时代封建中央集权的政治和经济体制相悖,笔者认为这应该是《叶隐》在江户时代成为禁书的根本原因。

2. 与佐贺藩"齐家治国"的理念相悖

《叶隐》因为地方分权主义式的论调而无法在德川幕府封建中央集权制度的背景下大规模流传,这一点尚可理解。但实际情况是,即便在佐贺藩内,《叶隐》也未被公开承认。其原因除了前文提到的山本常朝本人主张烧毁,反对传

---

① 丸山真男『丸山真男講義録第5冊』(東京大学出版会、1965年)232—235、240、244、247ページ。

② 古川哲史『武士道の思想とその周辺』(福村書店、1957年)183ページ。

③ 井上義巳『日本教育思想史の研究』(勁草書房、1979年)600ページ。

④ 古贺谷堂(1778—1836),古贺精里的长子。江户时代后期的朱子学者,曾担任佐贺藩"年寄"("年寄",日语词,指日本幕府和诸大名等武士家中负责辅佐主君参与政务的重臣)。

阅外,据说《叶隐》的理念与佐贺藩的藩校弘道馆①的理念也是背道而驰的。

　　江户时代,随着幕府统治的建立,天下已呈太平盛世的局面,武士作为战士的军事职能已丧失殆尽。换言之,本来以战斗为任务的武士,随着太平之世的到来,必须转变观念,只有认同自己已从战斗员转变为施政者的身份,才能直面并接受战斗员的存在依据业已消失的事实。另外,还有一个必须要接受的事实就是,只有通过读书明理这条路才能取得更好的统治。正是在这种背景下,朱子学被定为官学,成为维护幕府统治的精神支柱,其中君臣关系和身份差别尤其受到重视和强调。在幕府和各个藩校中,开设了儒学课程对武士进行教育,学问逐渐成为武士的必修课。各藩主也逐渐认识到修文与尚武同等重要的道理,他们鼓励文道修养。同时,当时的儒学也主张追求文武两道,以达到修身、齐家、治国、平天下的最高境界。尤其17世纪中期以后,大名和旗本②们的兴趣纷纷从战国时的厉兵秣马转向学习各种才艺。五代将军纲吉的"侧用人"③柳泽吉保就师承当时第一流歌人北村季吟,学习歌道;仙台藩四代藩主伊达纲村(1659—1719)本人是能剧的名手;山本常朝的主君锅岛光茂也曾醉心歌道,山本常朝曾为了替主君获得《古今传授》④而奔波于京都与佐贺之间,并终于赶在主君离世之前亲手将其交于主君病榻之上。即便如此,山本常朝却在《叶隐》中主张"艺会灭身",坚称武道大于一切,大肆倡导批文尚武的理念。弘道馆的教授、幕府的儒官古贺精里(宽延三年至文化十四年,1750—1817年)指责山本常朝为"武道的异端者"。但其子古贺谷堂在继承父亲的事业后,针对当时武士嫉妒成风、优柔寡断的不良风气,在给藩主上书的《济急封事》中还提及了《叶隐》一书,以示对该书的赞赏和推崇。但古贺谷堂同样认为,要重振藩风,武士不仅要有高超的武技,而且必须要有学问,明仁义忠孝之理。而山本常朝对中世、战国时代武士尚武思想的留恋态度和尚武主张与当时的时代需要大相径庭,因此被视为是不合时宜的。井上义己在《日本教育思想史的研究》中指出,《叶隐》所主张的"常住死身"之思想是一种非学问、非道理、非人伦性的思想,这种思想导

───────────

① 弘道馆,天明元年(1781年),佐贺藩第八代藩主锅岛治茂命古贺精里在佐贺城附近的松原小路设立的藩校。

② 旗本,日本江户时代俸禄在十万石以下,五百石以上的直属将军的武士。

③ "侧用人",日语词,日本德川幕府时期将军的近侍,由第五代将军德川纲吉设置。

④ 《古今传授》是以对《古今和歌集》的解释为中心,以口口相传等形式由老师直接秘授给弟子的歌学以及相关领域的各种学说的集合体。

致了锅岛藩武士的偏狭性、粗暴性、非学问性和非开明性的性格,这也与当时的形势格格不入。①

另外,在《叶隐》当中,也充满了对当时的藩主不满的言论。如在"夜荫之闲谈"中,对锅岛藩以及锅岛藩的前身龙造寺的当政之人充满怀念,间接批评当代主君不了解藩国历史,忘记了祖先们的武家传统,一味沉迷于与己无关的佛事,甚至直言"殿上②如念及直茂公、胜茂公的辛勤和劳苦,就应该花一点时间,哪怕对这些文卷③从头到尾御驾浏览一下也好。殿上自出世以来,一直被人过多地关照和纵容,从未尝过人世艰辛,对藩国历史和传统一无所知,一味地过着任性和附庸风雅的生活,对藩主的政务流于疏忽草率"。笔者猜测,这些言论的存在,使得《叶隐》尽管私下里在武士当中产生了一定影响,却一直被佐贺藩上层否定并且拒绝将其作为武士的必读教材。④

3. 《叶隐》中有大量对当时官方意识形态不满与批判的言论

意识形态,一般是指在一定的社会经济基础上形成的系统的思想观念,代表某一阶级或社会集团(包括国家和国家集团)的利益,又反过来指导这一阶级或集团的行动。依据这个定义,可以说意识形态就是一种思想观念。作为思想观念的意识形态有三个特征:一是群体性,即不是个别人的思想观念,而是已经被某个群体(阶级或社会集团)所接受的思想观念,代表这个群体的利益并指导其行动;二是系统性,即不是支离破碎的想法和观念,而是形成了体系;三是历史性,即是在一定的社会经济基础上形成的。赵笑蕾曾指出:"意识形态具有鲜明的阶级功能,不同的社会集团和阶级由于其利益的差异而有不同的意识形态。因此,意识形态概念应该是本阶级意愿和现实利益在观念体系中的直接反映。"⑤具体来说,占统治地位的阶级意识应是整个社会意识中占统治地位的意识形态。由于统治阶级的思想在每个时代都是占统治地位的意识形态,所以,

---

① 井上義巳『日本教育思想史の研究』(勁草書房、1979年)593ページ。

② 这里指锅岛藩第四代藩主锅岛吉茂。

③ 这里指以前藩主让位时,传于后代的军法、藩法等书籍。

④ 杉谷昭氏在《江藤新平》一书中曾写道:"佐贺藩除了弘道馆朱子学以外还存在另外的教学理念,这就是众所周知的《叶隐》。在佐贺藩里,存在着以古贺父子为中心的朱子学派和象论语一样的叶隐主义。"参见杉谷昭『江藤新平』(吉川弘文館、1962年)22—23ページ。

⑤ 赵笑蕾:《意识形态:一个经典概念的历史起点和逻辑起点——读〈德意志意识形态〉》,《理论学刊》2014年第5期,第14—17页。

在江户幕府时代,占统治地位的意识形态必然是占据统治阶级的武士阶层的思想——确切地说,是那些幕府统治者即上层武士的思想。为了明确上层建筑是统治机器的一部分的概念,笔者在此使用"官方意识形态"这一表述。

如前文所述,江户时代,以朱子学为代表的儒学成为官学,并且渐渐成为幕藩政府政治伦理的重要组成部分。其原因在于儒家学说提供了一个解释统治原理的道德体系:通过"三纲五常""贤人政治"[①]"利益之辩"等理论,通晓儒学并愿意履行一定道德要求(实际上未必完全按要求去做)的将军就是"贤人"和"明君"。统治者因此有理由说服自己,有权力统治臣下和民众,安排他们的生活方式,规定他们的文化品位,监视他们的思想动向。接受了这种意识形态的被统治者,也可能认为统治是有道理的。五代将军纲吉时代,第一宠臣柳泽吉保以下,从大名到幕臣、陪臣,为了迎合上司不得不纷纷钻研儒学,结果从江户到各藩都开始注重文教而胜于武勇。针对此种状况,山本常朝在《闻书第一 36》中有如下表述:"……你只要看一下当今的男子,就会发现,呈女脉相的男人特别多,表现得很男人的却很少。如要提供男人气质衰落的证据,最能说明问题的就是,如今敢于砍掉双手被缚者首级的人都很少,更遑论为人介错了。……四五十年前[②],用刀刺穿大腿的事,男子几乎都要体验,没有伤痕的大腿是令人引以为耻的。所以,那时的武士常常独自一人自贯大腿,男人的职业就应该充满血腥味儿,这种价值观,却被今天的人视为白痴的行径,他们自以为聪明和有思

---

① 《礼记·中庸》说:"文武之政,布在方策。其人存,则其政举;其人亡,则其政息。……故为政在人。"儒家认为,尽管周文王、周武王的治国之道已经定为法典,但能否实行,关键在于人。反过来,只有有德的人才能带来正确的政治。《论语》云:"君子之德,风;小人之德,草,草上之风,必偃。"《孟子》中也有:"惟仁者宜在高位,不仁而在高位,是播其恶于众也。"林罗山为代表的日本朱子学家,在解释什么是"有德的人"的时候就把它和武士身份联系在了一起。林罗山认为因为武士不从事具体生产活动,所以他们的工作是为了全民的"公义"而非个人的"私利"。参见三枝博音、清水幾太郎『日本哲学思想全書 第十四卷』(平凡社、1981年)37ページ。

② 山本常朝从1710年开始讲述《叶隐闻书》,"四五十年前"大概在1660—1670年间,处于三代将军家光统治末期。据学者考证,尽管江户武士已失去了战斗者的用武之地,但是初期幕藩统治者仍然反复强调"弓马之事,乃武家之要项",要求武士勤练武功、武技。将军家光就极为重视以"刀、弓、枪、马"为基本武艺的军事技能训练,并且率先垂范,以柳生宗矩为师学习柳生新阴流,磨炼自身武艺,在武家社会掀起重视武艺的风潮。三代将军以后才开始实行"文治政治"。

想分辨力,不追求刀技超群,以柔弱为时尚,用嘴上功夫应世,稍有费力的事就躲避。"在这一条末尾,山本常朝又加了一句:"希望现在的年轻人自我反省。"可见,山本常朝对武勇之风极力推崇,对注重文教的现实是持批判态度的。

山本常朝强调的武士道是武士的伦理规范,尤其是以自己为代表的中下级武士应该遵守的伦理规范,对于作为幕府统治者的那些上层武士来说,这种武士道却是一把双刃剑。这是因为从表面上看,山本常朝强调的武士道是战时的武士道,已经远远落后于时代,并且战时武士的自主意识已经与幕府的中央集权制度发生抵触,甚至对幕府的统治构成了潜在的威胁。对于武士来讲,从登上历史舞台那一刻始,便注定其与主君之间的关系成为贯穿一生的重要伦理。围绕着主从关系这一问题,日本学界一直论争不断,其中最为引人注目的就是和辻哲郎和家永三郎。和辻哲郎提出"献身的道德"是武士社会的重要风习,武士对主君无代价的忠信和自我牺牲精神是武士最根本的伦理道德。针对这一观点,家永三郎提出了反论,他认为日本封建社会的主从关系是一种基于"御恩"①—"奉公"之上的交换关系,是一种具有功利性的契约关系。孰是孰非姑且不论,武士对主君的忠诚里面包含情感因素应该是不容置疑的事实,可是从镰仓末期开始,随着主从关系中的情感因素相对淡薄和武士个体独立意识的增强,加上战国时代情况多变的客观条件,武士背信弃义和反复无常已成为极普遍的现象。忠诚和信义极度脆弱的战国时代,以自己的妻室、子嗣或主要臣属为人质的新的游戏规则便应运而生。德川幕府吸取前时代的教训,建立伊始便制定了"参觐交代制"。从这一制度也可看出武士被渐渐剥夺自主性的趋势。山本常朝在《叶隐》第十一卷的最后一节中表述:"治理国家,是我无论如何也做不到的,是极其了不起的大事。如今,天下的老中②、正当政的家老③、年寄之工作也不是在这庵里能够讲述的。如此才是巧妙的治理吧。尽管如此,对当今的家老、年寄等人有时却不免感到担心。那是因为他们不懂我藩历史以及传统,分不清是非邪正,将天生的一点智慧当依靠,对所有事情都心怀忐忑,只会曲意逢迎,自然就会产生自大自满之情绪从而堕入私利私欲。"(《闻书第十一 169》)在这里,山本常朝对身居佐贺藩政要之职的"家老""年寄",以及当时的中央政

---

① "御恩",日语词,中文意思是"封建社会主君对下属的恩惠、封赏等"。

② "老中",日语词,日本江户幕府的官职之一,是辅佐将军、总理全部政务的最高官员

③ "家老",日语词,日本江户时代在大名家中统管藩政的重臣。

府即江户幕府的"老中"们的政治态度做出了痛切的批判。面对当时不仅是佐贺，全国上下都表现出来的世风不断低俗化的严峻现实，山本常朝对那些身居要政却对于佐贺藩甚至日本国的历史缺乏探求精神之人提出了批评，对于他们政治上没有明确的导向，只会对上曲意逢迎的态度感到深切的担忧。但这些正是幕府运用各种手段加强对大名统治的结果。天和二年（1682年），幕府方面甚至贴出告示，禁止在任何商品或者招牌上面使用"天下第一"的字样。德川家康时期，京都一个叫作神善四郎的秤师将自家制作的秤进献给德川家康时，被德川家康赞赏为"天下第一的手艺人"，此后，"天下第一"作为表现制作商品的技术之精湛，商品本身之精妙的用意，开始广泛用于各种商品中。但是，第五代将军德川纲吉继任第二年，便开始禁止这一词语的滥用。据说是因为他要改变第四代将军德川家纲时期，一部分实权掌握在谱代大名①手中的状况，因此上任之初便实施一系列政策，目的是昭告天下，唯有幕府将军才是最高的权威者，他要建立的体制是将军专制的体制。"天下第一"的禁令，可以说正是德川纲吉施政方针的一环。②在这种状况下，身为臣下的大名们越来越丧失其自主性必然会成为一种普遍的社会现象，但这对于山本常朝来说是绝对不能容忍的，他期待着武士们能够分清是非曲直，能够诚意"奉公"，更期待建立一种新的主从关系来代替当时已经完全形骸化了的主从关系。

　　但现实是，随着德川幕府彻底地实行兵农分离政策，武士离开具体的领地和主人，被集中在城下町，成为领取俸禄的"公务员"。加上德川幕藩用藩国和严格的士农工商等级制，把封闭在日本列岛上的每个人固定和束缚在具体的区域和等级里，使得武士也像棋子一样被整齐地安放在幕藩体制的各个位置上。一些武士选择永远听命于幕府和藩国，另一些成为游离于体制之外的浪人，无家可归。幕藩体制的现实意味着武士已彻底断绝了与土地的依赖关系，更意味着他们正在丧失自己的独立性和自主性，而这些又都是幕府当时推行种种政策

---

① 谱代大名，又称世袭大名，是指1600年的关原之战以前一直追随德川家康的大名。江户时代俸禄高达一万石以上的武士称为大名，意思是"拥有大片土地的人"，德川家康根据战后群雄对幕府的忠诚度，把全日本的大名分成三类，即亲藩大名、谱代大名、外样大名。谱代大名地位仅次于亲藩大名，大多位居幕府要职，在社会上有一定的地位、有权力，俸禄却很少，如本多正信、大久保忠邻等。德川家康设计幕府统治必须完全由亲藩大名和谱代大名操控，外样大名不得参与。

② 竹内誠『元禄人間模様　変動の時代を生きる』（角川書店、2000年）11—14ページ。

的真实用意所在。从《叶隐》的大量言论当中,却可以读出身为武士的山本常朝对自主与独立意识的主张。比如从他对赤穗浪士的批判态度就可窥见一二。山本常朝认为浪士们用了一年的时间才替主君报了仇,如果在此期间,吉良病死,则此仇无处报,必然会落得终生遗憾的结局。他认为这四十六浪士应该当机立断,在主君切腹之时立即行动,或者说在大仇得报之后,不应等待幕府的判决,而应该立即殉主。而秉承经世济用思想的当时的儒学者荻生徂徕从法律角度出发表明:赤穗四十六浪人的复仇乃是以私论违背法律的行为,如若允许此种行为发生,幕府今后的法度必将混乱。从法律的角度来看,赤穗四十六浪人的行为是违法的,山本常朝表面上对其持批判态度,但其批判的出发点与官方意见完全相悖。

学者相良亨(1921—2000)曾用“威严、忠诚、自爱、自敬”来概括《叶隐》武士的精神,他认为《叶隐》四誓愿中的第一条“武士不得落于人后”与第二条“为主君服务”,是《叶隐》精神的两大要素,提出山本常朝的“武士道就是求死之道”的极端表达正是武士自我意识的体现。他说,“不管武士如何爱人,终归不会在这种爱中迷失自我。自爱、自敬的精神永远不能丢失”[①]。而体现在《叶隐》中的这种武士的自我认知及自我觉醒的萌芽意识,显然是不被当时的统治阶级欢迎和接受的,这也许是《叶隐》当时被禁的另一个重要原因。

(二)《叶隐》研究的开展

如前所述,到了幕府末期,佐贺藩开始举办以藩主锅岛闲叟为中心的读书会,《叶隐》才得以见天日。后来弘道馆教头枝吉神阳牵头,开始编纂《叶隐闻书校补》。而枝吉神阳的父亲枝吉南濠致力于程朱学和国学,主张“日本一君论”,是佐贺藩保皇派的先锋。之后又到江户幕府的学问所——昌平校学习,与藤田东湖并称“东西二杰”。江藤新平、岛义勇、副岛种臣、大隈重信、大木乔任,都是皇族学校的门生。之后,江藤新平与枝吉神阳一起成为《叶隐》的爱读者,并留下了由枝吉神阳抄写江藤新平转抄的《山本常朝书置》。如此一来,从幕末到明治初期,《叶隐》才得以渐渐公开,为越来越多的人所读到,但此时仍然仅限于佐贺藩内的传阅。

1. 明治时期《叶隐》进入人们视线

《叶隐》流出佐贺县外为日本全国所知,是明治三十九年(1906年)的事。当

---

① 相良亨『武士の倫理 近世から現代へ』(ぺりかん社、1993年)。

时出生于佐贺县神埼郡三田川町目达原的青年教师中村郁一,自费出版了其抄录的《叶隐》的部分抄写本。中村郁一于明治三十四年(1901年)从佐贺师范学校毕业后,一直从事小学教员的工作。自费出版《叶隐》部分写本时,中村郁一只不过是个年仅二十六岁的青年,月薪也只有二十日元,而当时出版一千份《叶隐》抄录手写本的费用则是三百日元。中村郁一不惜从银行贷款也要出版《叶隐》的动机何在呢? 笔者认为,这里面有一个人的影响不可忽视。此人就是中村郁一母校——佐贺师范学校的校长江尻庸一。中村郁一就学期间,校长江尻庸一曾多次从位于佐贺市内的锅岛家内库所中将《叶隐》写本借出,并把其中的内容选为对学生们训话的素材。以此为契机,中村郁一开始对《叶隐》感兴趣,并开始了自主研究。明治三十九年(1906年)三月,长达174页的《叶隐》得以发行,明治四十四年(1911年)再版发行,到了大正五年(1916年),《叶隐》全文向日本全国推广之时,卷头已添加了大隈重信颇具力度的推荐性序文。以大隈时任日本首相的身份,可以想见《叶隐》在当时民众中产生的影响之大。从被禁过渡到得到首相的推荐,自然有其特定的历史原因。众所周知,日本明治维新之后,实现了四民平等,武士作为一个阶级,从日本历史的舞台上消失了,其特权自然也被随之取消,但是武士的政治意识和伦理道德因为《军人敕谕》(1882年由明治天皇颁布的对军人的训令)以及《教育敕语》(1890年)的颁布,发展成为全民道德。另外,日本在甲午战争和日俄战争中的胜利,也被归因于武士道精神的胜利并被大加渲染,由此日本学术界掀起了研究武士道的热潮。而此阶段武士道研究的特征正是把武士道与军国主义结合起来,试图用武士道来教育和控制人们的思想,以便为军国主义国家服务。在此历史背景下,《叶隐》一经进入人们视线,就备受关注。

　　2. 昭和年代以后的《叶隐》研究

　　到了昭和年代(1926—1989年),西村谦三[1]、栗原荒野[2]、大木俊九郎[3]、下村

---

[1] 西村谦三(1861—1937),大正至昭和时代前期教育家、乡土史家。曾担任家乡佐贺高中校长,佐贺图书馆馆长,创立肥前史谈会。著有『古賀穀堂先生小伝』『鍋島直正公一代記』。

[2] 栗原荒野(1886—1976),昭和时代的著述家。昭和四年(1929年)发现『原本鍋島論語葉隠全集』,从此开始从事叶隐研究。昭和十五年(1940年)出版『校註葉隠』,著有『葉隠のこころ』等。

[3] 大木俊九郎(1897—1967),号桃江,笔名叶隐,日本佐贺县人,教育家,为台湾新竹中学校(今台湾"国立"新竹高级中学)首任校长。他对学生一视同仁,崇拜乃木希典,并以其精神为圭臬,要求学生刚健朴素、尊敬师长。

湖人①、大仓邦彦②等人或出版专著、发表论文，或通过讲演、座谈等的形式，或通过报纸、收音机、电视等媒体向全国介绍《叶隐》。这些人当中，栗原荒野的作用尤其举足轻重。他分别在昭和九年（1934年）和昭和十五年（1940年）编著了《叶隐神髓》和《校注叶隐》，严格绵密的文本校订和注释使得学术界也渐渐广泛认识到《叶隐》的存在及其价值。把《叶隐》放在日本伦理思想史上加以考察并把其定位成日本武士道代表作之一的人是东京大学的教授和辻哲郎，从昭和十五年（1940年）以来，和辻氏不但与古川哲史联名修订岩波文库出版发行的《叶隐》上、中、下三册，更把其作为大学伦理学课堂的教科书，可见其对叶隐的评价甚高。受和辻氏指导的古川哲史也曾说过："如果以人类教师之名选出代表日本的五位伟人，山本常朝无疑应该位列其中。"同样受和辻氏指导的另一位东大名誉教授相良亨也说："若要举出几本日本古典作品的代表，《叶隐》是无论如何不能被忘记的，甚至可以位列前十五到前十，《叶隐》不仅是佐贺的《叶隐》，更是日本的《叶隐》。"《叶隐》已被东大的教授们纳入一直重视武士道研究的伦理学科的系统研究。另外，以上提到的学者都把《叶隐》视为在人才培养、生涯教育方面不可或缺的书籍，这在很大程度上肯定了其教育意义，再加上这些人大多有教育家的背景或者担任学校校长的资历，对青少年造成的影响不容小觑，《叶隐》已然成为日本国民的共有财产。当然，《叶隐》之所以在这一时期备受关注，也与当时的时代大背景息息相关。

20世纪30年代以后，随着日本法西斯势力的兴起和侵华战争的爆发，为弘扬忠君爱国精神，武士道开始成为显学，并出现了"武士道学"。综观这一时期的武士道研究，虽然基本是用现代学术方法论述武士道的形成史，阐述江户时代形成的武士道理论，但基本上都立足于皇国史观，其目的都是宣扬武士道精神，为日本军国主义侵略扩张服务。这一时期比较引人注目的是1935年栗原荒野编著的《叶隐神髓》，栗原荒野将《叶隐》的根本精神用一个词「まこと」加以概括，而这个词可以写作汉字「誠」「真」「信」等，栗原荒野进一步从道德和性格两个方面对《叶隐》的根本思想及精神进行分析，指出道德方面的《叶隐》之精神体现在纵向的"忠"以及横向的"和"上面，并认为充溢于《叶隐》全篇的"武勇"之

① 下村湖人（1884—1955），教育家、小说家，生于佐贺县神埼郡。
② 大仓邦彦（1882—1971），生于佐贺县。大正至昭和时代的实业家、社会思想家，曾成立大仓精神文化研究所，担任过东洋大学校长。

观念并非为了武勇的"武勇"，而是添加了"孝行"以及"慈悲"等元素的、以对主君尽忠为目的的"武勇"，"主君中心主义"才是《叶隐》的真髓，是锅岛藩武士之魂；而另一方面，"诸人一和"，即与同辈的和谐相处是《叶隐》提倡的武士的又一根本精神。栗原氏同时从性格的角度进行考察，提出"不服输""努力""重视名誉、不甘落于人后"是《叶隐》武士的精神源泉。1937年，日本军国主义政府置国际道义于不顾，公然发动了全面侵华战争。为进行疯狂的侵略战争，日本军国主义政权在日本国内大力推行"臣民教育"，驱使人民走上战场，使其充当侵略战争的炮灰和杀人工具。在这种情况下，被断章取义为鼓吹不要理性，不要自我的"死狂"精神的《叶隐》理所当然地成为最好的教材。军国主义分子把《叶隐》的武士道曲解、强调成"死"就是效忠、剥夺自我和抹杀人性，并大肆宣传。军队中的教育，更是把《叶隐》中"隐奉公"的精神作为向青少年灌输的重点，把不为人知、不声不响地战死标榜为"美"。当时，《叶隐》不但是被放入踏上侵略征程的每一个日本士兵慰问袋中的物品之一，也被强制要求作为公众必读之物，成为在"二战"中被军国主义分子利用的工具，《叶隐》"精神"俨然成了军人及全体国民实践"臣民之道"的精神支柱。于是从江户时代以来一直备受冷落的《叶隐》，在日本立刻成了畅销书，甚至出现过十几万本岩波文库版《叶隐》顷刻销售一空的盛况。这一时期关于《叶隐》的研究著作也如雨后春笋般纷纷涌现。其中有桥本实的《叶隐研究》（东京平凡社1940年版）、立花后道的《叶隐武士道与禅》（东京三省堂1942年版）、山上曹源的《叶隐武士精神》（东京三友社1942年版）、纪平正美等的《叶隐讲语》（有精堂1942年版）、中野礼四郎的《叶隐的由来》（东京中文馆书馆1944年版）、中村常一的《叶隐武士道精义》（东京拓南社1944年版）等，其中很多书还被不断再版。随着日本军国主义在"二战"中的惨败，武士道同法西斯军人一道退出了历史舞台，而且随着战后日本民主化程度的提高，对武士及武士思想的研究也一度被认为是具有反动性和保守性的东西，几乎被排除在学术研究领域之外。因此战后的很长一段时间里，关于武士道方面的研究成果屈指可数，《叶隐》自然也被人们敬而远之。

在"二战"后少数关于《叶隐》的研究中，主要有以下几位代表。古川哲史主要从臣道的角度对《叶隐》进行阐释，提出四誓愿的中心体现在"为主君服务"这一条上面，他着眼于《叶隐》中不断出现的"武士除了一心侍奉主君不应有他念""奉公之人把一切都放心地托付给主君就好""再没有比为主君舍命之事更干净洁白的了"

等条目,强调"默默无闻地献身","阴德"思想是《叶隐》精神之根本。[1]相良亨指出,
"静默中的强大"才是真正的威严,这种威严是武士的理想,也是《叶隐》提倡的武士
道。相良亨同时表明,静默必须是强大的表现,而强大通常在不畏死的地方体现,
那是不容外人侮辱、怠慢的一种威严。相良氏的观点还表明,四誓愿中的第一条
"武士不得落于人后",与第二条"为主君服务"是《叶隐》精神的两大要素,没必要把
二者合二为一。也就是说,相良氏认为《叶隐》武士在想着"一心一意心怀主君"的
同时,也在努力使自己的一生过得与身边同辈有所不同,他们追求的是轰轰烈烈的
人生。相良氏注意到了不想将自己的一生单纯埋没在主从契约中的武士的自我意
识,提出《叶隐》中"武士道就是凝视死亡之道"的极端表达正是武士自我意识的体
现。相良氏的结论是"威严、忠诚、自爱、自敬"的精神才是《叶隐》之根本思想的体
现,称《叶隐》的武士道以"死之觉悟"为根本,而儒教的士道则以"道之自觉"为根
本。[2]伦理学家小池喜明[3]着眼于《叶隐》中随处可见的"奉公""奉公人"这样的字
眼,在基本继承古川哲史理论的基础上,指出《叶隐》中所提倡的"道"并非"武士
道",而是"奉公人的道",并且进一步提出一心一意、不存私心的"奉公",即"灭私奉
公"才是《叶隐》的中心思想。[4]历史学家奈良本辰也[5]从《叶隐》中提倡的打破一贯
类型化的武士的生和死中,看到了其中超越当时时代的思想和力量。他曾说:"伟
大的思想存在于,并且只存在于极端的打破常识的言论中。没有大力便无法完成
新时代的开拓,而大力存在于狂气之中。"他指出,《叶隐》哲学是"狂"的哲学,而那
种"狂"正是对战国武士,即一种主体性之男性回归的向往,它存在于日常坐卧之
中,与平常心相辅相成,是一体两面的表里关系。[6]1967年,日本作家三岛由纪夫[7]

---

① 古川哲史『葉隠の世界』(思文閣、1993年)。

② 相良亨『武士道』(講談社、1981年)123ページ。

③ 小池喜明(1939—   ),东洋大学名誉教授,主攻日本思想史。

④ 小池喜明『葉隠　武士と「奉公」』(講談社、1999年)。

⑤ 奈良本辰也(1913—2001)于1971年出版了《武士道的系谱》,这是一部关于武士道研究的
　　重要著作。作者认为武士道是历史的产物,其在日本历史上的各个时代具有不同的形式
　　和主导思想,其内容既有美好的,也有丑恶的,从思想史角度对武士道进行了重新评价。
　　他指出《叶隐》即是"狂"的哲学,而那种"狂"是对战国武士即一种主体性男性之回归的向
　　往,存在于日常坐卧之中,与平常心相辅相成,是一体两面的表里关系。

⑥ 奈良本辰也「美と狂の思想」『日本の名著　17葉隠』(中央公論社、1969年)48ページ。

⑦ 三岛由纪夫(1925—1970),日本近代著名小说家,于1970年切腹自杀。曾阐明《叶隐》是
　　死的哲学、狂的哲学和恋爱的哲学。

在其四十二岁时完成《叶隐入门》一书的写作。三岛由纪夫把《叶隐》作为哲学著作加以阅读，把它概括成死的哲学、狂的哲学和恋爱的哲学，并称《叶隐》无论在战中还是在战后，都是一直能够包容他全部的人生信仰，能够对他独自的青春予以全部而完整的理解，并且也是能够同时支撑他的孤独和他在孤独中抗拒时代的思想之书。三岛甚至说："《叶隐》清楚呈示出的世界里，于我而言，盘旋萦绕了太多的恳挚与意义。《叶隐》的操守与精神，对于一个以艺术家的方式生活的我来说，其实是难以企及的。但也恰是如此，《叶隐》是我文学唯可有的孕育之处，是我永远的生命之意志的源泉。或者可以这样说，《叶隐》在我，是没有半分容赦的鞭子，是发扬蹈厉，是无情之怒骂，是像坚冰一样的纯粹至美。"①同时三岛也指出，《叶隐》当中包含的人生的智慧，也适用于现代社会的种种人际关系。可见三岛由纪夫对《叶隐》的评价之高。《叶隐》也由此洗刷了"恶名"，并随之被翻译成英文版走向世界。1969年，其更被收入日本名著丛书，成为"古典"名著。于是，当代日本人纷纷通过三岛由纪夫的眼睛来透视《叶隐》。以上研究的共同点在于否定了迄今为止对《叶隐》的极端历史评价，达到了从道德以及伦理观甚至美学之角度对《叶隐》加以审视的崭新阶段，甚至提出《叶隐》精神具有超越时空的纯粹的普遍性。

随着2003年美国人导演的电影《最后的武士》的上映，日本再掀武士道研究热潮。日本本土对《叶隐》的关照度也同时呈上升状态。日本学界开始从不同的角度对《叶隐》、武士道进行研究，呈现在日本民众面前的是多元化的而非一元化的《叶隐》和武士道，如难波征男着眼于"谏言"一词，从儒学角度考察《叶隐》的思想，得出《叶隐》的根本思想在于臣下的"奉公名利"以及"谏言"的结论。赖钰菁以"舍弃生命"为中心，考察了《叶隐》中武士的"众道"②及"忠义"思想；种村完司从"献身道德"的去向以及"生死观""性意识"的角度等对《叶隐》思想的普遍性及特殊性进行考察，指出《叶隐》的武士道并非正统的，而是异端的武士道，认为迄今为止专家学者强调甚至为之倾倒的《叶隐》伦理及价值观的普遍性最终是并未超越特殊性的普遍性，是带有特殊性的普遍性。以上这些研究的共同点，是从新的切入点和新的角度对《叶隐》进行研究，为重新认识《叶隐》提供了新的视点。

---

① 三岛由纪夫『葉隠入門』（新潮文庫、1983年初版）15ページ。译文参考隰桑译：《叶隐入门》，江苏文艺出版社2010年版。

② "众道"，日语词，指男性之间的恋爱关系。

综上所述,《叶隐》从问世到流传,在日本本土大体经过了被禁止,被发现,被研究,被恶用,再到被高度评价和被用多元角度加以研究的过程。如今《叶隐》已被翻译成多国文字,可是遗憾的是,对《叶隐》的深入研究似乎仍然只限于日本国内。

三、《叶隐》在中国的研究现状

囿于《叶隐》在"二战"中被恶用的历史,以及中国人曾深受日本军国主义侵略的不堪回首的战争经历,将武士道等同于军国主义的认识在中国由来已久。再加上《叶隐》本身原本的散佚、多种手抄本的流行,以及由近世日语编撰而成,中国国内缺乏译本等原因,相较于日本本土,中国对《叶隐》的研究起步较晚。直到2007年广西师范大学出版社出版了李冬君的译著《叶隐闻书》,《叶隐》才渐渐步入中国人的视线,可以说也为中国的《叶隐》研究打开了一扇大门。近年来,越来越多的有识之士开始涌现,在国内与《叶隐》相关的论文也零星可见,比如朱玲莉的《〈叶隐〉的武士道思想》(《日本研究论集》2007年第00期)以《叶隐》第一卷、第二卷为中心,从必死的觉悟主义、敬神崇佛的宗教观、锅岛至上主义和《叶隐》成为禁书的原因等四个方面对山本常朝的思想进行了简单的分析。另外还有刘柠的《〈叶隐〉、武士道及其他》(《书城》2007年第9期)、朱坤容的《向死而生:武士道生死观之述评——以〈叶隐闻书〉为中心》(《杭州师范大学学报(社会科学版)》2008年第3期)等论文。2010年以后,与《叶隐》相关的研究论文相应多了一些,比如,王志的《〈叶隐〉武士道思想简论》(《古代文明》2012年第6卷第3期)将《叶隐》的武士道思想归结于武士对主君的绝对忠诚和"死狂"上面,指出这些思想的形成是建立在对藩主家累代之情基础上的,其中"死的觉悟"仅反映了各武士集团的局部利益。随后揭示了《叶隐》在战争中被日本军国主义分子利用的事实,主要阐明了《叶隐》武士道的负面影响。韦立新和陈斌的《也谈近世日本武士的生死观——以〈叶隐〉为中心》(《广东外语外贸大学学报》2016年第27卷第2期)认为,在《叶隐》武士道思想当中,无论是日常政务,还是疆场搏杀,抑或是和平年代的"喧哗事件",都包含在奉公的大框架之中,而支撑起这个大框架的是极度理想化的主从之情。此外,还得出"贯穿《叶隐》生死观主题的是超越利益、是非、成败、善恶,最终突破生死,至高无上的主从情谊"的结论。以上这些论文的研究角度多集中在"生死观"及《叶隐》与军国主义的关联上,但大多是言前人所言,很少能够突破日本学者迄今为止所做的研究结论,系统的研究更是寥若晨星。2015年以后,笔者尝试着从不同的主题出发,公开发表了一系列与《叶隐》相关的论文,如《〈叶隐〉武士之"勇"——以"喧哗"为中心》(《第八届日本学研究论坛论文集》2015年)、《〈叶隐〉中山本常朝的义理观——以"众道"为中心》(与张瑾合著,《日语教育与日本学研究》2017年第00期)、《历史制约下的"自我"表达——论山本常朝的出家》(《大学外语研究文集》2018年)等,试图从更多的角度接近和了解《叶隐》更多的内容,从而脱离迄今为止中国学者在研究《叶隐》时容易陷入的一个倾向——以介绍、阐释始,必以批判终的一种倾向。当前,就笔者目力所及,中国学界仍然缺乏对《叶隐》的相关论著。既然《叶隐》呈现的是日本人的精神底色,其口述者山本常朝受其儒学之师石田一鼎的影响,不可避免地会将儒学思想也投射到《叶隐》当中,作为从小受儒家文化潜移默化影响的土生土长的中国人,对于包含在其中的儒家思想或许有一种与生俱来的敏感和感受性,如果带着这样一种问题意识加以研究的话,将较日本研究者拥有更优越的天时、地利之条件。因此,就目前来说,在中国对《叶隐》的研究仍然有着很大的发展空间,并且,这一研究于日本的思想、文化研究也将具有极其重大的学术价值和极其深远的文化意义。

进入21世纪以后,日本加快了向军事大国迈进的步伐。在这种背景下,一些别有用心之士又开始把《叶隐》中"武士道即是死亡之道"的句子断章取义地灌输给日本国民,以各种方式呼吁武士道精神再现之现象也在日本不断涌现。安倍二度上台以后更是处心积虑,谋求日本"国家正常化",意图在军事安全上实现一系列突破,并于2016年7月,不顾日本国内民众及在野党的强烈抗议,也不顾包括日本主流媒体在内的多国舆论批评,强行通过了修改宪法解释以解禁集体自卫权的决定,其动向是令亚洲人民不安的,日本政府对战争责任的态度仍然暧昧,甚至存在右倾化思潮。尽管当前中日关系已有所缓和,但为了中日之间世世代代的真正友好,我们有必要从真正意义上研究日本、了解日本。为了达到这一目的,对《叶隐》的研究是非常重要的一环。在崭新的时代,我们有责任在世界政治、经济、文化全球化的大背景下,跨越时代、跨越国界、跨越语言的藩篱,用拓展的、变化的、动态的眼光来考察《叶隐》,并将其真相还原在日本人民乃至全世界人民面前。

第三节　本课题的研究方法与内容结构

一、研究方法

本书关注武士道所固有的根本思想,秉承武士道的"武士生活实践起源论",首先从史的角度对日本武士的兴衰史进行考察,在厘清武士道的发展和演变过程中,力求明确不同历史时期武士伦理道德的主要内容及其产生的社会历史原因,从而达到深入挖掘武士道根本思想的内涵与本质的目的。为了能够做到有的放矢,本书在论证的过程中,主要以江户时代的武士道书《叶隐》作为切入点,综合运用历史学、文献学和文本分析的方法,力求从其中表现出来的战国武士道和江户时期武士道的差异,从文本的裂缝之间,对武士道的根本思想——武士的生死观和忠诚观,进行动态的解读,解明武士道曾被军国主义分子恶用的原因,并提出在当前语境下阅读和研究《叶隐》及武士道的应有姿态。在具体的操作层面上主要采用以下研究方法。

(1)文本分析法:要考察武士阶级的兴亡史,以及其道德伦理的形成史和变迁史,首先需要对拟使用的各类史料从内容、影响力等角度进行整理和分类。能够表现武士史和武士思想的史料汗牛充栋,种类庞杂,在具体展开考察时,对所有的资料进行梳理远非本人薄力能及。因而,选择学界公认的历史书为分析对象是首要条件。此外,对《叶隐》十一卷总计一千三百多项的记录进行通读、取舍,并且在涉及某些具体观点的陈述时,对一些著名学者及其具有代表性的著作也需鉴别。在此基础上,对这些文本进行对比考察、解读并分析与本文主旨相关的内容,考察其思想背景、内涵和意义,揭示各类资料之间的内在逻辑。

(2)宏观与微观相结合的方法:任何历史现象都有个别和一般之别,而且一般事物之中总会出现代表普遍规律或倾向的典型事例。本书在考察日本武士道中最根本的思想时,既要对其总体表现和变化趋势进行综合把握,又要对其代表性事例进行个案考察和分析,在此基础上提出自己的见解,力求立论有据,尽可能做到宏观与微观相结合,实证与理论相统一,综合分析与比较研究兼顾。

　　(3)比较分析的方法:本书在研究的过程中,需要用比较的方法进行同中求异和异中求同的双向考察。在具体操作时,会适当运用同时代论的方法,与江户时期一些相关的武士道书,比如大道寺友山的《武道初心集》等进行比较解读,在此基础上阐明《叶隐》武士道的独特性,也争取与中国儒家思想中涉及的君臣伦理等进行横向的比较研究,力求对日本武士道的根本思想进行动态的分析和全景式的考察。

二、内容与结构

　　本书的主要内容包括考察武士阶级的兴亡史,梳理不同时期武士伦理道德,以及深入解析体现在《叶隐》中的武士道的根本思想。本书由序章、主体部分和终章三大部分构成。序章主要在提出问题、确立课题的基础上,介绍先行研究的概况,指出现有研究的遗留问题,明确本文的研究方法和内容结构。主体部分主要分四个章节展开。

　　第一章以"武士阶级兴亡史"为题,从武士及武士团的诞生开始,渐次梳理武士开创镰仓幕府,又经室町幕府,再到江户幕府的整个经过,从历史的角度考察武士的根本特征和性质,从而自然而然地实现对每个历史时期武士伦理的把握,尤其在"武士道的变迁"一节中,对处于各个时期不同社会背景下的武士道的根本表现进行了分析,得知武勇和忠诚是始终贯穿整个武士社会的伦理道德,只是不同时代武勇和忠诚的表现方式有所差异。明治时代以后,尽管武士作为一个阶级从日本历史的舞台消失了,但是在当时富国强兵政策的影响之下,日本俨然步入全民皆兵的时代,封建时代忠于主君多元化的武士道,在统治阶级的宣传之下,渐渐变成忠于天皇一人的、一元化的"勤皇的武士道"。"二战"之后,武士道因被军国主义分子恶用的历史,曾被敬而远之,曾几何时,又被重新关注甚至被美化成国民的道德。可以说,尽管简单,但是日本武士道的整个变迁史都基本囊括在本章当中。

　　第二章围绕着《叶隐》及其周边的相关内容展开考察。毋庸置疑,一部作品的思想内涵离不开作者的个人经验以及他的成长经历,为了更好地把握《叶隐》的武士道,这一章主要分三小节展开。第一节以"《叶隐》四哲人"为题,首先对《叶隐》口述者山本常朝本人的生平以及他一生中所遭遇的挫折进行梳理,其次对在山本常朝思想形成过程中起到至关重要的作用的石田一鼎、湛然和尚,以及《叶隐》的笔录者田代阵基进行了介绍。第二节是对山本常朝所在的藩国,锅岛藩的成立始末进行的考察。锅岛藩的历史是被山本常朝极其看重的,是他一再强调的"国学",在《叶隐》中对领国权从龙造寺到锅岛藩的转移过程却是讳莫如深的。通过本小节的考察可以具体了解处在战国时代的武士所面对的风云变幻,也可以认识到锅岛藩家风的动态变化,以及这一家风对山本常朝的影响。第三节中,引用了被称为《叶隐》思想凝缩的"夜荫之闲谈",并以分条的方式对其进行一一分析,从而在一定程度上达到对《叶隐》的武士道概览的目的。

第三章主要以《叶隐》为文本分析对象,对武士道中的生死观进行分析和考察。整章的主体部分由四个小节构成:首先在第一节当中,将"武士道就是求死之道"这句著名的话所在段落进行了全文引用,并结合《叶隐》中相关条目对其进行解析,明确"求死"实为"求生"的真意;在第二节"切腹之死"中,在对日本切腹的历史进行追溯的基础上,梳理了切腹的种类,并对《叶隐》中极度推崇的追腹之死以及禁死令的颁布原因进行了分析,在这一过程中明确了江户时代武家思想已经转换的事实;第三节和第四节,分别对《叶隐》当中多次出现的"喧哗"事件和"敌讨"①事件进行了考察,并在这一过程中认识到二者的紧密联系,认识到存在于二者之间这一时间链条上的,还有作为武家惯行的"武家屋敷突入"事件,明确了即便在和平的江户时代,"武勇"仍被视为武士重要伦理的事实。通过与中国儒家思想中提倡的"勇"进行对比,发现尽管武士道也受到中国儒家思想的影响,但其中的"勇"与儒家思想的"勇"存在着很大的不同——儒家的"勇"是以"义"为前提,而武士道的"勇"则以是否符合行动的美学为标准,没有善恶、好坏之分;最后在综合回顾"切腹之死""喧哗之死"和"敌讨之死"的基础上,再与第一节的"向死而生"遥相呼应,提出《叶隐》所提倡的"死狂"精神是一种富有哲理意义的精神,它与"道"息息相关,是在永远无法抵达之中,寻求超越的一种精神,是武士在被要求绝对服从主君的体制之中,设法追求"自我"的一种体现。

第四章主要探讨武士道中的另一个根本思想——武士的忠诚观。本章仍然以《叶隐》为文本分析对象,通过对散见于《叶隐》中的各个时代武士传闻逸事的考察和分析,可以看到忠诚始终是武士不变的伦理,但是因为不同时代,有着不同的政治和经济政策,武士表达忠诚的方式以及尽忠的对象是呈现变化的,并且这种变化也并非朝着一个方向直线行进,有时甚至会出现退回到某一个历

---

① "敌讨",日语词,意为"复仇,报仇"。

史时期的现象,也间接印证了第一章第三节"武士道的变迁"中的具体内容。总而言之,武士的忠诚似乎都源于制度或是"世间"的约束,归根结底离不开对名誉的追求,武士的世界看上去是一个完全与情感无缘的世界。山本常朝在这种情况下,提出了"忍恋"的概念,将"众道"思想投射到君臣关系中,提倡一念思君的"隐奉公"。并领悟到和平时代最大的忠诚就是当上"家老"向主君进谏,并用通过"奉公名利"之思想将为当上"家老"而做出的努力正当化,同时提倡武士们应将此种努力和追求作为毕生的课题。笔者认为,山本常朝之所以能够苦心孤诣地致力于当上"家老"向主君进谏这一课题,是因为他认识到随着时代的变化,尽忠的对象已经从直接主君变为家藩的原因;他提倡以死狂精神"奉公",是源于他已经把握了人世的虚空。要在有限的人生当中,将生命发挥到极致的热情是山本常朝毕生追求的对自我的忠诚。在本章当中,主要用四个小节对以上内容进行了论述。

终章由两小节构成,在第一小节里,对本课题的主要研究内容进行了回顾与总结,归纳研究结果,进一步明确本课题的论点:武士道在各个历史时期有不同的表现,但大体是由统治阶级或居统治阶级立场的人为了维持秩序,而通过法律法规等形式所规定创造出来的,真正的武士道应该存在于如《叶隐》的讲述者山本常朝那样的中下级武士之间。总而言之,山本常朝的武士道,并不是一味地无条件沉没于主从之间的,而是关注个人自我,并努力在个人自我与社会自我之间寻求平衡的,是伦理的、文学的,也是哲学的且形而上的。这种武士道,不仅仅是武士之"道",也是人之"道"。从这个意义上说,《叶隐》以及武士道是与每一个"现在"紧密相关的,因此,在第二节中,以"《叶隐》、武士道与现代"为题,反思现代的问题,以及《叶隐》武士道之于思考现代人的问题的意义,并指出未来的努力方向和有待进一步展开的课题。

一言以蔽之,本书各章之间既有紧密的、内在的逻辑联系,也可以各自独立成篇,可以按照传统的从前到后的阅读方式,也可以打破常规,任意选取其中一章进行阅读,期待着能够为对这一领域有兴趣的研究者或者普通的读者带来些许助益。

第一章

武士阶级兴亡史

日本历史上,从12世纪末期镰仓幕府建立到19世纪中期江户幕府崩溃为止,武士阶级曾在相当长的一段时间内掌握政权。这段长约七百多年的武士掌权的时期,被称为"武家社会"。从政治体制上来看,这段武士执掌政权的封建时期,对日本以后的近代以及现代都造成了不可磨灭的影响。了解这段历史,不但能够把握武士的兴与衰和武士道的具体变迁,对于更深刻地理解近现代的日本也将有着重要的意义。本章将围绕着日本武士的产生、兴盛及其最后消亡的过程展开,从而明确其兴亡的历史必然性,并结合不同历史时期的社会背景,考察武士阶级的道德伦理——武士道的变迁。

第一节 武士与武士团的诞生

一、武士的诞生

古代日本秉承氏族制度,连职业也是按照氏族的不同,分别实行一定的世袭制。在这种情况下,人民生活相对稳定。后来各氏族之间陆续出现势力争斗,逐渐打破了这种安定的局面,在土地纷争武力化的过程中,武士应时而生。

7世纪前半叶,日本土地兼并盛行,租佃制广泛兴起。《日本书纪》收录的大化元年(646年)九月诏书对贵族们的生活进行了说明,即他们"割国县山海林野池田以为己财,争战不已。或者兼并数万顷田,或者全无容针少(之)地"。又说,"有势者分割水陆以为私地,卖与百姓,年索其价"。这段文字翻译成现代汉语便是"有势者兼并水、旱田地,作为私有土地租给百姓,年收地租"。从诏书中提到的情形来看,贵族兼并和出租土地的现象已相当普遍。氏姓贵族"各置己民,恣情驱使",严重地摧残了社会的主要生产力。这个时代征伐新罗的战争和营造宫苑、陵墓、寺院所耗费的人力物力也加重了人民的负担,结果出现了"五谷不登,百姓大饥"的场面,甚至出现了"老者啃草根而死于道垂,幼者含乳以母子共死"的惨状。在《日本书纪》中,就记载着推古天皇二十一年(612年),圣德太子巡游片冈山时,遇到有人饿死在道路中间的事件。在这种情况下,不堪忍受饥荒和痛苦的部民起来反抗,他们以逃亡作为主要的斗争形式,也有的部民聚集到山泽,同奴隶主贵族进行武装斗争,导致当时的社会状况混乱不堪。645年的"大化革新"就是在这样的背景下发生的。"大化革新"以"公地公民、任用人才"为宗旨,废除了部民制,建立了班田收授法与租庸调制,颁布了建立中央集权制等政令,除此之外,还明确了对百姓逃亡的惩罚规定。其中有直接禁止逃亡的条令,即"凡是逃亡到他处十日者鞭刑十下,杖刑一百下";也有间接禁止逃亡的条令,即"凡是收留逃亡者一人的里长鞭刑三十下"。遗憾的是,此制度实施不久便丧失了效力,社会复归以往的混乱状态。

701年,文武天皇仿照唐律,制定了"大宝律令",正式开创了日本古典集权的"律令时代"。在古代日本,军队一直处于天皇的统率之下。律令制度建立以后,设置了六卫府、左右马寮,另外也实行卫士和防人制度。其中,只有贵族有上殿的资格,而那些由全国各地招募来的卫士和防人则身份低微。明白了这一点,才能理解后来作为武士的平忠盛在被允许上殿时,那些以天皇为中心的贵族形成的公家集团何以会做出极其激烈的反应。当时,全国最高统治者为天皇,整个行政体系名为"二官八省",主要由贵族官员组成,地方则以国、郡、里为行政单位,经济基础以"班田制"为根本,以百姓的租、庸、调为收入来源。这一时期土地为国家公有,称为"公地"。天皇和官僚的收入都是源于"班田制"下的租税。后来"班田制"逐渐崩溃,导致朝廷的财政发生困难。国家方面为了缓解耕地资源紧张的状况,分别于723年和743年颁布《三世一身法》①和《垦田永世私财法》②,这些法令与其说是垦田动员令,毋宁说它是破坏土地国有制,发展土地私有制的动员令,③更彻底摧毁了"班田制"下土地国有的原则,"私田"渐渐开

---

① 该法规定:新挖沟池开垦的土地准许三代(子、孙、曾孙)所有,利用原有沟池开垦的土地准许终身所有。

② 该法将"三世一身"的私有权扩大为"永世"的所有权。

③ 娄贵书:《日本武士兴亡史》,中国社会科学出版社2013年版。

始合法化,这一趋势使得"班田制"走向实质性的解体。在这样的社会背景下,社会各界,包括贵族、官僚、豪强和神社、寺院竞相垦田,建立并扩大庄园。但是在垦田的基础上建立起来的庄园,最初非但没有取得安全合法的地位,反而随时面临被取缔的危险。

793年,桓武天皇为了摆脱奈良时代形成的庞大的寺社势力,将都城迁至平安京,拉开了平安时代的序幕,此后到1192年为止,持续了四百年的平安朝,先后经历了律令政治的改革、摄关政治、院政统治和平氏政权四个时期。日本武士就是在律令制逐渐崩溃的过程中登场的。在律令政治改革的过程中,因为律令制国家的军事支柱"军团制"①不复存在了,所以尽管当时时代处于平安朝,可是并不意味着这个时代就是完全"平安"的。到了9世纪中期,平安朝已经基本成了盗贼的天下。889年,以大盗物部氏永为首的群盗开始在关东作乱,以此为肇端,此后让朝廷焦头烂额的事情一件接着一件发生。面对东国有"马党",西国有"海贼"的实际情况,朝廷最后将目光投向了"俘囚"们,这些俘囚是当年被征服的虾夷族的后代。因为这些俘囚天生继承了祖先的狩猎与搏杀技巧,朝廷便将他们编入国衙中充当武警,希望借助他们的力量弹压盗贼,不承想这些俘囚最后也因为不满朝廷的待遇而暴动了。朝廷不但没有达到最初弹压盗贼的目的,反倒陷入一种雪上加霜的状况。在无军团可以利用的情况下,朝廷干脆变原先的征兵制为募兵制,开始征召地方上有力的私田主,以"健儿"的身份加入军队,去镇压各地的叛乱。这些私兵色彩浓厚的"健儿",就是后来武士的雏形。但是"健儿制"也导致服兵役成为贵族的专制,以至于军队素质一落千丈。健儿军中的有力豪族,有一定的田产,可以负担马匹、铠甲的费用,其同族的子弟或下人则成为"郎党",在战场上跟随豪族作战,他们便是武士团的雏形。

到了10世纪初,由于土地兼并愈演愈烈,中央集权体制和天皇大权旁落,私人管理国家的政治形态——外戚政治、摄关政治、院厅政治等先后粉墨登场。这个时期,庄园主已将国家土地的大约百分之五十据为己有,日本的土地制度由原有的国有制度变为半工半私的"庄园公领"制度。摄关政治下,藤原家族成为最大的庄园主。这一时期,因为佛教地位越来越突出,一些寺院也不断接受

---

① 类似于唐帝国初期的府兵制,以国郡为单位设置"军团",人员主要自口分田公民中征发,军团士兵在出征时可享受免除部分租税的待遇,但武器和军粮皆需自备,所以负担依然十分沉重。随着"班田制"的解体和公民的大量逃亡,军团变得形同虚设。

土地馈赠,因此很多寺院也开始拥有大量的土地。另一方面因豪族等的强取豪夺以及天灾人祸等,失去土地的逃亡者再次大批出现,他们集群结社,甚至沦为盗贼,对社会治安造成极大威胁。围绕着庄园的扩大和发展,与庄园命运攸关的土地矛盾已经日渐激化。再加上进入11世纪后,律令制朝廷不再对私有土地性质的庄园提供保护,庄园主既要面对来自庄园内部利益分配的压力,更要面对来自庄园外部涉及庄园土地所有权转移的生存威胁。庄园内部庄园主与庄民之间斗争的焦点在于庄园土地上利润分配的比例,对此,庄园主可以通过契约和实力加以解决。而来自庄园外部的威胁,即其他庄园主的扩张威胁和国衙官吏限制与取缔庄园的威胁,则直接关系到庄园的生死存亡。为此,各庄园主必须加强武装实力以维护土地权益,他们纷纷培植自己的武装力量,依赖武装实力与中央朝廷派驻庄园所在地的地方官员抗衡。为了捍卫并扩大生存利益,他们不仅将自己的同族人武装起来(称为"家子"),还把处于他们统治之下的庄民武装起来(称为"郎党""郎从"),①庄园主的"武者"特征开始变得鲜明。各庄园建立起自己的私人武装后,便以武力为后盾继续扩张庄园土地。对内,他们用武力镇压庄民的反抗;对外,他们又用武力捍卫和扩张庄园的土地。与此同时,寺院方面也在同样的状况下,培养了大量的僧兵。越来越多的国有土地成为庄园的私有土地,庄园规模不断扩大。武士以武力推动庄园主的经济实力不断膨胀,庄园主以日益雄厚的经济实力培植更强大的武装力量,驱使更大规模的武士投入更加尖锐激烈的土地兼并战争,从而为武士奠定了更加坚实的生存土壤,锤炼出武士越来越大的战斗力。

另一方面,平安时代中期,民众的贫富差距愈加悬殊,失去谋生手段而沦为盗贼的流浪者们时而潜入深宫扰乱圣心,时而打家劫舍袭击地方官员,更有甚者,一些贵族子弟竟也成为强盗首领。他们内心潜藏着对时政的不满,随着人数的增加逐渐成为具有反叛性质的军事组织。此时的日本,天皇朝廷对国家统一的政治统治权已不复存在,国家土地处于各种社会势力的控制之下,国家已丧失了解决社会矛盾的权威和力量。②于是,冲突各方面都不得不要求诉诸武

---

① 如在光仁天皇宝龙年间,庄园主贵族为壮大实力,把同族子弟和七百七十名仆从武装化,就组成了以血缘关系和主从关系为纽带的武装集团。

② 当时实行的"知行国"制度表明,国家已承认无力对全国土地实施有效统治,不得不将国家对地方的统治权让给皇室和权门世家,甚至强大起来的武家。

力。武士就在皇室与庄园主贵族的争权夺势中,渐渐为社会所倚重,并逐渐形成了超越庄园范围的地区性武装集团。概而言之,"武士是王朝国家在军事改革的过程中逐步走上政治舞台的,他们的前身来自8—9世纪东部地区的狩猎民族,在10世纪以后形成很多以擅长骑马射箭为特征的军事武装团体,后来成为王朝国家军事警察机构的重要组成部分,并且与京城的贵族密切联系起来"①。也就是说,作为一种社会身份存在的武士,必须要满足以下几个条件:首先,他们必须是擅长武艺的武者;其次,他们都拥有、经营自己的土地,并且会利用武力保卫自己的土地,保证使其成为代代相传的领地;另外最重要的一点,是一定要得到中央政治体系的认可(其责任和义务在幕府成立之前,由朝廷或武士集团规定;幕府成立之后则由幕府限定)。武士身份的特点决定了其存在的基础是要对中央朝廷和集团主君发挥守卫职能。在有战争发生时,武士们通过参加所属集团的战斗,凭借自身的武装实力守护君主,从而立功受赏;在平时,武士们负责领地内的治安和行政等职责,维护集团内部的统治秩序。那些在地方成长起来的武士,最初被称为"兵"(うわもの),11世纪以后被称为武者、武勇之士、武士,那些成为贵族侍卫的武士被称为"侍",而在京都为皇室和贵族担当警卫工作的武士,则被称为"京都的武者",极受瞩目。在当时全国上下治安状况都堪忧的情况下,京都自然也不能幸免,甚至仅靠当时公家的检非违使已经无法维持京都的治安稳定了,京都的贵族们出行时,甚至还要跟京都的武者借用武士护卫,地方武士当中的优秀者也被选出来到京都充当侍卫。在这种情况下,贵族把武者培养成私兵,让他们成为近侍的情形就渐渐被一般化了。"京都的武者"在地方拥有土地,财力雄厚,为了寻求贵族的权威保护,他们甘当贵族的私人侍卫,并渐渐开始利用他们的武力来实现政治上的意图,最终成为中央贵族社会内部政治权力的支柱。发生在天庆二年到四年(939—941年)的"天庆之乱",甚至曾一度威胁到中央朝廷。朝廷平定了天庆之乱后,对当时协助朝廷、平定叛乱有功的武装集团首领进行了封赏。朝廷的封赏行为,是对这些武装集团的首领利用武装实力为朝廷行使暴力的权利的认可,这些首领后来发展成为独立的具有社会身份的武士,也成为日本中世所有上层武士家族的源头。

---

① 入間田宣夫『中世武士団の自我認識』(三弥井書店、1998年)129ページ。

二、武士团

10世纪到11世纪之间,在地方上广泛成长起来的庄园主出于自卫的需要,开始集结武力,培养战斗组织。这些组织以领主为核心,以族为单位集结起来,一开始只是小规模的团体,随着各庄园主相互之间征战的持续,战斗规模的不断扩大,逐渐成长为大的武士团。武士团的首领称"物领",下属称"庶子"。武士团有着极强的宗族观念,坚决执行首领的命令,实行主从关系。武士在战场上的武勇精神和对主人的献身精神,成为对武士个人和对武士团的基本要求。在武家社会渐渐形成的"武家习气""弓矢之道"等新观念,成为维持武士团组织的重要思想支柱。

当时随着传统律令制国家权力的衰退,以及各庄园主之间为扩大庄园而相互争夺的武力升级,日本各地战乱频发。地方政府遴选有实力的武士团首领充任检非违使、追捕使,委以军事、警察权,维持地方治安,担负起国家机器的职责。尤其是11世纪以后,武士团的成长更为显著。在边境地区的东国,甚至出现了可以组织起跨越几个郡的"豪族级武士团"。这些豪族级武士团中的武士首领,武力强大,但是身份低微,他们迫切地需要武家栋梁的出现,从而统领他们一同作战。而能够成为武家栋梁至少要满足两点:一是出身贵族社会,拥有贵族阶级的属性;二是要拥有武士武勇的资质。同时满足这两个条件的武家栋梁当中,最为著名的便是关东地区的桓武平氏和清和源氏。关东武士的发展史,也可以说就是平源两家的战争史。

平氏武士团的发展比源氏早半个世纪之多,是最先形成于关东地区的拥有强大实力的豪族级武士团。平氏本是高望王的后裔,而高望王是桓武天皇的曾孙,因此平氏集团有着皇族血统。889年,高望王接受平姓,降入臣籍,后定居关东,奠定起平氏的基础。10世纪30年代的平将门之乱表明,平氏历经三代的发展,已积累起足以反抗朝廷的武力。而"平将门之乱"和"平忠常之乱"最终被镇压,也致使平氏的发展严重受挫。尤其"平忠常之乱",成为源氏入主关东的契机。平氏吸取先辈对抗朝廷的失败教训,从11世纪末起,改而投靠权门,充当上皇的带刀侍卫,在合法的旗帜下扩张武力。保元元年(1156年)爆发的"保元之乱"和平治元年(1159年)爆发的"平治之乱",都是因皇位继承问题引发的混乱,也是公家政治向武家政治转换的开端。保元之乱中,拥护后白河天皇的源义朝和平清盛以武力构建了武家的社会地位,尤其平清盛更于乱后攫取了部分政权。慈円和尚①在他的《愚管抄》中曾明确指出,这场战争将会成为贵族政治和武家政治的分水岭,此后历史的发展证实这一见解乃是卓见。保元之战之后,日本开始进入动荡之世,武士成为这一历史时期的主角。三年后,在平治之乱当中,平清盛打败了源义朝,随后在仁安二年(1167年),平清盛又在争夺中央最高权力的战争中打败敌对势力,夺得了贵族政权内部最高的官位——太政大臣之职,在京都的六波罗地方建立起平氏政权,将平氏武士团的发展推向顶峰。平氏因此获得了很多庄园和知行国,并逐步把同族人和家人任命为庄园领主、庄官、国司。那之后,平清盛以武力支持后白河院政,实现了平氏一族独揽朝政的梦想,也因此开创了日本历史上武家政权的先河。在此期间,源氏武士集团不断发展壮大,与平氏集团展开了激烈的争斗。双方之间展开的源平争乱长达十余年。源平之争,并不是源氏与平氏两个家族之间的战争,其本质是以源氏为代表的关东武士为摆脱京都的公家的统治而发动的一场"独立战争"。在当时,关东地区与京都地区相比,农业技术很不发达。尽管作为马匹、铁等的产地受到公家的重视,但实际上只不过是被榨取的对象,因而十分贫穷。平氏政权与京都公家沆瀣一气,引起关东武士的极度不满,最后他们拥戴拥有贵族血统的源赖朝为"盟主",发展成一场表面上反平氏的内乱。在这一争斗过程中,平氏集团不断衰落下去。

从武士和武士团的诞生经过可以看到武士产生的两个源流:其一是朝廷中的武官。朝廷中的文官武官各司其职,文官的主要职责是掌管行政职务,武官的职责是掌管军事和警察职能。武官大体供职于天皇卫队的近卫府、守卫宫门的卫门府以及天皇身边警卫的兵卫府。另一个源流则是地方军团中的"兵"。古代日本,各地方国的国司是直接从中央派遣的,而国司以下掌管该地军事和警察职务的就是"兵",中世时期的武士便是以中央的武官和地方的"兵"为母体成长起来的。从本质上说,武士是作为一种暴力工具产生的。最初只不过是依靠武力保护土地的支配权、解决与他人之间的争端,后来成为朝廷权力之争中被利用的棋子,并渐渐获得在朝廷中的话语权,甚至开始建立独立的武家政权。也就是说,日本的武士阶级最初并不是以贵族阶级的敌对者身份出现的,也不是一下子就使得贵族政权就走向没落的。武士阶级的代表诞生于贵族阶级掌权的律令体制的母胎之中,他们渐渐成长起来,逐步获得在贵族政权内部的发

---

① 慈円和尚(1155—1225),九条兼实的弟弟,天台宗的住持僧。

言权。在经历了与贵族平起平坐、一起掌权的时代之后,武士阶级才真正树立起武家独立的政权和支配体制。可以说,日本的古代贵族们直到保元之乱和平治之乱才感受到武士的力量已经强大到可以左右政治动向的地步,直到此时他们才意识到贵族掌权的政治体制已经发生动摇、社会组织正悄然发生变化的事实。武士阶级从9世纪中叶的零散武装团伙到12世纪末最终建立镰仓幕府这一全国性的政治机构,其间经历了长达两个半世纪的发展过程。在这个过程中,武士阶级在天皇贵族和朝廷重臣藤原家族的对峙中,成为双方都要借重的第三方力量,所以一直处于有利的位置。藤原家族的摄政为武士阶级干预国家政治提供了启示,平氏依靠朝廷,以武士、朝臣以及与皇室姻亲的三重身份控制了朝政,是武士阶级实行军事独裁的试验和过渡。后白河法皇对平家的崛起感到惴惴不安,他需要利用源氏集团铲除自己的心头之患。平治之乱以后,平家武士政权统治日本二十余年,但在源平之间的最后一次决战——坛浦之战当中,因平家在关键时刻出了内奸,平家被源氏武士一举击败,平家政权彻底走向覆灭。当皇族、贵族们利用势力强大的源氏武士集团来消灭平氏时,实际上是在宣告天皇制的灭亡,源氏开创武家政治之先河也在情理之中。

第二节　武士政权的兴与衰

一、镰仓幕府

文治五年(1189年)七月,源赖朝在处理掉自己政治道路上的绊脚石——在讨伐平氏的"治承·寿永之乱"(1180—1185年)中功勋卓著的两个弟弟,源范赖和源义经之后,继续讨伐奥州的藤原家族,并轻而易举地平定了奥州。之后在对奥州家臣的处置方面,展现了源赖朝的为政态度。当时奥州有个武士和田次郎将企图逃往北海道的主人藤原泰衡杀死,并将首级送到源赖朝处邀功,自以为能够得到重用,结果源赖朝因为他的叛主行为勃然大怒,下令将此人斩首;而对另一个被源氏俘虏,面对源赖朝的责问侃侃而谈的奥州家臣由利八郎以礼相待,甚至把他收为镰仓的"御家人"①。由此也可以看出,源赖朝所缔造的镰仓武士政权最重要的政治理念就是"忠"。源赖朝将背叛主君的和田次郎斩首,却重用为主家辩护不惜顶撞他的由利八郎,清晰地表明了希望所有"御家人"能够对他忠心不二的态度。随着奥州的平定,源赖朝也成为击败了所有竞争者的平定天下之人。建久元年(1190年)十月,源赖朝本着从朝廷捞取政治资本,进一步巩固镰仓政权的目的,率军上京。他希望得到"征夷大将军"②的职位,可后白河法皇最后只授予他权大纳言兼右近卫大将的职务,虽然这是律令制下武官的最高职务,但是后白河法皇阻挠源赖朝夺取兵权,想把他束缚在"体制内"的政治目的十分明显。源赖朝当然不满足于此,出任权大纳言兼右近卫大将不足一个月,就宣布辞去这两个职务。朝廷最后做出让步,授予源赖朝"令外官""天下总追捕使"的职务,承认其维持天下治安的权力。至此,源赖朝实际已经将天下的兵权集中到镰仓。建久三年(1192年)三月,后白河法皇去世,同年七月,在朝廷亲镰仓派的运作下,源赖朝被正式任命为征夷大将军。源氏的武家政权取代平氏,武士的发展由此进入一个划时代的新时期,日本列岛从此进入了以庄园经济为基础、武士为统治阶级的武家社会,武士阶层成为左右政局、控制政权的主要社会势力,作为统治阶级直接对国家实施军事统治,尚武精神成为该社会主导的精神观念。日本历史上第一个正式的武士政权——镰仓幕府的开创,预示着武士与朝廷抗衡的正式开始。

源赖朝在建立镰仓幕府之初,凭借其有着皇族血统的武家栋梁之身份以及非凡的才能、高超的政治手腕和在战争中建立起来的军事权威,独揽政治、经济、军事大权,实施专制独裁统治。在这一过程中,源赖朝认识到要巩固武家政权,就有必要确立主从关系。因为从平安时代后期一直到镰仓时代前期,无论是在贵族之间还是武士之间,主从关系都相当松散,武士可以同时有几个主人,称为"兼参"。比如当时源赖朝麾下的加藤光员就同时有三个主人,他在源赖朝举兵时就跟随源赖朝,又是后鸟羽上皇的"西面武士",并被任命为检非违使,同时还是伊势神宫大中臣氏的家司。在这种情况下,不可能期待他对幕府的绝对

① 源赖朝在追讨平氏战役中支持源氏的武士称为"御家人",不管他们属于哪个武士集团,都在认可其原有领地的基础上,封赏新的土地。这一制度的本质就在于要求武士绝对服从主君源赖朝,绝对遵守以源赖朝为首的武士集团及后来以其为首的镰仓幕府的法律。

② "征夷大将军"是一个非常设的"令外官",掌握朝廷的兵权。一般只有在国家有兵事的时候,才会特别任命征夷大将军统率军队。

忠诚。源赖朝要改变这种状况,干脆禁止武士与自己以外的人建立主从关系,要求他们脱离朝廷,并承诺其领地完全由幕府保护,并规定一旦发现有违反规定者,将严厉惩处。在这种情况下,关东武士开始脱离朝廷,建立起与"镰仓殿"之间唯一的主从关系,从而形成对源赖朝一人的忠诚。这一主从关系的形成,"一方面是基于领国、领地封赏的经济关系;另一方面,也依赖于一同驰骋战场出生入死而结成的深厚情谊和武士集团首领所具有崇高武名的感召力"①。

镰仓幕府成立之初的"御家人"制度,是源赖朝期待"御家人"对他绝对忠诚,彻底服从他的命令的一种意图的体现。但是"御家人"不一定完全顺应他的意图。一些有实力的"御家人"会自行其是,有时甚至会和源赖朝对着干。比如后文提到的曾我兄弟复仇事件,北条时政明知道曾我兄弟复仇的对象是同为"御家人"的工藤祐经,仍然庇护兄弟二人。而作为镰仓殿的源赖朝虽然同情曾我兄弟,却不得不看工藤家的脸色行事。所以,此时的主从关系,并不是单纯的主君统治臣下,臣下单方面服从主君的关系。镰仓殿给予"御家人"土地,"御家人"为了回报镰仓殿的"御恩",要相应地对镰仓殿"奉公"。所以,这个时期的主从关系大概用"御恩"与"奉公"的双务契约关系来概括更为合适。主君向家臣施恩,赐予家臣领地,保证他们及其家族的安全,并为他们的身份提供保护;家臣从属于主君,尽管在社会经济层面,这些家臣武士属于私有土地的所有者,但是当有战争发生时,他们就要以集团的形式,带领自己的家臣跟随更高一级的武士集团主君参加战斗,用武力为集团主君的生命和利益提供保障。这个时期,武士的身份特征主要体现在战场上以武士集团为单位的战斗中。取得战斗的胜利是武士在战场上的目标,因此,实力成为这一时期评判武士至关重要的前提条件。王炜指出,勇猛之心、实用武艺和智谋是衡量中世武士实力的几点要素。②武士通过实力在战场上建立战功,赢得功名和封赏,维护"家"名,报答主君的恩情。在镰仓时代的传统武士精神中,常常将来自主君的"恩"作为家臣是否为主君"尽忠"的前提条件。如果"御家人"奉过公了,幕府却不给赏赐的话,有些"御家人"甚至会采取上镰仓讨说法的办法来要赏赐,如在"文永·宏安

---

① 王炜:《日本武士名誉观》,社会科学文献出版社2008年版,第35页。
② 王炜:《日本武士名誉观》,社会科学文献出版社2008年版,第40页。

之役"①中有突出表现的竹崎季长就因在战斗中没有保存好敌人的首级,战功被幕府一笔勾销。竹崎季长暴怒,凑了一笔路费到镰仓面见掌管幕府"恩赏奉行"②的安达泰盛,最终获得了肥后国海东乡的地头一职,成为称霸一方的地主。但并不是所有应获得封赏而没被封赏的人都能讨来说法,更多的人连去镰仓的路费都凑不齐。幕府为了稳定局势,禁止这种到镰仓的"越诉"行为,所以多数人只能自认倒霉。

　　除了"御家人"制度之外,源赖朝还在全国设置"守护"③和"地头"④,任命"御家人"担任职位,把镰仓的势力扩充到了全国。源赖朝开创的武家政治已经完全不同于平家政权。"源赖朝抛弃了昔日的公家体系,另起炉灶建立起了一个全新的武家体系,在日本历史上具有开辟一个新时代的重要意义,后世的武家政权也沿袭了镰仓幕府的核心政治理念,对其制度多有仿效,日本从这一刻开始,真正迎来了'幕府时代'。"⑤但是,尽管如此,源赖朝开创的镰仓幕府毕竟尚处于武家统治的初创时代,所以政治上一方面严守武家特点,另一方面也不否定公家。将军的幕府和天皇的朝廷二元政治体系并存——将军、守护、地头的武家统治体系,在国家政治生活中占主导地位,将军是掌握国家政治、经济和军事大权的最高统治者;天皇、国司、郡司的公家统治体系,在国家政治、经济生活中仍然拥有实际权力并发挥重要作用,天皇拥有最高的精神权威,是一切权力合法性与权威性的源泉。

　　"镰仓殿"源赖朝一脉只经历三代就断绝了,等到第三代将军源实朝遇刺身亡之后,北条义时上书朝廷,要求派一个亲王做皇族将军。后鸟羽上皇识破了

---

① 文永·宏安之役,指至元十一年(1274年)和至元十八年(1281年)由忽必烈发动的两次对日战争。

② "恩赏奉行",日语词,日本古代官职的一种,负责评定将士的功勋,参与分发对将士的赏赐。"奉行",日语词,指在武家社会担当行政事务的官职。

③ "守护",日语词,镰仓、室町时代幕府的官职。文治元年(1185年)由源赖朝设置,通常每一国(行政区)设置一个守护,掌管地方军事和治安。镰仓幕府规定,每国守护可以负责征收国内租税,并可以指挥国衙的在厅官人维持治安、征伐反叛等。守护相当于一国的"总追捕使"和"总地头",有监督领内各"地头"的职责。

④ "地头",日语词,镰仓、室町时代幕府的官职。平安时代末期乡司亦称地头。主要在庄园、共有领地掌管土地、征收租税,行使警察职权,有行政权和司法权。在镰仓时期,地头已逐渐夺取了全国土地的管理权。

⑤ 陈杰:《幕府时代 镰仓幕府》,陕西人民出版社2013年版,第112页。

北条要拿亲王当人质、防范幕府的用意,拒绝了他的请求。于是北条家把九条道家两岁的儿子藤原赖经接到镰仓,立为第四任将军,实际权力操纵在第三任将军之母北条政子和北条义时手中。朝廷中仍然存在对幕府充满敌意和戒备的集团,后鸟羽天皇更是把幕府视为阻碍他成为"治天之君"的绊脚石,公武矛盾也一直存在。承久三年(1221年)的"承久之乱"①,导致朝廷和幕府关系彻底破裂。后鸟羽天皇正式发布院宣,宣布北条义时等人为"朝敌",号召天下武士一起在朝廷的旗帜下讨伐幕府。而当时镰仓幕府的统治者北条义时已经脱离关东武士的粗鄙之气,他既懂战争,也懂政治,知道如何将自己的行为正当化。他以中国历史上的周武王和汉高祖为例,说明只要天子不仁不义,违背天理道义,做臣子的就可以去匡正他,替天行道的道理。不但如此,他还指出要惩罚那些在君主身边的"误国之佞幸",以"清君侧"的名义对抗朝廷。与此同时,幕府对"御家人"亮出镰仓草创者源赖朝的"御恩",致使在朝廷煽动下本有些动摇的"御家人",为了报恩,更加紧密地团结在幕府的旗帜下,形成坚定的反朝廷的力量。结果,这次由天皇发起的倒幕运动以朝廷完败而告终。由此,武家从尊重公家政治和固守自己领域的武家政治立场,公然转为反抗公家政治、干预公家政治的立场。公武二元政治格局的平衡被渐渐打破,武制主义的武家政权越来越凌驾于文治主义的公家政权之上,公家各级官员在武家的刀剑威胁之下,越来越软弱无力,也越来越有名无实,统治日本的权力完全由朝廷转移到了幕府。

此外,源赖朝死后,围绕着争夺将军核心权力的问题,幕府内部也发生了多次斗争。到了镰仓幕府第三代将军、年仅十二岁的源实朝上台的时候,其外祖父北条时政以辅佐将军处理政务的名义,当上了镰仓幕府的首任"执权",成为镰仓幕府实际上的最高首脑,由此,外戚北条氏掌握了幕府实权,一直到镰仓幕府灭亡为止。元仁元年(1224年),北条泰时任"执权",并于上任后增设"连署"一职作为"执权"的辅佐者,由北条家中的有力者出任。嘉禄元年(1225年),又设置职位仅次于"执权"和"连署"的"评定众",幕府的重要政务由"执权""连署"和"评定众"②共同协商决定,这就将源赖朝时期的独裁政治变为合议政治。贞

---

① 承久之乱,又称"承久之变"。承久三年(1221年),后鸟羽上皇举兵,企图推翻镰仓幕府,被幕府镇压。后鸟羽、土御门、顺德三位上皇被政府流放,朝廷的公卿、武士的领地被幕府没收。此后,幕府确立了绝对的优势地位。

② "执权""连署""评定众"皆为日本古代官职。

永元年(1232年),北条泰时主持制定了第一部武家基本法典——《御成败式目》(共五十一条),即《贞永式目》。《贞永式目》第一次以成文法的形式将武家的习俗、惯例、判例等整理起来,其中的诸多法律原则都是以武士的是非为标准制定的,为后世的武家法所沿用,直到1868年明治政府成立武家政权结束为止。北条泰时称,这个法规"要向所有关东的御家人、守护、地头公布,让其理解"①。这说明,这部法规只对镰仓幕府统治下的武士适用,是一部以关东为中心的"地方法规",对京都朝廷制定的公家法规并不加以否定。但是,不能否认,这部法规从法律上强化了幕府作为统治者的意识,进而组织由有名的"御家人"和幕府法律相关的官僚组成的"评定众"。幕府北条泰时的政治,成为以"评定众"的合议制和《贞永式目》的法制主义为两大支柱的执政政治,推进了政治机构的法典整备、组织化和体系化,这也意味着将武士对"镰仓殿"个人的忠诚转化为对幕府体制的忠诚。此外,北条泰时在就任"执权"后还制定了几项有名的政策,比如颁布《惩治恶党令》《物价统制令》和实施"抚民政策"等。其中"抚民政策"值得一提。

战乱时期,武士对领地内的农民存在横征暴敛的现象,镰仓幕府建立后,农民被武士过度压榨的现象仍然存在。从长远考虑,武士们已经结束了南征北战、颠沛流离的状况,他们为了在一块固定的土地上生活和定居下来,必须从农民那里得到粮食和税收,所以必须认真对待土地和农民。认识到这一点的北条时赖于1253年颁布了《抚民令》,将其作为幕府的执政方针,对于那些对农民征收过重年租、违背抚民政策的武士,幕府会进行具体的处罚。与此同时,北条泰时还利用禅宗中包含的"禁欲""克己"等精神,在镰仓修建禅寺,迎请禅宗的僧侣,鼓励武士修禅。这也是北条时赖巧妙地利用中世之人对神佛的敬畏之心,将抚民思想作为神佛的教义向武士们传播的一种策略,具有重大的意义。另外,禅宗思想在形成镰仓武士道的过程中也起到了巨大的作用。禅宗中的顿悟观认为,人通过自我修炼可以达到大彻大悟的境界,而只有否定作为执迷根源的自我,进入无我之境,完全断绝生死羁绊,无视生死差别,视死亡如梦幻才能"见佛成性"。这种"死生一如"的思想与武士临战时"忘我""忘亲""忘家"的思想是相通的,于是很自然地为武士们所接受。为了使武士们意志坚定、冷酷残忍、专心一意、机敏练达,不受物欲、情欲等困扰,禅宗被广泛运用于军政领域,

---

① 小和田哲男、本乡和人著,委平和译:《倒叙日本史3 战国·室町·镰仓》,商务印书馆2018年版,第183页。

对武士、政客进行身体、意志、技能方面的训练。经过了如此训练的武士们,很容易将人生理想设定成追求所谓的"血泪生活",他们期待在短暂的人生中轰轰烈烈抛洒热血于疆场,以勇敢与忠诚报效主君。随着传播,禅宗思想不仅在武士之间,在普通民众之间也产生了重要的影响,甚至逐渐成为人们的精神寄托。在这个过程当中,民众也逐步形成了一种新的认识——武士已经脱胎换骨,并且他们已经取代了京都的朝廷,成为新的统治者。

此后,镰仓幕府经历了"摄关将军"和"宫将军"的时代,又遭遇了蒙古袭来的外敌入侵,加上在幕府干预下朝廷方面"两统迭立"①的争斗不断,朝廷对镰仓幕府充满了执着的仇恨,他们吸取"承久之乱"的教训,并深谙只能以"武士制武士"的办法才能达到倒幕的目的。不仅如此,在幕府的高压政治下,武士的日子越来越不好过,他们分到的土地越来越少,加上天灾和镰仓幕府无休止的压榨,政治上越来越无权,经济上也越来越穷困,很多人沦为"恶党"。这些"恶党"挑战庄园既有规则,侵犯本家利益,既和贵族、寺社等旧势力相对抗,也不愿意让幕府政权势力占据他们的"生存空间",属于"非公非武"的中间势力。随着幕府统治的强化,"恶党"越来越多。后醍醐天皇巧妙利用这种情况,提拔"恶党"楠木正成成为自己最信任的武将,在一次次与幕府的对战中取得胜利。可以说,"恶党"的泛滥,为镰仓政权敲响了丧钟。元弘三年(1333年)五月,新田义贞也加入倒幕队伍,短短半个月后,北条家彻底灭亡,自源赖朝以来统治日本长达百年的镰仓幕府覆灭。

二、室町幕府

严格说来,镰仓幕府只在关东一带拥有一定的控制力,经历了元军的袭击之后,对全国的控制力更是大大减弱,天下"恶党"的横行,严重削弱了幕府的执政能力,为后醍醐天皇的成功倒幕提供了绝好的条件。后醍醐天皇倒幕成功后,立即在元弘四年(1334年)将年号改为"建武",并打出"建武新政"的旗号。其本来的目的是要把朝廷的政治体制引导到天皇专制的一元化政治体制上去,但因操之过急,又在"恩赏"和用人方面处理不当,留下了无穷后患。自平安时代以来,朝廷在用人方面已形成固定的"家格"传统,即官位的高低基本由出身

---

① 两统迭立,指的是以后深草上皇为中心的"持明院统"和以后嵯峨上皇为中心的"大觉寺统",轮流坐庄当天皇及"治天之君"的现象。

决定,但是后醍醐天皇为了加强自己的专制,无视世袭传统,不断提拔一些下级官僚成为公卿,楠木正成、新田义贞等这些出身不高的武士似乎一夜之间就和传统公卿平起平坐了,这自然引起这些公卿的不满,于是武士与公卿之间更加互相反感,这样的情形为后面的政权混乱埋下了伏笔。在与后醍醐天皇的儿子护良亲王之间展开的实力之争中,足利尊氏巧妙利用后醍醐天皇的疑心病,终结了护良亲王的政治生命。等到后醍醐天皇醒悟过来,即刻开始亡羊补牢,他任命足利尊氏的劲敌新田义贞为天皇亲卫队"武者所"的最高长官,以此作为牵制足利尊氏的筹码,这也成为足利尊氏后来公然背叛后醍醐天皇的导火索。在与天皇展开的一系列激战中,足利尊氏获得了最后的胜利,天皇的"建武新政"彻底宣告失败。建武三年(1336年),幽禁了后醍醐天皇的足利尊氏,为了恢复武家秩序,对"建武新政"造成的社会动荡局面进行拨乱反正,以《贞永式目》补充法的形式颁布了《建武式目》,代表了足利尊氏的政治理想。被幽禁的后醍醐天皇不甘心被背叛,于当年十二月成功逃脱,在奈良吉野吉水院设立行宫,建立"南朝",与足利尊氏支持的以光明天皇为核心的京都"北朝"形成对峙的局面,日本历史进入南北朝时期。在南北朝的争乱之中,随着忠臣新田义贞、北畠显家、楠木正成之子楠木正行等人的相继战死,南朝渐渐接近灭亡的边缘。庆应元年(1338年),北朝光明天皇正式任命足利尊氏为征夷大将军,自此,从名实两方面,室町幕府宣告正式成立。

　　室町幕府设置在京都,从一开始就缺乏作为全国性政权的中央集权,与所有效忠于室町幕府的武士结成了主从关系。当时在足利尊氏之下,由足利尊氏的弟弟足利直义和足利家的执事、足利尊氏的侧近高师直两人掌握幕府的两大基本职能。结果足利直义与高师直之间展开了激烈的权力争夺。而足利尊氏为了政权的利益,在二人之间左右摇摆,先是屈服于高师直的号召力,逼迫足利直义出家退职,足利直义投奔南朝,兄弟阋墙。在观应二年(1351年)摄津国打出浜一战中,足利尊氏惨败,足利尊氏向弟弟求和,答应了令高师直兄弟退出政坛,出家为僧的条件,兄弟二人一起返回京都,之后消灭了高氏一族。从此以后,室町幕府内的矛盾直接演变为两兄弟之间的矛盾。为了打倒弟弟,足利尊氏竟然做出假意投降南朝的决定,而南朝也乐得渔翁得利,将计就计。经过几番折腾,足利直义最后神秘死亡,而北朝也元气大伤,南朝得以苟延残喘,南北朝又进入战略相持阶段。延文三年(1358年),足利尊氏去世,室町幕府第二任将军足利义诠继位。然而,幕府内部的政治斗争仍然有增无减。到了三代将军足利义满(1358—1408)(1368—1394年在位)时代,发生了"康历政变"①,使得将军充分认识到守护势力过大,不可不削的道理。明德二年(1391年),足利义满利用极其清醒的政治头脑,发挥他的帝王之术,在"明德之乱"中清洗了强势大名山名家的势力。总体来说,足利义满时期,社会动荡减少,室町幕府的政局趋向稳定。可以说足利义满是日本历史上首位权力凌驾于天皇之上的将军,从他执政开始,一直到明治维新的大约五百年间,日本实际的政治权力都掌握在武士手中。但是,足利义满的削藩政策引起了各守护大名②的不满,各地反叛不断,之后又有"应永之乱""上杉禅秀之乱""永亨之乱""嘉吉之乱",这些战乱的背后,交织着将军与守护大名之间的矛盾和势力的此消彼长,到"应仁之乱"(1467—1477年)时更是达到顶峰。

从"应仁之乱"到1568年织田信长进驻京都、统一日本,这一时期被称为日本的"战国时代"。在此期间,地方武士团在各护其主的"奉公"理念的支配下,进行了大规模的争霸战争。也就是说,用武力保护并扩充自己的土地,已成为该时代的主旋律。当时武将征战的目的大体可以概括为两方面:一方面是在某个集团中成为一号人物,即取代原来的集团主君,达到"盗国"的目的;另一方面是在与其他集团的抗衡中,确保自己的集团取得绝对统治的地位,从而达到平定天下的目的。在这一时代出现的以横向的"同心结合"为实质的"一揆",不仅发生在领主、百姓之间,甚至在各个大名的家臣中间也有类似的组织出现。有实力的家臣武士有时会趁着主君家中内乱起兵叛乱,以达到扩大自身势力甚至取代主君的目的;有时也会因敌对方大名提出的某种现实利益为交换条件而在战场上临时倒戈。可以说,战国时代是一个完全讲究实力的时代,只有武士中实力最强大者才能取得最后的胜利。于是,日本武士尽忠的目标也从以往力量

---

① 康立元年(1379年)反对细川赖之派的守护大名斯波义将、土岐赖康包围了将军足利义满的邸宅,要求罢免细川赖之。受制于这些地方守护的军事实力,足利义满被迫接受他们的要求,免去了细川赖之的管领一职,以斯波义将代之。

② 日本历史上并不存在"守护大名"这个职位,这是后世的历史研究者在研究当时的社会状况时使用的一个历史术语。镰仓幕府曾设置"守护"这一官职,他们与任职之地的武士结成主从关系,从事相当于现在的警察的工作,并不断侵吞任职地区的庄园。到了室町时代,"守护大名"权限变大,增加了审理和判决盗贼、征收税金的功能。他们利用特权,把被管理者变为隶属农民,建立私人的主仆关系,从而演变为具有统治权力的、实质上的领主。这就是"守护大名"。

有限的"小主君"自然扩展为力量膨胀的"大主君"。而在日本武士心目中,"大主君"的体现,就是日益扩张的疆土。由于主君用以凝聚力量的"公",在边界的意义上向无止境,而武士又总是唯主君马首是瞻,于是,日本的统一也意味着主君的下一个扩充目标将成为武士尽忠的新动力。这也可以用来解释后来织田信长的继承者丰臣秀吉何以会发动进攻朝鲜的侵略战争。这个时期,社会动荡剧烈,最下层者可以依靠自身实力变为最具势力者。生于应仁之乱时期的一条兼良(1402—1481)曾著有一本《樵谈治要》,里面有一条"足轻①者,当长期废止"的记录。书中这样写道:"自古即有天下大乱之时,然足轻乃不见诸旧记所载之名目。平家之雏妓已为怪诞之事,今足轻之出,实为恶党,有过之而无不及,洛中洛外诸社、诸寺、五山十刹、公家、门迹之灭亡,皆彼等所致。敌所据之处,软弱无力,而他处则打砸抢烧,实为白日强盗。此等事前所未闻也。"②武士最底层的"足轻"胡作非为的实态跃然纸上。可以说这个时代是最没有文化、没有教养的阶层飞扬跋扈的时代。战场上凭靠的是兵力的优势以及火器一类无须技巧的武器,掌兵者也都是缺乏统率之才的武夫,往往随众人心理而妄动。最下层者破坏一切旧秩序,上层者听之任之。应仁之乱以后的一百年间是整个日本的财富转换时期,源平争乱之后兴起的一些守护、地头渐渐衰落、凋零,延续下来的都是一些后来兴起的家族。可以说,应仁之乱使日本完全改天换地了。"首先,京都被战乱波及,加上天灾和盗贼四起,繁华的京都变得一片萧条。京都的公家在战乱中被武士趁机掠夺侵占土地,在战后变成了赤贫一族,即使是天皇家也变得更为依赖于大名的进贡,平安时代以来繁荣的京都公家文化自此彻底衰落。其次,室町幕府的大批守护大名在这十年战乱中齐集京都,削弱了他们对林地的控制,守护们开始更依赖于作为家臣的守护代(代官,笔者注)来管理领地。同时,幕府默认如朝仓孝景等守护代升格为守护,也默认了守护之间互相侵犯领国的行为。这导致室町幕府统治秩序的彻底崩溃,守护对领国控制力的减弱和新势力对领国控制力的增强,使日本进入了一个'下克上'的时代。"③这个时期,凭借实力,守护代的地位迅速上升,开始取代守护大名。同时,也出

---

① "足轻",日语词,日本中世以后的杂兵,因其装备少,行走步子轻,故名"足轻"。江户时代位于武士阶层的最下层。明治初期被称为卒族。
② 转引自内藤湖南著,刘克申译:《日本历史与日本文化》,商务印书馆2012年版,第129页。
③ 陈杰:《幕府时代 室町幕府》,陕西人民出版社2013年版,第142页。

现了镰仓时代的地头派系的有实力的武士,他们的存在威胁着守护大名的地位,从而出现了前所未有的社会状况:"守护代以下住在领地的人不服从守护的命令,日本国所有的人不服从足利将军的命令。"[1]处于乱世之中,一个领国能否长治久安,全在于执政者的实力和权威。优胜劣汰、适者生存是任何社会的自然法则,没有治国能力的守护大名被推翻可以说是时代的必然,那些实力超过主君的人也自然而然成为战国大名。这些战国大名,有从守护大名直接发展而来的,如今川氏、武田氏等,更多的则是在"应仁之乱"之后才发展起来的,其中有从守护代发展而来的,如织田信长等;有从地方武士发展而来的,如毛利元就等;甚至还有从农民、僧侣、商人等发展而来的,如丰臣秀吉等。从根本上说,战国大名不是由室町将军任命的,他们的领地也不是由将军分封的,所以没有效忠将军的观念。对将军抱有的"御恩和效忠"的观念迅速消失,这也成为室町幕府短命的原因。

三、江户幕府

　　庆长五年(1600年),作为当时统治日本的丰臣政权的"五大老"[2]之一的德川家康,统率东军,与以"五奉行"之一的石田三成为核心的西军,进行了日本历史上定分天下的关原之战。在这场战争中,东军获胜,德川家康获得了天下的主导权。庆长八年(1603年),德川家康被任命为征夷大将军,德川幕府正式成立。但是两年后德川家康向朝廷请辞将军之位,成为江户时代第一任"大御所",其子德川秀忠被任命为新任将军,向天下宣示了"德川家世袭将军之职"的事实。与此同时,德川家康开始向主家丰臣家挑衅。丰臣秀吉临死前,设立"五大老",原本是期待他们能够辅佐其子丰臣秀赖执政,但是德川家康在获得"征夷大将军"的名分之后,已逐渐成为天下武士的核心,于是想以"下克上"的手段取得天下。在当时的朱子学者林罗山的辅佐下,以"汤武放伐"为借口找到了他的"大义名分"。经过了庆长十九年(1614年)十月的"大阪冬之阵"和庆长二十年(1615年)四月的"大阪夏之阵",丰臣家据守的大阪城被攻破,丰臣秀吉之子

---

[1] 《大乘院寺社杂事记》,转引自小和田哲男、本乡和人著,委平和译:《倒叙日本史3 战国·室町·镰仓》,商务印书馆2018年版,第96页。

[2] "五大老",日语词,丰臣家的五名最高执政官。"大老",日语词,日本江户幕府的官职之一,辅佐将军实施政治的幕府的最高官职。

秀赖及其生母淀君自杀,丰臣氏灭亡。

　　江户幕府的正式建立,标志着日本历史上自"应仁之乱"以来持续了将近一百五十年的战国乱世的终结,此后,除了发生在宽永十四年(1637年)的"岛原之乱"外,江户幕府统治的二百六十年里基本没有发生大的战乱,天下太平。德川幕府时期,尽管从表面上看是没有战争的和平时期,但实际上,无论是政治、经济还是社会方面,都曾经历了大的转换期。这一时期,等级制度森严,被公认为是对武士统治最强的时代。由于实行"兵农分离""町乡分离"等政策,武士脱离了与土地的联系,他们搬到"城下町"生活,赖以生存的经济来源全靠来自藩国主君所给予的俸禄,因而在经济上丧失了保持独立的前提条件,在政治上也基本丧失了独立的可能性,对主君的依赖程度达到了顶点。随着幕府经济的不断增长,在消费大量木材进行建设的社会背景下,町人经济快速发展,出现了各种各样的商人。由于原料的生产者、加工者以及消费者很难做到相互间的信息交流,于是商人作为信息中介,便在一定程度上操控了各类物资的价格,并且通过价格,实际上引导了农民和工匠的生产,从而积累了相当可观的财富。尽管按照身份制度,新兴商人们始终无法贵及诸侯大名,但在奢华的生活方面,他们在直接挑战大名乃至将军的特权。武士阶层已经完全不知战争为何物,过去以战争为职业的武士开始向政治家或行政官僚转变。那些幕府的建立者,在亲身经历了室町幕府和丰臣政权两个武家政权的覆灭之后,充分总结历史的经验和教训,在江户幕府成立之初,便建立了不同于以往的幕藩体制。在这种体制当中,幕府掌握着政权的核心控制力量,在幕府以下采用亲藩大名、谱代大名和外样大名的三级制。所谓亲藩大名,是德川氏的同宗,其中最重要的是"御三家"和"御三卿"。"御三家"由尾张藩、纪州藩和水户藩三家构成,分别由德川家康的三个儿子开创,是保证幕府统治力的最重要的砝码。幕府的继承法规定,一旦幕府将军家出现子嗣断绝的情况,则从尾张藩和纪州藩挑选养子继承。①也因为"御三家"有未来成为将军的可能,幕府特别设立了"御付家老",他们担负对"御三家"的大名进行幼年指导和培育,同时对其进行监视,一旦大名有谋反之意,这

---

① 相对于其他两家来说,水户藩处于次要的地位。其原因据说是初代藩主德川赖房在幼年时曾向德川家康表明了将来"欲夺取天下"的志向,引起了德川家康的不安,因此水户藩被幕府严格限制,其石高只有其他两家的一半,并且水户藩藩主原则上永远不会成为将军。

些"御付家老"将统领全藩对抗藩主,从而确保江户幕府的安全。"御三卿"是在江户时代中期幕府为继承人再做绸缪的产物,他们的领地都在十万万石以上,但这些领地都比较分散,且处在幕府的管理之下。谱代大名是指世世代代侍奉同一个主家的武士家族,江户时代的谱代大名指的是关原之战之前就服侍德川家的大名,他们与主家的关系更为密切,享有与普通家臣不一样的待遇和信任。尽管他们的领地基本都在十万石以下,甚至很多在五万石以下,但都属于天下要地,这些谱代大名世袭垄断幕府中如"大老""老中""若年寄"等最重要的职务。另外,除亲藩和谱代大名之外,幕府最重要的统治基础中还有旗本。旗本是德川将军直属的武士,领地一般在一万石以下、五百石以上,拥有谒见将军("御目见")的资格,没有御目见资格的将军直属武士被称为"御家人"。旗本原则上统一居住在江户,由幕府的"若年寄"①指挥管理,幕府赐予他们一定的领地,称为"知行所"。"知行所"一般由幕府派出的地方官员"郡代"代为管理,旗本只保留收取自己领地年贡的收租权。石高在三千石以上的旗本,也拥有"知行权",即领地内除死刑和一些重刑判决以外的行政司法权,但是一旦行使这些权力后领地内出现问题就有可能被幕府追责,所以大部分旗本为了避免节外生枝,往往放弃这些权力。外样大名就是关原之战之后归服德川家的大名,与亲藩大名、谱代大名和旗本相比,这些大名的地位要低得多。尽管他们也拥有广大的领地,但一般都不被委任幕府内的官职,尤其在江户初期,他们还要受到幕府严厉的监视,稍有过错便会遭到被削减甚至没收领地的惩罚。

幕府第二代将军德川秀忠在德川家康的授意下,颁布了《一国一城令》,其目的就是削弱外样大名的实力。庆长十六年(1611年),德川家康在《贞永式目》《建武式目》等旧武家法的基础上,命令亲信以心崇传起草了《武家诸法度》,该法律在庆长二十年(1615年)由德川秀忠公布,对武士的职责和义务等进行了明确的规定,这也是幕府加强对武士控制的证明。到了第三代将军德川家光时期,《武家诸法度》从十三条扩展到十九条。其中增设了一个重要的条款——参觐交代制。参觐交代要求各大名每年必须前来江户一次,大名的妻子和儿子作为人质需居住在江户,幕府在江户城下町为大名提供相应的宅邸。在这种制度下,江户城关卡都贴有"不容妇女出城、火枪入城"的标语,因为妇女出城,意味着大名离心;火枪入城,则代表乱事将兴。任何一种情况的出现都代表幕府权

---

① "若年寄",日语词,日本江户幕府的官职之一,辅佐"老中",参与幕府政治。

力受到了挑战。但是事实上,在德川幕府长达二百六十余年的统治中,并未见到真正挑战幕府权威的大名。这种制度的设立,在一定程度上达到了对各大名实施监控的作用。另外,大名往返江户所需的一切费用自理,这就变相削弱了各大名的经济实力,意味着各藩大名处在幕府更加严格的控制当中。因为大名有一半时间居住在江户,甚至有些大名就是在江户出生,被身在江户的母亲或臣属抚养,直到长大后才有机会踏足本藩,对本藩的感情自然没有那么深厚,这就在实际上疏远了大名与其藩领的亲密关系。

在政治上德川家前三代将军均对大名采用强硬的"武断政治",试图用威压树立幕府的权威。为了防止战国时期"下克上"现象的发生,幕府不但对外样大名进行严密的控制,对亲藩大名和谱代大名同样严格。大名一旦触犯幕府的法律,就会遭到"改易"①或"减封"②的处分。这些强硬的政策极大地巩固了幕府的统治,但是另一方面,遭遇"改易"或者"减封"的大名家中必然会产生大批的浪人,这些失去主家和经济来源的浪人也相应地成为幕府统治的安全隐患。后来的"庆安之变"和"承应之变"就是由浪人们引起的骚乱,尽管最后都被幕府镇压下去了,但是幕府以此为契机,开始反思"武断政治"的弊端。自四代将军德川家纲起,幕府实行了一些仁政,其中最有代表性的就是宽文三年(1663年),幕府修订《武家诸法度》,废止了"殉死"的陋习,同时除去了各藩大名将妻子和重臣寄押在江户做人质的制度。五代将军德川纲吉继承家纲开创的"文治政治",创造了繁荣的"元禄文化"。纲吉特别注重学问的培养,大力扶植儒学,将儒学大家林凤冈请到江户城给幕臣讲授儒家经典,期待以理学教化武士。同一时期受到重用的还有山鹿素行、荻生徂徕和新井白石等,这为江户时期日本儒学和思想文化的发展创造了有利的条件。但即便是在偃武兴文的时代,山鹿素行也告诫武家统治者,"古者,朝廷之政道以武为后,今者,武家之政道以武为先,乃当然之法则";"我朝以武兴,以武治,忘武则弃本失基"。③第四代将军德川家纲至第七代将军德川家继时期的"文治政治",实际上是以武力为重心的文治政治。这种以武力为立国之基和治国之本的武家政治,"既体现了武家军国政治的本

---

① "改易",日语词,指撤销领地内现任职者换以新任职者,对于大名来说,改易即意味着被剥夺领地。

② "减封",日语词,指对大名的领地进行削减。

③ 福地重孝『軍国日本の形成』(春秋社、1959年)4、24ページ。

质特征,也反映了武士道以武当先的立国理念"①。不得不承认,第五代将军德川纲吉在位期间确实做出了大的成绩,但也正是他颁布了臭名昭著的《生类怜悯令》,即严禁杀生。因为德川纲吉属狗,对狗更是情有独钟。元禄八年(1695年),日本东北地区遭遇冷冻灾害,在天下饥荒,路有饿殍的情况下,德川纲吉却为野狗建造"犬小屋",为保证每条狗每天的粮食定额,强行从百姓那里征收"犬金"。在将军的如此折腾之下,幕府财政陷入危机。幕府为了缓解困难,甚至采取铸造货币的对策,造成严重的通货膨胀现象,加上元禄年间快速发展的商品经济和消费主义,到了宝永年间(1704—1711年),幕府财政已经完全陷入困境。同时,这一时代,各地的领主们也总是为财政赤字而苦恼,而发生赤字的原因之一就是领主所拥有的家臣规模过于庞大。在没有了战争的太平盛世,拥有大量的家臣只能徒增开支消费,而身为主君者,意味着他们始终是家臣的保护者,即便财政再困难也不能随意解雇家臣。据说江户时期的大名上杉氏原本拥有封地的规模达到百万石以上,后来遭遇减封,只剩下三十万石的封地,但是所有的家臣都一直跟随着他。②在如此贫困的财政状况下维持一如既往的主从关系,就特别需要一种伦理思想来提供精神上的支持。于是,纲吉所大力提倡的儒家思想就恰逢适时地担当起这一重任。

宝永六年(1709年),德川纲吉留下一堆烂摊子撒手人寰,第六代将军德川家宣继位。家宣首先推翻了纲吉一定要将《生类怜悯令》持续下去的遗言,废止了该法令,罢免了纲吉时代的"侧用人"柳泽吉保,引用新人新井白石和间部诠房。新井白石师从儒学者木下顺庵,早在德川家宣任甲府藩主时,就成为他的老师。德川家宣当上将军之后,授予新井白石五百石俸禄,使其成为幕府的一名旗本。由于新井白石身份低下,在与将军沟通时需要一个中间人,这个被选定的中间人就是间部诠房。新井白石帮助幕府制定新政策,由间部诠房上达给德川家宣,再以将军名义下达裁断,这种政治同盟的体制开创了"正德之治"。新井白石和间部诠房连续服侍了两代将军,推行了一系列改革,到第八代将军德川吉宗时被双双解职。为了改变当时武士越来越穷、町人越来越富的局面,德川吉宗发起了"享保改革",以此为契机,幕府为挽救统治危机不断修补政令,但商品经济的冲击终于使得幕藩体系的封建体制显现出各种矛盾,商业资本的

---

① 福地重孝『軍国日本の形成』(春秋社、1959年)75ページ。
② 速水融著,汪平、李心悦译:《近世日本经济社会史》,南京大学出版社2015年版,第99页。

大幅度增加,与町人的频繁接触也导致身份制渐渐走向崩溃,武士也开始在这一过程中关注作为"人"该有的存在方式。

江户幕府历经十五代将军的更迭,嘉永六年(1853年)七月,美国东印度舰队司令佩里率领四艘军舰来到日本,向德川幕府提出开国通商要求,翌年,在美国的炮舰政策下,日本最终签订了开国条约,二百余年闭关锁国的大门终于被重新开启。庆应三年(1867年),最后一任幕府将军德川庆喜实行"大政奉还"政策,把政权还给了明治天皇,自此,持续了二百六十多年的德川幕府统治结束了。1868年明治维新以后,日本结束锁国政策,由封建幕藩体制的江户时代进入中央集权体制的明治政府时代,武士阶级宣告解体,在天皇制和一君万民的政治表象的背后,是四民平等的政治现实。

第三节 武士道的变迁

一般认为,日本的武士道起源于封建社会开始占据优势的镰仓幕府时期。从武士作为一个阶级登上日本历史舞台掌握政治权力,到他们作为一个阶级退出历史,前后经历了镰仓幕府、室町幕府和江户幕府三个时代,其间经历了无数的战争和血雨腥风。武士最初的身份只不过是庄园主的奴仆,在非常时期为了保护土地而逐渐成为战斗的参与者,后来成为拥有土地并渴望不断扩大领地的土地所有者。随着武士与贵族之间围绕着土地问题展开的斗争愈演愈烈,从富农中成长起来的地主武士凭借着曾扎根于社会底层的优势,在权力统治机构中一路攀升成为权力阶层。武士最初为了追求自身的利益,对农民肆意掠夺,横征暴敛,抢劫、杀人等无所不为。《多米正富申状案》中,对源赖朝的御家人宇佐美祐茂的表现有一段相关记录:"农民入睡以后,趁着夜深人静,闯入仓库、宅地,掠夺财物。村里人赶到的时候,便一齐逃走。"[1]所以,武士最初的形象是野蛮粗暴的,其性格暴戾且危险,甚至到了镰仓幕府建立以后,武士的这一形象仍然持续了很久。镰仓幕府第三代执政北条泰时的弟弟北条重时,在给子孙的家训中,写有"不得胡乱杀人,要时刻对生灵心怀怜悯之情"的条目,说明胡乱杀人

---

[1] 转引自小和田哲男、本乡和人著,委平和译:《倒叙日本史3 战国·室町·镰仓》,商务印书馆2018年版,第179页。

在当时对武士来说仍然属于家常便饭。当武士依靠各自紧密的主从关系向超越贵族的权力之路迈进的时候,武士中最上层的统治者因害怕有人犯上作乱而制定出了许多行为准则来约束、捆缚武士。因每个时代的政治、经济和社会环境不同,对武士阶级道德伦理的要求也不尽相同。武士自产生以来,逐渐在政治、军事、经济、生活、思想和行为方式、思维方式、价值取向等各方面,形成了不同于其他阶层的独特特征。

武士诞生的过程注定他们从形成之初即以集团为基本存在形式,主从关系也相应地成为集团内部最基本的社会关系。所以此后武士的道德及信条便主要围绕着主从关系形成和展开。樱井庄太郎说:"忠、恩、奉公、名、耻等都是直接或间接地基于主从关系之上产生的。"①娄贵书也说:"主从关系是武家社会最重要的社会经济关系。"在日本的武家社会,武士世世代代都只能隶属于一个武士团,只从一个主君手中得到赏赐,只为一个主君履行军事义务,武士团内部的军事主从链条环环相扣,主君的军事控制力非常强大,军事义务直接落实到每一个武士身上。平安武士的关系,是基于土地的经济关系之上的,简而言之就是基于生活的关系。其主从关系以利益为纽带,将主君与从者牢牢地捆在一起,使武士团成为一荣俱荣、一损俱损的利益共同体和命运共同体。从者一经托身主人,就意味着将自己和子孙后代的命运寄托在主君和以主君为统帅的武士团身上。正如福泽谕吉所说:"从者只有一心一意地报效主家,抱着所谓'食其禄者死其事'的态度,甚至把自己的生命也献给主家,才能保全家庭和其子孙昌盛。"②川上多助也说:"在士道之誉、主从义理面前,生命和父子、夫妇之亲,都失去了重要意义。"③为了保护主君的利益,身为臣下的武士可以不惜牺牲骨肉之情,这表明主从关系高于血缘关系,表明武士团,即武士利益共同体的和谐统一高于骨肉之情。武士之间甚至流传着"父子一世,夫妇二世,君臣三世"的说法。

当然,从武士团这一利益共同体中,也可以透视到存在于主从关系中的强烈的功利性质。"主从契约的缔结只是为了维护和扩大彼此间的社会利益,并不

---

① 樱井庄太郎『名誉と恥辱——日本の封建社会意識』(政法大学出版局、1971年)60ページ。
② 福泽谕吉:《文明论概略》,商务印书馆1997年版,第168页。
③ 川上多助『武士の勃興』(岩波书店、1934年)48—49ページ。

包含超出这一目的的广泛的社会意识。"①由于武士对主君的献身不过是为了保全子孙和家的手段,因此,当"主从契约与向天皇的侍奉发生矛盾时,武士会毫不犹豫舍弃后者而保全前者","根据主从道德而进行的战争行为,不过是缺乏公共的战争目标的私斗而已"。②在日本的武家社会,谱代家臣在武士团的权力、地位和待遇,与其说是来自他对主君的忠诚和战场上征战杀伐的军事能力,不如说是祖祖辈辈在战场上用鲜血创下的基业。武士的言行举止若是有违武士精神,不仅本人要受到相应的惩处,还要危及祖辈创下的基业,并殃及家庭和子孙后代。一个武士若是被主君从武士团中驱逐出去,就会成为失去主君、失去领地和俸禄的无主浪人,并被武家社会视为不忠、不义之人,即使有机会重新成为其他武士团的武士,也属于不被信任的、地位极低的外样武士。所以,身为武士,最关心的便是保住家职,使其子孙长久昌盛。而要达到这一目的,家臣武士只有一条路可走,那就是切实遵循武士之道,通过"守其位不辱军命",甚至通过以生命尽忠的方式换取子孙后代的武士身份与地位。可以说,武士团在创立之初,就已经形成了武士及其子孙后代都只能从属于一个主君的制度特征,所以自然也形成了谱代家臣的地位和待遇高于外样家臣的制度特征。③尽管存在于武士身上的这些外在的和内在的特征随着时代的变迁而有所变化,但也有一些基本特征贯穿始终,保持不变。例如,生活方式上,平安时代和幕府时代的武士都以战场上的杀伐技能为生存资本,即日本学者所说的"世袭制的职业战士集团是武士的最大特色";在理想价值上,平安时代、幕府时代和明治维新后的武士,都遵循武士在战争生活中形成的武士精神,崇尚武勇,以征战杀伐、穷兵黩武为荣。④存在于武士之间的这些共同的伦理道德规范,就被后世视为武士道。戴季陶在《论日本》中表示,武士道的发展是由制度论的武士道,一进而为道德论的武士道,再进而为信仰论的武士道。笔者认为此语可谓言简意赅地道出了日本武士道的实际发展过程。而实际上,作为武士准则的武士道,并不存在各种既定成文的典章,它主要通过人们对武士言行的口耳相传、军记物语等文学形式,或武家的法律以及武士的家训等形式表现出来。

① 家永三郎著,刘绩生译:《日本文化史》,商务印书馆1992年版,第88页。
② 家永三郎『日本道徳思想史』(岩波書店、1984年)96、98、99ページ。
③ 娄贵书:《日本武士兴亡史》,中国社会科学出版社2013年版。
④ 娄贵书:《日本武士兴亡史》,中国社会科学出版社2013年版。

一、中世时期的"武士道"①

在日本历史上,镰仓时代和室町时代被统称为中世时期。结合前文可知,日本这一时期的基本特点是战乱此起彼伏,武士阶级与王朝贵族、武士集团之间的矛盾冲突十分激烈。这一时期,描写战乱和武士生活为主的军记物语也达到全盛。尽管这些军记物语在依据历史事实的基础上,也融入了大量的传说故事等虚构因素,但还是能够从中看到中世日本武士身上所具有的,或者说被期待的武士道精神。这一时期代表性的军记物语有《保元物语》《平治物语》《平家物语》《太平记》等。其中《保元物语》和《平治物语》是模仿《平家物语》所出的书,因此《平家物语》一直被认为是军记物语的巅峰之作。这些物语通过故事详细记录武士言行,强调其武勇的精神,尤其在合战的场景中武士们面对死亡的态度,多表现武士的献身精神和主从之间情谊的结合。中世武士为了扩大私有领地,将自己的利益最大化,不断遭遇合战,所谓"胜败乃兵家常事",战争的结果完全依赖时运,身为武士只能尽人事、听天命。武士们在战场上与主君生死与共,主从之间建立起来的是一个命运共同体般的关系。一旦遭遇合战,主君就期待武士们即便遇到双亲去世、子孙被杀的情况也绝不犹豫,一心做好献身的准备。《平家物语》中有一节《继信之死》,讲述了佐藤继信用身体挡住射向源义经的箭,以自我牺牲挽救主君性命的事。这种对主君毫无私心的献身精神成为传统武士道的核心精神。继信式的忠诚也为江户时代的山本常朝所推崇。《保元物语》当中,记录了兵败的源为朝父子五人被自己另一个亲生儿子——支持后白河天皇的源义朝判处死刑的故事。这几个儿子分别是十三岁的乙若、十一岁的龟若、九岁的鹤若和七岁的天王。几人被处刑的场景堪称《保元物语》的高潮部分,从四人临死时的态度可以看出他们"惜名不惜死"的"武者之习"。这个故事之后是从幼时起就充当四人保护角色的随从殉死,更是获得无上赞美。也就是说,对于常常面临战争的武士来说,与主君一起在战场上讨伐敌人,为主君战死是被期待的忠诚,为主君殉死则是君臣情谊最感人至深的表达。这些故事中传达出来的思想多表现了对武士阶层所寄予的强烈期望。《太平记》是南北朝时期出现的军记物语,大约起笔于动乱中,此后被不断续写,内乱未结束就被整理成书。虽然很多故事表现了武士一贯的战斗美学,但从序言中的内容,比

---

① 此小结参照小沢富夫『武士 行動の美学』(玉川大学出版部、1994年)。

如"探古今之变化,察安危之所由。……有良臣社稷可守,若德亏虽有位亦难保。所谓夏桀走南巢,殷纣败牧野,即背其道有威难久……"等,也可看出其中已经包含了儒教君臣论以及德治主义政道观的思想。

到了14世纪后半期室町幕府成立之时,武士的思想又发生了变化。各守护大名之间存在着权力相互制衡和牵制的关系,武士们把物质的赏赐看作为主君尽忠的前提条件,足利政权并不处于绝对安稳的状态。在这种情况下,要巩固政权,幕府推出了要使"万民归依"的仁政方针,并在《建武式目》中加入了以往《贞永式目》中并不存在的关于礼节的条文,规定君臣上下应各守身份。如此一来,公家贵族的教养渐渐渗透进室町幕府的武将思想当中,这时期的武士开始关注文武兼备之道。斯波义将的《竹马抄》(具体成书时间不详,有一说是永德三年,即1383年)和今川了俊的《今川状》堪称这一时期宣扬武士伦理规范的代表。《竹马抄》认为,《源氏物语》《枕草子》以及和歌等应该成为武士建立修养的基础,武士们应该懂得"真心"及"物哀"。另外,斯波义将着眼于人的行为举止的客观意义,对武士们日常生活中的行为规范也进行了具体的训诫。《今川状》也提倡武士要文武兼备,指出"不学文无以成政道,四书五经其外军书显然",表明没有学问无法施政,为政者必须将心灵修养作为必要修养之一。但是在后来的"应永之乱"中,因被幕府怀疑内通大内义弘,今川了俊被没收领地,从此失势。在其晚年作品《难太平记》中,今川了俊主要表达了从实际经验中总结出来的武士应有的处世态度,提倡武士应按自己的身份尽忠,暗示了越过身份反会遭人嫉恨的时势。室町幕府内部的矛盾,在足利义政时期开始显现。这一时期出现了《伊势贞亲教训书》,从中也可以看到武士思想的变化。伊势家负责幕府各项礼仪的指导工作,对于典章制度等非常熟悉,将军家的嫡子的教育工作也都由其负责,当时的将军足利义政也可以说是在伊势贞亲夫妇的教导下长大的。《伊势贞亲教训书》是伊势贞亲在其子贞宗元服时送给他的,其中涉及的都是如何保身的训条。如"敬神只是保证伊势家繁荣的手段,真心与否并不重要""慈悲作为不被恶评的手段要显露于外""对于和歌、连歌等的修养达到不引人注目的程度为好"等,一心都放在对他人的毁誉褒贬上面,其力求保住伊势家名,达到子孙永续的目的显而易见。

二、战国时期的"武士道"

"应仁之乱"后,日本进入"群雄割据"的战国时代。这一时期,猎师和耕作农民大量转化为各个大名统率的武士集团中的下级武士,在这些更加注重现实利益的下级武士中间,智谋成为构成实力不可缺少的要素。在作为臣下的武士那里,"武艺的强大"和"勇气"本身仍然被视为最重要的伦理规范,同时,因为整个集团的成员都被置于随时通向死亡的境地,武士们需要来自精神和道德上的力量的支撑。于是这个时代出现了开始演习日本道德经典的现象。当时最为盛行的就是将《日本纪》的神代卷奉为信仰对象。这一信仰使人们相信日本不管经历多大多长的动乱,皇室会永远存在,而神的力量最终会拯救日本于危难之中。于是人们原本并不稳定的信仰状态竟然在应仁时期渐渐趋于稳定,国民思想达到了一定的统一。

战国时代的武士,在当时社会环境的作用下,对武士集团内部主君应该"慈爱"、家臣应该"忠节"的传统的、理想的主从关系表现出更加强烈的渴望。当时筑后国柳川的城主立花宗茂(1569—1642)曾经说过:"吾之家人与敌战时,若仅受令'进!死!'可不从此令。"这表现了待臣下如子的"慈悲"。同时,战国武士当中也流行"不为恩死为情死"的说法,也就是说他们也许不会为给了自己很多知行俸禄的主君而死,却可以为自己崇拜的主君而献身。在大阪夏之阵时,真田幸村、后藤又兵卫等站在原本没有任何胜算的丰臣一方并战死,就在于他们感念丰臣家的"情"。崇尚武勇,为"情"而死,是战国武士的武士道,这个时代的武士道这样界定"死"的内核:首先,武士要勇敢地面对死亡。武士道要求武士所具有的勇敢,是在面对死亡和威胁时表现出的"心静如水""情平如云"和"不乱方寸",被视为面对死亡时勇敢的内在表现和勇敢的极致。其次,武士要向死而生。尽管轻视死是勇敢的行为,但当活着比死亡还要恐怖时,勇敢地生存下去才是真正有勇气的表现。所以对于一个真正的武士而言,执着于死和刻意追求死反倒是一种可耻的行为,被认为是胆怯的表现,武士应该努力做到当死时死,当生时生。再次,武士要为了名誉不惜一死。名誉,对于武士而言是人格尊严的表现以及对生命价值的鲜明自觉。在武家社会,名誉的优劣不仅直接影响武士的现实利益及其在武家社会的权利和地位,而且直接影响武士的家庭及其子孙后代。"所谓以生命换名誉,其实就是武士以自己生命为代价,避免遗污名于家庭和子孙后代,换取家庭和子孙后代在武家社会的地位和权力。"[1]因此在面临名誉和生命的两难选择时,武士应该毅然选择名誉。武士的重名知耻之心

---

[1] 娄贵书:《武士道与日本现代社会的价值理想》,中国社会科学出版社2014年版,第51页。

是他们在战场上表现武勇的动力和源泉，一马当先是武士最高的名誉，而扬名于天下则是留给子孙最重要的精神财富，其价值不亚于获得领地封赏，而在战场上怕死则被武士视为是最可耻的行为，是对家名、武名及忠义之名的最大侮辱。所以"惜名不惜死"就成为战国武士最重要的伦理选择。最后，武士必须带着忠诚的心死去。日本学者森岛通夫曾对此做过很好的分析，他说："忠诚的意义，在中国和日本也不相同，在中国，忠诚意味着对自我良心的真诚。而在日本，虽然它也在同样的意义上被使用，但是，它的准确意义基本上是一种旨在完全献身于自己领主的真诚，这种献身可以达到为自己的领主牺牲生命的地步。"①

　　战国时代在对武士的评价方面，"忠诚"的价值甚至大于武士的个人能力。那些被主君认定为忠臣的武士比实力强大的武士更有机会得到主君的重用。据樱井庄太郎在《名誉与耻辱》一书中的记录，当时有的武家集团就是直接按照忠诚的程度来任命"家老"的。②主君阶层对于家臣武士无条件地尽忠的要求渐渐趋向绝对化。这是因为这个时代不断有来自下层武士的反叛和抗争，这些反叛和抗争是对武士集团原有秩序的否定，但因为一切以实力为凭借，这种通过"下克上"行为背叛君主、获得权力的情况也并没有被看作恶。所以为了维护集团的秩序，防止"下克上"情况的发生，对于大名来说，最重要的除了加强集团实力，就是要从精神上统率家臣和民众，而手段之一就是加强对武士的伦理道德的建设，这一时期的大名们在对武士的家训当中，多数都加上了"忠诚"的条目。如武田信玄的弟弟武田信繁就在家训中告诫臣下，"对主君永远不可有谋反之心"；"用忍耐对待所有现实，全心全意效忠主君"；"无论大小事情，都不能违背主君的命令"；"受到主君不公正待遇也不因此对主君心存不满"。北条重时也在家训中规定："侍奉主君，要将主君之事置于千百人的利益之上，要可以舍弃所有宝贵之物，包括生命。"③这些条目都要求臣下无条件地服从主君的意志。无我的忠诚，被宣扬成战国武士最值得肯定和效仿的行为。对于战国的武将来说，最值得依赖的武士，不仅要拥有超常的武艺，更重要的是能够为主君舍弃生命。江户时代初期的武士大久保利彦在《三河物语》中，以回忆的方式详细讲述了存在于战国时代武士集团中的主从关系。该书详细记录了在战斗中对主君

---

① 转引自姜建强：《山樱花与岛国魂：日本人情绪省思》，上海人民出版社2008年版，第182页。

② 该书第45页有这样一条记录："朝仓家不特别指定家老职位，根据能力和忠节来任命家老。"

③ 筧泰彦『中世武士家訓の研究』（風間書房、1967年）7 ページ。

忠贞不贰的领主的姓名和对主君怀有二心或起兵叛乱的领主的姓名,尤其对那些忠臣,除了姓名之外,对其家系也有详细记录,以此彰表忠节。这些记录表明,当时评价武士是否忠诚的主体,已经不再局限于武士集团中的主君个人了,这一评价与整个武士身份集团的共同意志息息相关。整个武士集团的意志被权威化,集团主君认为"臣下不应该对主君有所图谋,不能有逆意,君可以不君,但是臣不能不臣"①。也就是说主君即便不履行传统的对臣下施恩的义务,家臣也被要求一如既往地为主君尽忠。镰仓时代"御恩"与"奉公","恩"与"报恩"的传统的主从关系的纽带,正逐渐被单方面的臣下对主君的无条件的献身所取代。当然,以上这些,只是作为统治阶级的上层武士为达到其统治目的而对中下级武士进行的精神上的控制,也映射出并非所有的武士都是绝对"忠诚"的现实。

三、近世时期的"武士道"

江户时代,德川幕府力图通过信仰和宣扬儒家教义,把他们凭借武力所确立的封建身份秩序变成合乎自然规律、理所当然的道德秩序,并通过儒家所提供的名分论,为包括武士在内的每个阶级规定了生活方式和行为模式。江户时代的武士道理论正是儒家理论同传统的武士行为规范相结合的产物。这样,来自中国的以朱子学为代表的儒家理学作为一种文化力量,为德川幕府提供了哲学基础和道德基础,成为肯定现存秩序,维护武士本位和政治统治的御用思想。中国儒学的统治伦理主要围绕着"德"展开,宣扬庶民百姓一旦"耽于私欲,湎于私心,则晦明德",作为统治者的武士更被期待"少欲去私,依理而行",强调将"修己立人"作为理念加以修炼。而事实上,受儒家思想影响形成的"忠诚、勇敢、牺牲、名誉、服从、义、简朴"等武士的道德信条,也确实无一不旨在强化武家政治和主从关系。这个时期"武士道"这一名称也开始出现,标志着武士文化的真正形成。但是此时并未有专门写"武士道"的书。被后世公认的属于这一时期的武士道代表性原典有《三河物语》(大久保忠孝)、《五轮书》(宫本武藏)、《甲阳军鉴》(小幡景宪)、《山鹿语类》(山鹿素行)、《武道初心集》(大道寺友山)以及《叶隐》(山本常朝和田代阵基)等。

相良亨把近世时代的武士思想分为"士道"和"武士道"两类,他说:"近世武

---

① 相良亨『日本の思想 甲陽軍鑑 五輪書 葉隠集』(筑摩書房、1969 年)65 ページ。

士的思想,有以道之自觉为核心的士道与以死的觉悟为核心的武士道两种。"①
其把山鹿素行的思想视为"士道"的代表,而把《叶隐》视为"武士道"的代表。山
鹿素行志向于适应时代变化的武家的新社会职能,将武士的道德规范与儒学相
结合,对武士的伦理道德进行发展和改造,使江户时代的武士道更趋于理论系
统化和权威化,成为武士阶级的生活伦理与思想信仰,并更为广泛地向其他社
会阶级渗透。《甲阳军鉴》中的武士道,又称"男道"和"侍道",基本以武功为主要
内容,赞美武士在战场上的杀伐、武勇,是建立在对女人气、怯懦等进行批判和
否定的基础上的精神态度。《三河物语》《武道初心集》和《叶隐》的武士道都受了
《甲阳军鉴》的影响。而从《武道初心集》中也可以看出,江户时代的武士道当
中,其实也包含着交换、契约的意义。该书按照"足轻"以下的小人物和谱代家
臣级别将武家"奉公"之人分为两级,指出"足轻"以下的小人物之所以为武士中
的"下下者",是因为他们"平日受恩薄,无所感,勿论不知义理,为此,下下也",
因此在临近会战时,这些人中即便有少数人逃走或动摇也没关系;但是那些谱
代家臣,他们是"数代数年厚恩以待、受平日之情"者,必须以"怀御恩、御爱于一
身,置生命于不顾"的方式来报答主人。由此可以看出,这里主张,臣下对主君
的忠诚程度和受主君之恩的轻重程度是成正比的,也就暗示了君臣之间"御恩"
与"奉公"的双务契约交换关系。宫本武藏的《五轮书》成书于17世纪初的德川
时代初期,战国武士的遗风尚存,该书是讲究实际技术的教科书,可以说是教人
如何杀死对手的书;而山本常朝生活的时代,已经是德川政权统治最辉煌的时
代,政治已上轨道,经济亦已复苏,武士已经不需要战斗,常朝本人自然也没有经
历过战斗,他讲述的是如何"杀死"自己的问题。可以说,从宫本武藏到山本常
朝,从《五轮书》到《叶隐》的一百年间,武士的精神经历了从实战到切腹的转变。
后世对《叶隐》武士道的研究往往围绕其中的"死"展开,认为《叶隐》强调的是对
主君无我的忠诚、完全的奉献和无限的牺牲。也即相良亨提出的"以死的觉悟"
为核心的武士道。笔者虽然赞同"死的觉悟"是《叶隐》武士道的核心思想这一观
点,但并不认为其本质是在强调"无我的忠诚",关于这一点,将在后文详述。

　　武士从诞生以来,"家"就成为武士个人利益和名誉的承载体,战国时代末
期以前,武士拥有自己的土地,在经济上和政治上相对独立,到了江户时代,"兵
农分离"和"检地"等政策的实施,使武士脱离了与土地的联系。这一时代的武

---

① 相良亨『武士の思想』(ぺりかん社、1984年)74ページ。

士,他们不再需要使用武力来保卫自己的领地,也无法通过在战场上建功立业为自己争取新的封地,但是他们仍然需要通过为主君尽忠,以达到使自己的职位和地位被子孙后代继承的目的。因此维持家的存续,保持家格和职务,就成为德川时代的武士们至关重要的任务和价值体现。也正因为丧失了经济和政治上的独立性,德川时代的武士们为了实现自己"家"的存续,就必须保证自己在幕藩体制下的固定位置,因为一旦失去了作为武士身份生存的前提条件,"家"的存续必然无从谈起。所以处于这种背景下的武士,不得不对主君无条件地服从。武士道实际上成为反映主君意识的实践道德。这一点从江户初期便由幕府进行一系列武士法规的编撰也可以窥见一二。1615年由德川家康颁布的《武家诸法度》,将历代将军的修改更趋于完善,这个法规的精神主要宣扬各藩国大名对将军奉行的义务以及施政的准则;1632年颁布的《诸士法度》也对武士的行为准则进行了详细的规定,其中第一条就是:"励忠孝,正礼法,常用心于文道武艺,不可乱风俗。"到第八代将军吉宗时,颁布《德川成宪百个条》规范武家与武士的私人行为与"奉公"事项。张崑将对这些武士法规法则做过如下评价:"这种由官方强制的规范,显然并没有得到武士道发扬的效果,甚至有扼杀武士道的活泼性,对德川幕府而言,他们要的只是'武家的武士道',必须阶级严明。"[①]由此,也可看出幕府已经认识到"武士道"对其政权的双刃剑的性质,并在一定程度上对武士道加以排斥,作为幕府儒臣的荻生徂徕就曾明确表示:"武士道,创于战国,恶习也。"山崎暗斋也说:"我邦有异端,所谓武士道是也。"对于幕府的统治者来说,他们要的是经过儒家思想纯化的"武士道",即所谓"士道"。

四、明治以后的"武士道"

明治维新以后,武士作为一个阶级消失于日本历史的舞台,那些曾经只适用于武士特殊身份的道德理念,也必将失去原有的地位。但是人的思想意识的转变毕竟需要一个过程,它并不会在社会制度改变的一刻随之刹那改变。就如同难以确定武士道确立的具体时间,亦同样无法指出它准确的消亡时间。但是可以肯定的是,1871年宣布正式废除封建制度的法令,实际上已经是敲响武士道丧钟的信号。而五年之后颁布的狩刀令,则标志着曾经辉煌无比的"武士时

① 张崑将:《德川日本"忠""孝"概念的形成与发展——以兵学与阳明学为中心》,华东师范大学出版社2008年版,第127页。

代"的彻底结束。此外,明治时代教育的普及,技术、文明和城市化等的发展,无不在无声地传达一个事实——武士道中的快意恩仇、以死殉主等理念,都已经失去用武之地了。但是,不能否认的是,在新旧思潮的冲击下,总会有人愿意选择旧的理念。明治时期,选择忠实于武士道生存理念的也大有人在。于是,旧时代的武士道精神在这些人的坚持下,或作为军人的理念,或作为组织内的人的忠诚心,或作为一般的道德律而得以保存下来。此时的新武士道精神与传统的武士道精神既相互对立又相互联系,对日本社会之后的发展造成了巨大的影响。具体说来,这一时期,随着来自西方列强的压力日渐加大,以及幕府机能的逐渐衰退,以往只在形式上被看作日本全体代表的天皇,开始被人们视为全日本的真正的"主君"。这正如福泽谕吉曾经做过的一个比喻:"日本谚语有所谓'腹重于背'和'舍小济大'之说……又如对待动物,仙鹤比泥鳅大且贵,因而不妨用泥鳅喂鹤。如果以日本国家和各藩来比较,当然日本国家为重而各藩为轻。废藩正如为保全腹而牺牲背,剥夺诸侯藩臣的俸禄犹如杀鳅养鹤。"[1]为了仙鹤可以牺牲泥鳅,为了国家可以牺牲藩国,已经失去阶级和身份的武士,也已经失去了以往的尽忠对象,他们只能将忠心献给国家,献给天皇。所以日本国民的尽忠对象迅速地转向天皇的现象,刚好反映了以上历史逻辑的惯性延伸。

　　明治维新之后,天皇结合神道教[2]的理念将武士道精神顺理成章地发展为以"忠君爱国"为核心的新道德。"武家的武士道"变为"勤皇的武士道"。其中两种武士道的差异便体现在"忠诚"的意义上面:"武家的武士道"的"忠诚"被认为是建立在"御恩"与"奉公"的基础上的,武士世代得到主君的扶持与俸禄,他们的忠诚以主君提供的经济条件等物质保障为前提,一旦不能继续从主君那里获得生活保障,武士可以断绝与主君的主从关系;而"勤皇的武士道"的"忠诚"则高于现世一切主从关系,是把对天照大神的尊崇移于其子孙——现世天皇加以尊奉的,此种"忠诚"是绝对意义上的忠,是永恒的,不带任何功利性质的、无条件的忠。并且这种忠诚带有一定的危险性。明治时代,日本通过发展近代军事工业从而实现了富国强兵,与此同时,武士道中的"尚武精神"逐渐发生了质的变化,崇尚武勇演变成为崇尚武力、侵略扩张。伴随着"忠君爱国"思想的逐步

---

① 福泽谕吉著,北京编译社译:《文明论概略》,商务印书馆2011年版,第2页。

② 神道教是尊天照大御神为最高神、天皇为天照大御神后裔的天神地祇的信仰,是一种君权神授思想。

深入和战争的爆发,日本的武士变得不再思考"武士道精神到底是什么",而是被政府树立的共同敌对目标吸引了注意力。1882年1月天皇颁发的《军人敕谕》成为日本军国主义形成的一大重要标志,对日本社会产生的影响不言而喻。另外,当时国民皆兵的征兵令,既宣告了传统武士制度已经被废除,同时也意味着以天皇为中心的新武士制度已经被创建。《征兵告谕》宣称:"士已非从前之士,民亦非从前之民,皆为皇国一般之子民。"举国上下,皆以天皇为中心,此时武士道的忠君思想理所当然地成为宣扬为天皇效忠的最好武器。于是,出现了民俗学家柳田国男所说的现象:"明治维新以后,过去只占日本人少数的武士阶级的生活方式成了日本全体国民的理想。""日本全体国民的武士化,涵盖了明治以后所有日本知识分子的生活方式。"①"明治四年废藩,明治九年废刀,通常认为武士由此灭亡。……然而,明治五年的征兵令,废除了武士和农工商的区别,以全体国民为兵,即全民皆兵,使全体国民都成为武士。及至今日,全体国民悉为武士。平时,农工商分别从事生产,一朝有事,皆执剑而起,武士虽然在明治初年废除,但将其范围扩大、推广到全体国民。武士道也由此成为全体国民的道德。"②"勤皇的武士道"顺利地成为全民的武士道。

与此同时,日本军队掌权的状态给周边的和平带来了极大的威胁,并逐渐开启了法西斯战争亚洲战场,给世界和平造成了恶劣的后果。"二战"时期,以"武士道就是求死之道"而闻名的武士道书《叶隐》,成为每一个奔赴侵略战场的日本军人的必备书,切腹也被应用为对天皇效忠的最高表现,因此深深地刻在每一个日本军人的心中。此后,随着战败和时代的发展,武士道精神在日本国民心目中的地位一度岌岌可危。但是曾几何时,武士道在日本又掀高潮,如今,武士道似乎已经成为日本民族的代名词,根深蒂固的武士道文化影响着日本的方方面面,并镌刻在每个日本人的心中。

以上,笔者结合日本历史上不同时期的政治、经济和文化背景,对武士道的变迁做了宏观的考察。为了更深入地解析武士道精神,对武士道的根本思想有更深刻的理解,笔者将利用以下章节,聚焦武士道之书《叶隐》,力求从微观的角度对其中体现出来的武士道之根本思想进行更具体、更加有的放矢的考察。

---

① 鶴見俊輔『戦時期日本の精神史 1931—1945年』(岩波書店、1982年)150—154ページ。

② 转引自娄贵书:《日本武士兴亡史》,中国社会科学出版社2013年版,第174页。

第二章

《叶隐》及其周边

第一节 《叶隐》四哲人

毋庸讳言，一部著作的精神主旨一定与它诞生的时代背景息息相关。但也如常言所道，"文如其人"，一部作品的思想脉络也一定会自然而然受到作者的生活经历和精神思想的左右。为了更好地理解《叶隐》的思想内容和精神内涵，这里有必要先了解《叶隐》的口述者山本常朝的生平经历，以及对他的一生影响至深的几个人。

一、《叶隐》口述者山本常朝

（一）《叶隐》中关于山本常朝生平的记录

从山本常朝的家谱来看（参照书末附录一），山本常朝原本是中野家的子孙。其父中野重澄于庆长十七年（1612年）作为上门女婿入赘山本家，由此改姓山本。山本常朝（つねとも）是俗名，出家后的号为旭山常朝，通称山本常朝（じょうちょう）。山本常朝在世六十一年，在《叶隐闻书第二 140》中，有他一生中的主要事件的相关记录，大体如下：

万治二年（1659年），山本常朝出生于佐贺城下片田江横小路（现佐贺市水之江二丁目），其父为佐贺藩士山本神右卫门重澄，其母为前田作左卫门之女。出生之时，因父亲已年届七旬，山本常朝生来体弱，曾被人预言活不过二十岁，其父甚至想把他送给"卖盐的"。多久图书（茂富，重澄之大组头）却认为他将来一定会继承父亲的血统，并会大有作为，因此加以制止，并为他取名"松龟"。松龟九岁时，成为佐贺藩第二代藩主锅岛光茂的侍童，取名"不携"，同年九月二十日，随光茂前往江户。此后三十三年，一直作为臣下服侍在光茂身边。山本常朝十一岁时，其父重澄以八十一岁的高龄辞世。山本常朝十四岁时，被任命为光茂的"小姓"①，同时改名为市十郎。延宝六年（1678年），山本常朝二十岁时，又改名为权之丞，开始以近侍的身份担任"御书物役"②。在担任"御书物役"期间，山本常朝因"会作和歌，又得少公子赏识"，引起光茂的不满，最终被免去职位。失意之际，他前往位于佐贺郡松濑的华藏庵拜访湛然和尚（后文详述），立志拜师学习佛道。二十一岁时他按照佛法接受了「血脉（けちみゃく）」（师父为弟子进行的法灯礼仪）和「下炬念诵（あこねんじゅ）」③两个仪式，定法号为旭山常朝。之后，权之丞拜访了在下田（现佐贺县大和町）松梅村闲居的石田一鼎。天和二年（1682年）六月，时年二十四岁的山本常朝与山村六太夫成次的女儿结婚，同年十一月再次受命担任"御书物役"。同年十一月十一日夜，泽部平左卫门受命切腹，山本常朝担当"介错人"④。二十八岁时，山本常朝在江户被任命为"书写物奉行"及"京都御用"（均为当时官职）。元禄二年（1689年），山本常朝三十三岁时，回到佐贺藩，再次被任命为"御书物役"，同时承袭了父亲"神右卫门"的称号。同年九月二十六日，中野将监被命切腹，山本常朝担当"介错人"。这两次担当"介错人"的经历都被山本常朝记录在《叶隐》当中。七年后，即元禄九年（1696年），山本常朝被任命为"京都役"（官职名）。此时的光茂正醉心于和歌，为了帮主君获得《古今传授》，山本常朝奔波于京都与佐贺之间。最后终于在主君重病卧床度日的元禄十三年（1700年）成功入手，并于五月初返回佐贺，将《古今传授》交于主君之手。据说五月五日，山本常朝曾对江副彦次郎和深江六左卫门表明如果主君去世他将剃发出家的意愿⑤。之后过了十一天，同年五月十六日，时年六十九岁的锅岛光茂逝世。此时山本常朝四十二岁，在光茂身边已经三十余年。主君的辞世令山本常朝十分伤心，他一心想追随主君而去，

---

① "小姓"，日语词，指侍童。

② "御书物役"，日语词，日本古代官职名，主要工作是管理图书、出纳及编辑等。

③ "下炬"，也称"下火"，禅宗用语，是僧侣火葬时，对其遗骸点火之意。因此，举行"下炬念诵"仪式，意味着生前举行葬礼。

④ "介错人"，日语词，指为减少切腹人的痛苦，在切腹人短刀刺入腹部或做出切腹动作时，砍下其头颅助其完成切腹仪式之人。

⑤ 参见松田修「葉隠序説」（『国語国文』第36卷第11号、1967年）1—22ページ。

无奈当时已经颁布禁死令①,山本常朝遂决定以出家的形式代替殉死。三天后,即五月十九日,他在高传寺正式受戒,由了意和尚剃发出家。同年七月初,山本常朝在佐贺城以北十公里的山地来迎寺村(现佐贺市金立町)黑土原的庵室"朝阳轩"中正式开始隐居生涯。

十年后的宝永七年(1710年),已被贬为浪人的原锅岛藩藩士田代阵基前来拜访山本常朝。拥有同样侍君经历的二人惺惺相惜,大有相见恨晚之意。面对当时世风日下之风尚,二人皆痛感时局。在两人的相谈中,山本常朝常常讲起武士所应具备的道德素养及应该遵循的行为规范,田代阵基将其笔录下来,共花费将近七年时间,于享保元年(1716年)九月十日完成了共十一卷的《叶隐闻书》的撰写工作。此后,朝阳轩改为宗寿庵,供养主君锅岛光茂的牌位。考虑到要为自己选定墓地,正德三年(1713年),山本常朝移居至黑土原以西约十一公里的大小隈(现佐贺市大和町砾石)的一个庵里。翌年五月,他开始为川久保领主神代主膳(光茂第七子,后来的佐贺藩第五代藩主锅岛宗茂)撰写有关藩主之心得的《书置》,于五年后完稿。同时,山本常朝在出家期间,也为父亲山本重澄和祖父中野神右卫门清明编写了详细的年谱,并在去世前两周完成了自己年谱的编撰工作。可以说山本常朝本人对自己人生道路上的任何一个节点都抱着不能轻视的态度,他善于总结过去,有着相当强烈的历史意识。享保四年(1719年)十月十日,山本常朝逝世,终年六十一岁,安葬于八户龙云寺。

(二)山本常朝一生中的挫折

综观山本常朝的一生,可谓郁郁不得志的一生。首先,从他的出生来看,就充满诸多别扭。父亲七十岁时高龄得子,理应对山本常朝的到来充满期待和喜悦,可现实情况是,山本常朝一开始差点被父亲送人。其中缘由不得而知,据李冬君的说法,即便在当今时代,七十岁得子也实属罕见,所以山本常朝的身世被认为十分可疑。另外,山本常朝的文学才能大多来自其母亲的遗传和影响,可山本常朝本人并不看重,并且在《叶隐》中,很少谈及母亲,李冬君又根据这一点

---

① 宽文元年,即1661年,锅岛藩初代藩主胜茂之子、光茂之叔父白石邑祖锅岛山城守直宏去世之际,竟有三十六位家臣意欲殉死。得到消息的光茂速派家老相良求马和生野织部二人前往制止,并随后颁布了严禁殉死的法令。翌年,纪州德川家族也开始禁止切腹殉死,宽文三年(1663年)幕府出面将殉死作为国家的禁令加以颁布,至此殉死在全国范围内被正式禁止。

做出推论,指出山本常朝可能是因为自己身世不明而羞于启齿①。尽管李氏的观点笔者并不敢苟同,但从荣格的童年阴影理论加以思考,一出生便差点被送人这件事,无疑严重地伤害了山本常朝的自尊心。山本常朝十一岁时,父亲山本重澄去世,他因此搬到比自己年长二十岁的侄子山本五郎左卫门常治处,接受其指导。山本常朝本身低微的出身,加上本家中野一门"家老"及"年寄"等重臣辈出的现实,刺激了他萌发「一度御家老になり見すべし」,即不管什么时候都要当"家老"的愿望。在山本常朝长达三十多年的侍君过程中,虽说他与主君也结下了深厚的情谊,但因为家族的连带责任等原因,也有不被主君起用的时期。元服仪式后,因与少公子纲茂时有和歌唱和往来,引起光茂不满,山本常朝被迫离职。失意之下,山本常朝接受"血脉"和"下炬念诵"仪式,这些应该是"向死而生"的仪式,与其说它是消极的态度,毋宁说是一种积极的,"无所谓,有所为"的人生哲学的宣告,表明了山本常朝"以已死之心面对接下来的人生"的决心。这些仪式对当时二十一岁的山本常朝造成了重大的影响,可以说它们使山本常朝在精神上以及宗教上获得了重生,并对其后面思想的形成产生了不可估量的作用。

接连的挫折使山本常朝悟出"成为家老是奉公之极致"的道理。当然在最终得出这个结论之前,视忠诚为武士之要务的山本常朝也有过怀疑和彷徨。那就是在为了成为"家老"而努力的过程是否有为私利私欲而奔走的嫌疑。直到听到五郎左卫门常治的话——"奉公之人不慕名利,奉公之人也必慕名利",山本常朝的苦闷才得以烟消云散,并谈到,"淡泊名利的武士,大多是性格乖僻扭曲之人,总是诽谤别人抬高自己,最终一事无成,反倒不如那些名利之心深重的人。对当世无益"(《闻书第一 155》)。这与拿破仑的"不想当将军的士兵不是好士兵"如出一辙。结合当代的现实来思考,似乎也很容易理解这句话,那些自恃清高,动辄不与世人同流合污之人,少有取得大成就者,反倒是顺应俗世的潮流,按照时事的要求努力奋斗,也即在通常人眼里追名逐利之人,才能够取得成绩,并最终成就"主观为自己,客观为他人"的目的。山本常朝说的这句话,其着眼点显然不在于"个人是否能够当上将军",而在于"是否对当世有益"。他想以超越了个人之名利的"奉公名利"的思想将武士追求名利的举动合理化。他说"武士者,即便身陷名利场,即便陷身地狱中,也要心怀主君"(参照《闻书第二

---

① 参见李冬君:《落花一瞬:日本人的精神底色》,北京大学出版社2007年版。

139》），所谓"人微言轻"，只有"在其位"才能"谋其政"，"奉公名利"一语，将山本常朝想要出人头地的愿望轻而易举地合理化了。

　　然而，好不容易为自己设定了"成为家老，向主君进谏"的目标的山本常朝，又受到了亲戚被判切腹的打击。其亲戚担任光茂的"家老"之职，平时向主君进谏的机会颇多。山本常朝在《闻书第二 128》中引用了中野将监的话："'谏'一词，本身已含有私心。所以在武士的字典里不应有'谏'这个字。我一生中，没有给主君提过意见，也不曾向主君讲过大道理。总是在不为人知的时候偷偷地说服主君……暗谏不被采纳时，必是一己之力不足，就要愈发隐秘，愈发费苦心，坚信苦谏总会被理解。如最终不被采纳，主君仍坚持己见，就要放下自己的主张站在主君一边，并且使这一过程像没有发生一样。"就是这样一个毫无私心，对主君忠心耿耿之人，却在元禄二年（1689年），被判切腹。山本常朝担当介错人。关于这件事山本常朝在《闻书第一 199》中是这样记录的，"中野将监切腹之后，同组之人齐聚大木兵部处，席间有人说将监的坏话。兵部从中责备道：'对于已逝之人不可恶语相加。尤其对于被问罪者更应心存怜悯与同情。要感念已逝之人的好处，这才是武士所应遵循的义理。再过二十年，世间一定承认将监是忠臣。'"对大木兵部的话，山本常朝是予以充分肯定的，他赞扬能说出这番话的大木兵部不愧是老成谋道之人，并且将这件事也记录在他后来亲自执笔的年谱当中，其中还加了一句「右今度（<u>将监切腹のこと</u>）、公私内外の儀ども、態とこれを略す（<u>括号及下划线为笔者注</u>）/关于右边记录的（<u>将监切腹的事件</u>），缘于公私内外的原因，特意在此省略」。这里「態と/特意」一词颇有意味，似乎可以从中窥见山本常朝的些许不满，除此之外，山本常朝并未流露过多的情绪。据松田修后来在《叶隐序说》中的考察得知，佐贺藩二代藩主锅岛光茂实际上是一个颇具奢侈淫逸之风的君主，他沉迷女色，光正室夫人就有三位，侧室更是达到十三人，子女共四十一人。他对裙带政治玩得不亦乐乎，总是为妻党加官进禄；自己本人又耽于玩乐，沉溺在舞蹈、歌舞伎、相扑等娱乐当中，痴迷宅邸园池等的修建，使得佐贺藩一度债台高筑，百姓怨声一片。据此推测，中野将监大概是一人独揽了主君之罪，他以"诘腹"①之举，挽救了佐贺藩的危机。如此一来，大木兵部所说"再过二十年，世间一定承认将监是忠臣"的真正含义就水落石出了。到1710年，山本常朝在口述《叶隐》的时候，二十年已经过去了，但

---

① "诘腹"，日语词，指因为不得已的原因，被迫切腹。

山本常朝并未披露当时的事实真相,可见也确实是继承了中野将监"隐奉公"的精神,有意掩盖主君之恶了。

但是,不能否认的是,当时中野将监的切腹事件对中野一家以及山本常朝本人来说无疑都是一个沉重的打击。后来,山本常朝说出"成为浪人或者被判切腹是奉公之人的最高、最好的结局"时,想必脑海中浮现的应该是忠臣中野将监们的形象吧。山本常朝用这样的话开解自己,加上他经常被中野神右卫门教导"承蒙主人客气地对待时的奉公不是真的奉公;在遭受冷遇以及不公正待遇时仍然坚持奉公,此时的奉公才是真正的奉公"(参见《闻书第九 24》),这些话反复听,使山本常朝最终悟出"不被其他人,甚至不被主君本人知晓的奉公才是真正的奉公"之道理。这与《论语》当中的"士为知己者死"之思想似乎完全相悖,即便不能得到主君的理解以及垂青,也要尽臣下的本分。"君君,臣臣",当然是最理想的奉公状态,"君虽不君,臣不得不臣",似乎才是山本常朝内心深处最为理想的武士形象。山本常朝想通过这样一种一以贯之的态度,最大限度地发挥作为中下级武士的主体性,这种思想本身包含着某种崇尚超越的潜意识,但不能不说,其最终的选择反映了身居封建时代的山本常朝所具有的个人的局限性。当然,我们不得不承认,在任何时代,一个人再怎么具有前瞻性的眼光,最终也很难超越时代的边界。

(三)山本常朝出家始末

在山本常朝三十余年的"奉公"生涯中,先后担任过"小小姓"①"御书物役""京都御用""书写物奉行"等职务,这些职务尽管都是主君近侍,但与"家老"一职相去甚远。元禄十三年(1700年),随着主君光茂的离世,担任"家老"更是成了山本常朝心中永远的梦想。山本常朝曾经想过追随主君于地下,怎奈当时禁止殉死的法令已然颁布,山本常朝只好选择了出家之路。但山本常朝的出家绝非因为主君离世,自己成为"家老"的理想破灭。在《闻书第二 63》中,有如下记录:"……在江户确定着火现场的部署时,有人提议让我管理书籍。主君当时说:'既是年轻人,就把他安排在我身边吧。'感念主君的知遇之恩,那一刻就下定决心要将生命都献给主君。在大阪时,主君曾把他自己的棉睡衣和被子赐给我,并说:'我不愿意为了消遣或是散心解闷增加使唤之人的俸禄。完全是出于

---

① "小小姓",日语词,多为主君、武士或贵族的侍童。天和元年(1681年),锅岛藩主光茂停止携带侍童到江户觐见。

个人情感给你这些东西,没必要对家老们道谢。'蒙此一言就够了。若是禁死令颁布之前,我一定铺上主君赐予我的被子,披上主君赐予我的衣服,追随主君而去,以谢主君。"在这段陈述中,我们可以窥见山本常朝出家的动机。在江户时代,臣下蒙主君恩赐,按规定一般是要向"家老"报告并要谢恩的。但是主君赐予山本常朝极其私人的物品,并告知不必特意向"家老"谢恩,这件事就成为山本常朝与主君之间心照不宣的秘密,二人的关系一下子超越了"君臣"这种公式般的条条框框,升华为一种完全私人的情谊。这对于地位低微而又怀抱"奉公名利"之愿望的山本常朝来说当然是感激不尽了。出于一种内心的真情实感,出于对君臣之情的感念,舍弃生命也要报答主君知遇之恩的念头随之产生,也就变得合情合理而又自然而然。因此,山本常朝最终在主君去世之际以出家的行为代替殉死,可以说完全出自多年来感情的积累和沉淀。

尽管如此,只因得到主君赏赐的被子这点小事就要用生命来偿还的情感,在我们现代人看来仍然是不可思议的。日本学者山本博文就曾在其著书《殉死的构造》中提到当时殉死者的主流有两种:"要不就是与主君存在男色关系,要不就是与主君有着非常密切的谱代家臣(家族中人世代都侍奉主君一家)的关系。"在当时同性恋爱流行的时代背景下,山本博文推测山本常朝与其主君光茂就存在这种关系。对于此种观点,笔者不愿苟同。

在《叶隐》当中,山本常朝确实多次用"忍恋"来比喻"奉公"。《闻书第二 33》中有如下阐述:"恋爱之极致,始终是忍恋。如歌中所唱:'暗恋到死,化作青烟与人知,终未流露个中之情思。'就是如此感觉吧。在有生之年透露自己的心意给对方知道那并非是深刻的恋情。再没有比相思到死更高贵的恋情了。"在《闻书第二 61》中又有这样的记录:"奉公之人只要做到一点就够了……心悬主君,就是高尚的臣下。这与恋爱之心同理……君臣之间就应该如此。奉公的根本用这个就可以表明了,是完全不能用道理来解释的。"

以上引文当中出现的"忍恋"一词,不是指避人耳目、偷偷摸摸地恋爱,而是指在有生之年将爱意深埋心底,不向对方表白。"君臣之间就应该如此",山本常朝所要表达的想必是为人所知或为主君所知的"奉公"并非真的"奉公",在人们看不见的地方的"奉公",甚至连主君都不知晓的"奉公"才是真的"奉公"。单单抓住"忍恋"一词,就推断山本常朝与主君之间存在同性之间的恋爱关系不免有断章取义之嫌。与其如此,毋宁说,一直地位低微、怀才不遇的山本常朝在进行一种自我心理暗示或者说是一种自我安慰甚至是自我催眠。他一直感念过去存在于战国时代的君臣之间情深意浓的历史,理想当中自己与主君之间就应该是一种超越了公式般的契约关系的、充溢人情味的君臣关系。正因为地位低微,主君无意中的一句话都可以令他铭记良久;正因为憧憬与主君充满情谊式的关系的形成,才会过分解读主君的心意。这一点与恋爱中的男女时刻揣摩对方心思、时刻想要取悦对方的想法似乎并无二致。山本常朝用了一个通俗的比喻将自己的"奉公"心境淋漓尽致地表现出来,但与此同时,似乎也可以多少窥见其中的些许落寞。山本常朝把武士与主君之间的主从关系比喻成男女之间的恋情,称所谓"恋之极致是为忍恋",而"对主君的隐奉公乃真奉公也",他所追求的是尽忠积德而不期待回报式的"隐奉公"。在山本常朝看来,理想的叶隐武士的献身精神,应该基于这种超越物质关系的、重于生命的"情"。

从第一章的考察可以看出,日本武士间的主从关系最初是一种"御恩"与"奉公"的领主与附庸的关系,武士的献身与武勇精神的真谛在于获得主君的"恩赏"和名誉。由于这种主从关系常常世代相袭,君臣之间就自然而然地构成了一个命运共同体的关系。战乱年代,臣子还要经常在血雨腥风的战场上与主君同生共死,因而武士与主君之间也会相应地产生超越经济利益的情谊。这种情谊与领地对维护主从关系同样是不可或缺的元素。而且这种来自主君的情谊有时甚至超过主君的物质恩惠的价值,因而在武士的心目中占据更重要的地位。"情谊胜过领地",为报答主君之情不惜粉身碎骨,成为武士所崇尚的道德情操。于是,这种情谊使得武士间的主从关系由利益共同体转化为情谊共同体。

进入和平年代的江户时代后,在战场上与主君一起出生入死的日子一去不返,政治上幕藩体制的官僚制度又实行严格的世袭制度,武士在国家政治生活中的地位和权利,取决于身份上和军制上的等级序列和阶层序列,幕政、藩政主要掌握在权门武士手中,广大下级武士永世不得为官当政,被排斥在统治集团和国家政权组织之外。他们在国家政治生活中只有义务而无权利。而山本常朝恰恰就是这样一个只有义务没有权利的中下级武士。其本家中野家,"家老"和"年寄"辈出,山本常朝从小被灌输"隐奉公"的思想,并且极度憧憬情谊式的君臣关系,是一个性情中人。古贺英男指出,若非在锅岛光茂离世前三十九年就颁布了禁死令,山本常朝一定会义无反顾地选择殉死。山本常朝的出家是在不违反法令的前提下对自己的意志的达成,是与曾经的主君形成情谊上的共同体的唯一办法,也可以说是对曾经的主君的"活着"的殉死。与此同时,削发为僧的行为,似乎也意味着他放弃武士身份,不愿意侍奉新藩主。关于这一点,在森鸥外著名的历史小说《阿部一族》中,就有因为武士削发为僧惹怒藩主,最终导致一家灭亡的惨剧等相关记录。那么,山本常朝是不是潜意识里就存在着对新藩主的反抗行为呢?笔者认为并非如此。山本常朝的出家与其说是对殉死情有独钟,毋宁说是他对自己的理想万分执着的一种表现。那种理想就是对自我价值的实现以及自我肯定意识的达成。这一点,从山本常朝出家后的行为当中便可以推测出来。

(四)出家后的山本常朝

山本常朝虽然成了出世之人,但做着的仍然是入世之事。其证据除了《叶隐》一书的编撰工作之外,还有正德四年(1714年)进献给锅岛藩第五代藩主锅岛宗茂的《乍恐书置之觉》(通称《山本常朝书置》),以及宝永五年(1708年)赠给养子吉三郎(翌年改名权之丞)的"奉公"心得之作《愚见集》的撰写工作。正德五年(1715年)在养子权之丞受命为江户留守役之使者役,即将离开佐贺赴命之际,山本常朝又作《饯别》赠之。其中写道:"将生命献给你的主君,一天二十四小时,即便是呼气和吸气之间,也要专心专念、一心一意地奉公。以向死而生的心意,成为一人可以抵挡万千的家臣!"由此可见,在"奉公"一事上,山本常朝不仅对自己,对自己的子孙后代也抱有同样的期待。正如他在《叶隐》中之序章"夜荫之闲谈"[①]第十六句中说的那样"即便在深山,即便在地下,也要生生世世为主家",他以出家之身,仍然一丝不苟地贯彻执行着他的誓言。

享保四年(1719年),山本常朝去世,享年六十一岁。就在去世前半个月,他还完成了自己执笔的年谱。[②]在年谱当中有疑似其后代补充的一句"依遗言所示,没有超度仪式"。关于这一句有几种解释。有人指出,在"夜荫之闲谈"第十七句中,山本常朝曾表示,"以我现在之身说这样的话未免不妥,但成佛之事确实未尝想过。哪怕轮回七次,我也愿为锅岛藩士,为藩治尽绵薄之力"。因此他自动放弃了为成佛而举行的超度仪式。还有一种说法源自铃木正三"殉死之人不需超度"的理论。其实,入佛门的出家人在去世时一般是不需超度仪式的,这一点山本常朝不可能不知道,所以根本没必要留下"不要超度"的遗言。但山本常朝有意为之,可能在他的心目中并未完全认可自己出家之人的身份,即他始终把自己看成锅岛藩的藩士,认为自己是殉死之身。这一点直到死亡到来那一

---

① 为行文方便,笔者在本章后文全文引用了"夜荫之闲谈",并按分条的方式进行了整理。

② 该本"年谱"已在日本叶隐研究会的刊物《叶隐研究》第2期上刊登。

刻,他也没有丝毫改变。山本常朝晚年所拥有的复杂心理,是不容别人轻易想象以及揣测的。笔者认为,他的复杂、他的矛盾以及他的挣扎,都已经体现在《叶隐》的字句之间了,作为读者,虽然无法抵达他的真实内心,但可以尝试着最大限度地接近。

二、对山本常朝影响至深的几个人

山本常朝与《叶隐》的笔录者田代阵基、儒者石田一鼎及湛然和尚,并称为《叶隐》四哲人。没有田代阵基,《叶隐》就不可能问世,所以其影响不容小觑,而石田一鼎和湛然和尚在《叶隐》当中也多次出现,这两个人的存在对山本常朝思想的形成有着至关重要的作用。

(一)《叶隐》的笔录者田代阵基

田代阵基,生于延宝六年(1678年),是佐贺藩士田代小左卫门宗澄之子,十九岁时开始担任佐贺第三代藩主锅岛纲茂的"御佑笔"①,其后一直侍奉在第四代藩主锅岛宗茂身边。宝永六年(1709年)五月,三十二岁的田代阵基被宗茂免职,具体原因不明。翌年,田代阵基开始拜访隐居于黑土原的山本常朝。后来又将住所搬至山本常朝附近,早晚聆听山本常朝教诲,甚至在山本常朝外出之际,田代阵基也是相伴在旁。可以说,如果没有田代阵基,没有田代阵基对山本常朝的拜访,就不会有《叶隐》的诞生。从田代阵基和山本常朝各自的人生经历来看,二人存在不少共同点。首先,二人都曾为主君管理书物、擅长和歌;其次,二人都曾处在主君近侍的位置,因此很容易在"君臣一体"这一思想上产生共鸣;第三,二人在年轻的时候,都曾遭遇过被主君罢免的命运。这就给他们提供了从根本上思考"到底何为忠义"的条件,使得他们有充裕的时间向内部追问与寻求。这些条件,决定了《叶隐》诞生的必然性。享保四年(1719年)山本常朝去世后,又经十二年,即享保十六年(1731年),田代阵基被藩主宗茂召回,得以再次担任"御佑笔"一职。延亨五年(1748年)四月五日去世,享年七十一岁。

(二)儒道之师石田一鼎

石田一鼎名宣之,通称神左右卫门、安左右卫门,号下田处士,晚年称一鼎。宽永六年(1629年),生于锅岛藩谱代家臣之家,年长山本常朝三十岁。石田一鼎自幼勤奋好学,励于修身,是集神道、儒学、佛道于一身的学者。石田一鼎十

① "御佑笔",日语词,日本古代官职,指担任文书、整理、记录的官员。

七岁时继承家督,拥有石高二百五十石,而山本常朝只拥有一百二十石。最初,石田一鼎是锅岛藩初代藩主胜茂的近侍,胜茂去世后,遵遗命担任二代藩主锅岛光茂的"相谈"(一种官职)役,也属于光茂近侍。而当时山本常朝刚刚出生。明历三年(1657年),石田一鼎二十九岁时,得到加增石高七十五石。石田一鼎为人直言不讳,宽文二年(1662年),石田一鼎三十四岁,因触犯光茂忌讳,被贬到小城支藩下的松浦郡山代乡。至于一鼎因何触犯光茂忌讳,并无史料可以查证,但因他性格"狂狷不羁",叶隐研究者一致认为他有可能是因为进谏,也有可能是因为遭遇谗言。石田一鼎在小城幽居八年之后,又重新回到佐贺,他将家业让给侄子安左卫门继承,自己居于北山川上,后又迁至佐贺郡梅野邑下田。石田一鼎在此处隐居期间,也曾受命前往京都。担任京都"留守居役"①的下村三郎兵卫问一鼎:"常年过着浪人生活,喝不到酒吧?"一鼎回答说:"在山中生活,别说是酒了,连吃的也没有。把麦子、荞麦、稗子等一起放到锅里,想吃的时候就吃点,汤汁什么的就没有喝过。"三郎兵卫又问他:"寒夜里,没有酒就睡不着吧,连饭想必也吃不上吧?"一鼎的回答是:"睡不着的时候就不睡,睡得着的时候再睡;没有吃的就不吃,有的吃的时候再吃。"(《闻书第六 60》)其一切顺其自然,淡泊明静的态度一目了然。延宝五年(1677年),石田一鼎四十九岁时正式剃发出家,法号一鼎。

据说,石田一鼎幼年好学,甚至一度到被母亲禁止读书的程度,等到十五六岁时,他已读遍儒学与佛学相关书籍。想必正是被贬谪的经历,成就了他对这些书物的进一步深入思考,一鼎出家之后,更是成为佐贺藩数一数二的学者,前来拜访的好学藩士不计其数,山本常朝就是其中一人。《闻书第二 122》中记录了山本常朝受石田一鼎教诲的事。据说石田一鼎年轻时,有一次曾流泪对山本常朝说:"我死了以后,也会专心为藩国之事祈愿的。尽管辛苦,我希望你要多多承担些国事。"山本常朝听了深受感动,并一直铭记于心。在跟田代阵基谈起此事时,他感叹,当今之世,教导别人的人充其量只会说"要身心一致地一起奉公吧"之类的话,而像一鼎这样的人,恐怕再也没有了。石田一鼎曾说:"一听到名人的事迹,就认为自己无论如何赶不上,是很没志气的。名人是人,自己也是

---

① "留守居",日本江户时期幕府的官职名,指负责守卫江户城中将军夫人的住所,将军不在时负责城中警备。"留守居役",指日本江户时代大名在领地居住时被派往江户代表藩国处理事务的官职。

人,为什么低人一等呢?只要下定决心,自己也会很快入道的。'吾十之有五而志于学'是圣人之道。之后再积累修行也成不了圣人了。"(《闻书第一 117》)山本常朝悟到,一鼎所说的就是《华严经》中的"初发心时便成正觉",所以此后的山本常朝,二十四五岁时,就经常在石田一鼎面前说一些"大胆的话",比如"锅岛家永远不会衰败,因为我会多次死而复生,成为锅岛家的武士,一定要用我一个人的力量使家藩久长"之类。后来,山本常朝还从锅岛家菩提寺、龙云寺的住持卓本和尚那里听说,石田一鼎因为这些还把常朝赞为"锅岛家的一个奇特的人",说出了"(这个人)即便跟以前的人相比也毫不逊色"的话(《闻书第二 78》)。石田一鼎也曾说出很多教人忍耐的话,比如"所谓好事就是能承受住痛苦。忍受不住痛苦的皆是坏事"等(《闻书第一 184》)。

石田一鼎还著有《日峰公(锅岛直茂)御壁书二十一条注》《泰严公(龙造寺隆信)谱》等。宽文十二年(1672年),石田一鼎创作了《武士道要鉴抄》。该书以武士道精神为主题展开论述,提出"武士道中浮躁不可取""先祖名姓且不可绝""毕竟为主君所御用"三条为武士要谛。在"武士道"这一条目中,石田一鼎写道:"虽言道无两条,实应遵守,然世俗各异。若论武士道则有三段。一为士之意地,二为和睦,三为甲胄也。"这里"士之意地"指以忠孝为根本;"和睦"指的是君臣和、父子亲、朋辈熟、妻子眷属和睦的和顺状态,其中最为重要的是击败有损武士意志的内心中的敌人;"甲胄"则指包括己身在内,要治国安邦。可以推断,《叶隐》开篇"夜荫之闲谈"中的四誓愿中,投射着石田一鼎所倡导的"武士道三段"的影子。石田一鼎博学强记,在国学、国史,尤其在乡土史方面,造诣颇深。他一向以忠孝为本,强调神道、儒学与佛教的合一,对山本常朝的影响非同一般,综观《叶隐》,说山本常朝就是石田一鼎学问与学说的传导者也不为过。

(三)佛学之师湛然和尚

湛然和尚是山本常朝的佛学之师,其出生于肥前,曾任锅岛家高传寺的第十一任住持。宽文九年(1669年),中之馆元藏院住持村了和尚因寺庙升格一事直诉藩主锅岛光茂,因此获罪,被判斩首。湛然和尚求赦无果,愤而离开高传寺,移居北山松濑村。此后,锅岛光茂虽欲再三说服其回归,湛然和尚仍坚持己见,禁足蛰居十三年,于延宝八年(1680年)圆寂。湛然和尚熟谙佛道与武士道的奥义,对从少年时代就师从自己的山本常朝影响至深,以至于山本常朝曾一度有要跟从湛然和尚出家的想法。在《闻书第二》的末尾处,山本常朝有如下记录:"父亲曾向湛然和尚拜托过我的事,我便与他亲近起来,经常到寺里去拜访他,遇事也与他商量,甚至曾一度想要出家。"结合前文有关山本常朝生平介绍的一节,可知这一段记述与山本常朝年轻时的状况应该是相符合的。彼时,山本常朝二十一岁,因触犯主君光茂被判蛰居,精神上处于苦闷的状态,他苦于不知如何去除私欲,无法抛却立身处世的念头,最终决定出家修行,甚至从湛然和尚那里接受了"血脉",并举行了"下炬念诵"仪式。湛然和尚当时曾向山本常朝传达了他的平生训诫:

> 出家人如果把慈悲浮于形式,内心没有极大的勇气,就难以成就佛道。同样武士把勇气浮于形式,胸中若没有大慈悲心,就难以保住家职。因此,出家人应以武士为伴,追求武士的勇气,武士则需贴近出家人,追求出家人所具有的慈悲心。我年复一年地过着僧侣生活,行走八方,遇到不少同行前辈、高僧大德,但他们不会为我提供修行之便,我也从没有在他们身上拈起我修行的哪怕是蛛丝马迹。举世昭昭,我只要听说哪里有冠绝于世的勇士,便不厌行路艰难,哪怕天高地远都要去拜访,发愿要去听听武道的故事。我确信它会助我修行佛道。如果说因为武士拥有武器,把武器变成力量的延伸,陪伴武士杀进敌阵的话,那么出家人唯有念珠,若持念珠一串跳进枪林刀丛中,这时光有柔和慈悲,是绝对无法招架的。没有不逊于武士的大勇气,就没法进入刀丛里。每逢重大佛事时,就会看到燃香和尚忽然发抖,这就是没有勇气造成的。踢倒那些活着而又迷恋当世却已死去了的人,又从地狱之底拖曳提升以拯救众生,这都是需要大勇气的事业。然而,近来有些出家人,拼足精力修持些无聊之事,以为因慈而柔就可以了,殊不知没有人能这样修成正果,他们不仅自己如此,还劝武士也如此修习,结果是废了武功,蔫了精神,唯留遗憾而已。一般来说,年轻的武士听闻佛教教义是没益处的,因为心之功能会被一分为二。武士如果不能专心于武士道就毫无意义,就不是武士。隐居而有闲暇的老人,如果想要消遣的话,听听佛教教义,那倒也好。大凡被称作武士之人,一肩扛着忠和孝的重担,一肩担着勇气和慈悲的大梁,只要这两座山一般的担子镶嵌揉进肩里,压得几乎骨折,那就算尽了武士的本分,也就算武士平生得以安身立命了。早晚礼拜,行住坐卧都要唱"殿下、殿下",与念佛号没有什么不同,一念佛号,就不会违背佛旨真言;与平常拜神也一

样。这才能赐我武运长久。慈悲如孕育好运之母。古往今来，只有勇
气而无慈悲心的武士中，断绝家名之例显然。(《闻书第六　18》)

　　湛然和尚的平生训诫当中，包含着他对时代的批判。他认为"内心只有慈悲没有勇气"的僧侣与"内心只有勇气没有慈悲心"的武士，都已经不符合时代的要求，甚至成为时代的弊病的表现。湛然和尚因而指出，勇气与慈悲并非二元对立，而是相辅相成、缺一不可的关系。尽管处在和平之世，作为武士却不能废弃武功，同时也要拥有慈悲之心。当然，慈悲并不意味着隐遁和出世，而是将平常对主君的"奉公"之场视为战场。这种训诫，对于当时处于烦恼旋涡当中的山本常朝来说，无疑有一定的警醒作用。山本常朝领悟到还有一条勇气与慈悲兼具的"奉公"之路，加上那以后又受到山本五郎左卫门常治的"奉公名利"之语的启示，山本常朝对这些思想加以进一步凝练和提升，形成了他此后"奉公"的核心精神。

　　湛然和尚也是一个非常谨慎的人，平常廊下总是挂着风铃，但他并不是为了欣赏铃声，而是以此来判断风向和风力的大小，他常提醒寺里的和尚管理大寺，一定要注意防范火灾。每有大风天气，他都要亲自巡夜。他一生火钵里的火种始终不断，平常总是把行灯和引火之木放在枕边，他说："万一遭遇紧急情况，这样就不会因慌张找不到引火点灯之物了。"(《闻书第二　73》)湛然和尚的言传身教影响了山本常朝，使常朝领悟到居安思危的道理，山本常朝强调说："公共场所和私寝之地，战场和榻榻米之上，对武士来说，绝非两界。一旦有急，要能迅速地从榻榻米上起来投入战斗。唯有持有恒备之心，在榻榻米上保持武勇之人，在战场上才能气定神闲。"(《闻书第二　74》)这无疑来自湛然和尚的影响。湛然和尚也认为，人生有四点至关重要，即"武士道""忠于主君""孝顺双亲"和"慈悲之心"，也有人认为山本常朝提倡的"四誓愿"来源于此。

　　综上所述，似乎已经很难判断被认为《叶隐》思想之核心的"四誓愿"到底来源于哪里。但是有一点不容置疑，就是《叶隐》思想的形成，与山本常朝早期的个人经历，以及他所接触的人物息息相关。或者说石田一鼎与湛然和尚两人的思想本就有相通之处，所以《叶隐》中包含的精神也很难有一个清晰的线条，也很明确地解释成线条这一侧是受了儒学的影响，另一侧则是受了佛学的影响。或许模糊和矛盾本身，就是《叶隐》思想的一大特色，关键在于研究的人如何去研究，解读的人如何去解读。

第二节 锅岛藩的创立经过

在《叶隐》当中,山本常朝一直强调身为锅岛藩的武士,一定要了解"国学",要熟知"龙造寺·锅岛之根源",也就是熟知龙造寺领地成为锅岛领地的过程,但是具体情况,《叶隐》当中并未真正触及,其中原因何在?笔者认为,如果实际追溯一下这段历史,大概可以推测出这背后的隐情。

一、从龙造寺到锅岛藩的政权转移

久寿元年(1154年),藤原秀乡的第六代子孙佐藤季清奉朝廷之命,与儿子季喜一起前往肥前国,居住在佐贺郡龙造寺村。不久,佐贺郡高木城城主的次子南次郎季家成为季喜的养子,文治二年(1185年),季家被任命为龙造寺村的地头,赐姓龙造寺。季家就成为龙造寺的第一代,此后各代简略家谱如下:季家—季益—季友—家清—家益—家亲—家种—家政—家是—家治—康秀—家秀—家氏—康家。龙造寺家肥前小豪族的身份持续了十代以上,至第十四代康家之子家兼一代,才开始在九州的历史上崭露头角。康家本家的家业本由二子家和继承,五男家兼遵父命创立了分家水之江城,称水之江龙造寺,作为分家的笔头协助本家。后文"夜荫之闲谈"中出现的刚忠即是家兼的法号。家兼作为一名武勇与慈悲兼备的名将,被视为龙造寺中兴之祖。《叶隐》口述者山本常朝所侍奉的锅岛家最初属于龙造寺的臣下,是龙造寺的得力武将。亨禄三年(1530年),龙造寺家兼遭到敌人袭击,在田手畷苦战之际,本庄村乡士锅岛清久一族赶来救援,并助家兼取得胜利。为了报答清久的救助,家兼提拔清久当了重臣,并将孙女嫁与清久之子清房。自此,龙造寺与锅岛两家结下不解之缘。

龙造寺隆信是家兼之孙周家之子,七岁出家。天文十四年(1545年),包括其父周家在内,隆信一门六人被马场赖周所谋杀。以此为契机,隆信十八岁时,尊家兼遗命还俗,继承本家村中与分家水之江两处龙造寺,之后又将势力扩大到周边各地。他与中国大内氏联手,降服北部九州地区拥有传统力量的少弍氏,永禄十二年(1569年)到元龟元年(1570年)间,将肥后的大友氏赶出肥前,之后用十余年的时间,陆续将肥前、筑前、筑后、丰前、壹岐、对马收于麾下,人们称其为"五州二岛之太守"。在战国大名龙造寺家逐渐强大的过程中,后来成为锅岛藩藩祖的锅岛直茂起到了推波助澜的作用。锅岛直茂原本是清房的次子，生于天文七年(1538年)，其母亲是龙造寺家兼的孙女、隆信的姑母，因此，直茂与隆信一开始就是表兄弟的关系。直茂母亲去世后，隆信的生母庆誾尼怀着"龙造寺·锅岛一体"的认识，为进一步促成隆信与直茂的合作，四十八岁时主动再嫁给丧妻的清房，如此一来，直茂与隆信二人就成为义理上的兄弟。在元龟元年(1570年)驱逐大友氏的今山合战中，锅岛直茂立下赫赫军功，从此成为龙造寺军队的先锋。天正五年(1577年)，隆信在给自己的第三子后藤家信的书信当中写道："我等死去之后，有事应与锅岛直茂相商。"可见，当时的锅岛直茂对于龙造寺家族来说，已经是不可或缺的武将。天正八年(1580年)，龙造寺由隆信嫡子政家继承，隆信隐居，但仍然关注政家，并努力通过以直茂为中心的家臣团帮助政家确立其大名的权力。天正十二年(1584年)，龙造寺下属的有马晴信在岛津氏的挑唆下企图谋反。隆信亲自出马，在岛原讨伐岛津家和有马家的联合军，结果在冲田畷战役中战死，当时其家臣锅岛直茂本来要殉死(参见后文所引"夜荫之闲谈"第八句中提到的日峰公切腹之觉悟)，山本常朝的祖父中野清明劝说他应以重振龙造寺为重，成功阻止了锅岛直茂的殉死。但是，这场战斗失败之后，原本服从龙造寺的国人领主们先后离反，龙造寺的领国体制开始面临危机，在这种情况下，政家起草文书将国务委任给家臣锅岛直茂，呈请直茂共同保护领国。天正十四年(1586年)四月，政家更是委任直茂为"御家裁判"①，相当于将领国的统治权直接交给直茂。因不想被龙造寺一门怀疑自己要篡夺权力，直茂曾一度谢绝政家的委任，后来因政家的再三坚持，直茂便接受了。由此可见，这个时期，直茂的实力已经相当强大。

天正十六年(1588年)，政家因病隐居。关于此事，在《闻书第六 79》中有相关表述：政家曾与秀吉下象棋。下棋结束后要离开时，腿麻到不能走路，竟然爬着离开，遭到大家的嘲笑。这件事情发生以后，政家便开始拒绝勤务。另外在《闻书第六 80》中也有一则轶事：秀吉曾想将政家的女儿收到身边做使女，却遭到拒绝。秀吉认为其女一定是受了政家的指使，一怒之下拒绝提拔政家之子藤八郎。从这两件事可以看出，政家并不受丰臣秀吉待见。不仅如此，他本人似乎也确实不具备继承家业的能力，即便没有隐居，想必也不会被允许继承家业。政家隐居当时，其嫡子高房还是年仅三岁的幼儿，确实难以代理家业。再加上

---

① "御家裁判"，日语词，日本古代官职的一种。

丰臣秀吉对锅岛直茂赞赏有加，在《叶隐》"大合殿下言"一节中，秀吉说过的话就是明证，他说："龙造寺隆信是个名将。理由是他能将国家委托给锅岛直茂，说明他颇具识人之目。看看直茂，就知道事实不虚了。"这有可能只是为了把政权从龙造寺转移到锅岛家的这一过程正当化的一个说辞而已，但是政家隐居当时，确实是隆信的生母庆闾尼提议由锅岛直茂来继承家业。最初，直茂不肯受命，几经深得丰臣秀吉信任的小早川隆景从中斡旋，最后约定"在高房幼年期间，暂行代理国务，等到高房十五岁，将返还国务"。自此，直茂掌握了领国的实权，在丰臣秀吉的提携之下，走上了大名之路。当时直茂为了表明未来会将国务返还给高房的心迹，还将自己的长子锅岛胜茂送给龙造寺隆信的次子家种当养子。文禄二年（1593年），家种在朝鲜战死，胜茂又回到锅岛家，此后，跟随父亲锅岛直茂一起，多次参加日本历史上有名的战争，如出兵朝鲜、关原之战等，在大名中间的武名渐渐高扬起来。在胜茂的正妻离世之后，德川家康还将自己的养女嫁给胜茂，这意味着已经承认了胜茂作为锅岛藩继承人的地位。

另一方面，庆长十二年（1607年），高房在江户杀死了自己的正室之后，企图自杀，但开始并没有成功。众人对此议论纷纷，认为高房是因见到锅岛直茂迟迟没有返还国务的打算，忧愤叠加之下才做出如此举动。当时幕府派人对整个事情经过进行调查，而高房的应答完全不得要领，最后被判定为发疯，并被命返回江户宅邸休养。这件事情发生之后，锅岛直茂第一时间给高房之父政家寄去抗议书，陈述自己拯救崩溃于前的龙造寺领国的劳苦功高，讲述秀吉时代，任命自己为家督，而高房只不过是持五百石的俸禄，并且秀吉还下令把高房当家臣看待，但自己一直将高房视为主人一样恭敬的苦心孤诣，最后又仿佛极其悲痛地说："此次高房殿下的行为，到底是因为恨谁呢？ 如果是因我而起，未免太过无情无义。"看到这里，包括笔者在内的读者，可能都还能想起最初继承国务之时，锅岛直茂要在高房十五岁时返还国务的誓言吧。既然到时并未兑现诺言，锅岛直茂的此番抗议未免有些恶人先告状的意味。怎奈高房最后终因伤势过重，于同年九月六日死去，年仅二十二岁。一个月后，政家亦离世。龙造寺本家至此断绝。幕府围绕家业继承问题，召集龙造寺门下三家分家（谏早家、多久家和须古家）的代表到江户，征询他们的意见。三人历数锅岛直茂此前的功绩，并称因锅岛直茂已经年迈，遂一致推荐由其嫡长子锅岛胜茂来继承家督。如此一来，龙造寺从名义上"正当"地成为锅岛家的领地。

二、领国支配权转变的背后

领国支配权从龙造寺氏到锅岛氏的转变过程,看上去似乎风平浪静,实则不然。实际上,就在锅岛胜茂继承家督之位后,原来的龙造寺一门三家,又加上后藤氏(后称武雄锅岛氏),变成了一门四家,他们随后也将龙造寺之姓分别改作谏早、多久、须古和后藤。另外龙造寺氏族内部还有高房的弟弟安良建立起来的、属于本家血脉的村田氏。在佐贺藩内,村田氏的地位不止于臣子,而是被视为亲族。正如前文表述的那样,龙造寺高房和政家之死都给人一种相当不自然的印象,之后,高房之子伯庵为了龙造寺的再兴之事,曾多次向幕府提起诉讼,整个过程甚至被后世润色渲染成"锅岛猫妖骚动"的故事。诚然,龙造寺政家远远不如战死的隆信那样能力超群,但锅岛直茂并未遵守"长大后将政权返还高房"的约定亦是事实。尽管前有丰臣秀吉,后有德川家康的支持,但是锅岛直茂毕竟一开始只是龙造寺的家臣,从这个层面来看,可以说高房是被自己的臣下逼入绝境的。而领国政权的转移过程,也正是看不见战火的"下克上"的过程。但与战国时代常见的赤裸裸的"下克上"不同的是,最初锅岛直茂确实受到龙造寺隆信的极度信任,在龙造寺政家隐居时,也是隆信的生母庆闾尼提议由直茂继承家督,但前提始终是"振兴龙造寺",并且曾经约定在龙造寺嫡长子长成后归还国务。结果,锅岛直茂背信弃义,让自己的长子继承了龙造寺的领地,并将领地改为锅岛藩,毋庸置疑,整个过程就是臣子取代主君的篡位夺权的过程。从中,也可以看到战国武士道是极端推崇实力主义的,只要是真正武勇的武将,完全有机会从人臣变成人君,并且这一被儒家思想视为大逆不道的叛乱行为,还会得到幕府的默认甚至赞许。

山本常朝本身出身低微,又立志要当上"家老",这使得他一方面极度向往推崇实力主义的武士道,但另一方面他又把阴德"奉公"、无条件的忠诚视为武士最基本的义务。然而关于锅岛藩的成立是否正当的问题,实际上是经不起推敲的,从龙造寺到锅岛藩的领国支配权的变化过程,对山本常朝来说,也就变成了比较难以启齿的事情。在《闻书第三 27》中,有一段直茂公对孙子元茂(锅岛胜茂的长子,小城藩初代藩主)讲的话,他说:"不拘身份上下高低,都可能会面临家业衰败甚至倒闭的命运。那时还恋恋不舍,努力企图阻止,就会以一种非常丢脸的方式灭亡。所以在觉察家即将衰败的时候,就任其没有任何阻碍地衰败吧,那样也许有可能意外地能使家重新兴盛起来。"了解了龙造寺被锅岛接替领国权的整个过程,锅岛直茂的这番话就不难理解了。很难说在锅岛直茂的这番话里,完全没有将夺权这一行为正当化的意识和企图。因为领国权从龙造寺到锅岛藩的历史过程当中包含着的"下克上"的真实情况,所以山本常朝在讲述佐贺藩的历史时,只能把重点放在家业可以持续长久的理由上面,不断强调龙造寺的武勇、仁心,以及锅岛家的善根、信心等方面,为了表明其正当性,自然要避开真正的历史变动过程。

三、锅岛藩的家风

山本常朝本家及养父家世代皆为锅岛家臣,从小开始受到的家教都是如何向主君尽忠,当然这些家教的根源最终都与锅岛藩的整体方针密切相关,另外,山本常朝本人九岁开始侍君,"体制内"的行为准则以及锅岛藩的家风势必对其造成难以磨灭的影响,从藩祖锅岛直茂到第二代藩主锅岛光茂三代主君的传闻轶事当中,可以看出锅岛藩的家风大体表现在以下几个方面。

第一,锅岛藩主君武勇、智慧,奉行能力主义。

《闻书第二 91》中,引用了山本常朝侄子五郎左卫门对佐贺藩祖锅岛直茂和锅岛胜茂的评价,他说:"直茂公和胜茂公,不管对大事还是小事,都心如明盏,认为万事只要照主君指示去办,就一定不会出错。"这说明在锅岛藩武士心目中,对两位藩主是充满信赖和忠诚的,也表明两位藩主都是充满智慧的主君。直茂是战国时代的武士,曾多次追随龙造寺的主君浴血奋战,并两次参加对朝鲜的战争。直茂本身就是武勇之士,从前文领国所属权从龙造寺到锅岛藩的经过就可以看出,锅岛直茂甚至深得丰臣秀吉的赏识。锅岛直茂经常说:"武士道就是死狂之道,一旦成为死狂之士,即便一人也可单挑数十人。"(《闻书第一 114》)他主张武士要果断做事,最好要在七次呼吸之间想出一个主意。(《闻书第一 122》)在胜茂年幼的时候,直茂就让他拿犯人当练习对象,进行砍人训练。幼年的胜茂一口气将并排站立的十名犯人砍倒九人。看似野蛮、粗暴,但这就是战国时期理想大名的必备素质之一。胜茂待臣如子,家臣无论身份高低,其子女长到十一二岁时都会被胜茂招至身边起用,据说佐贺城中这样的人就多达七十余人。其中副嶋八右卫门直到四十二岁以及锅岛勘兵卫直到四十岁一直是"小姓"的身份。因为跟随主君时间久,对主君所思所想和江户的各项职能都烂熟于胸,胜茂就从这样的人中选拔有能力者,让他们担任"奉行"或者"家老"之职。这在官位基本实行世袭制的江户时代,无疑表现出佐贺藩不同于他藩的独特之处。事实上在父亲去世之时,其知行领地也并不是直接由其子继承,而是按照能力来衡量。所以佐贺藩的藩士从幼年时开始就为"奉公"而竭尽全力。正因为佐贺藩的家风具有如此特点,身份低微的山本常朝才把当上"家老"为主君进谏视为"奉公"之极致,并将其作为自己的目标,信奉"大器晚成"。

第二,锅岛藩主君"慈悲",臣下忠诚。

在佐贺藩,会没收犯错的家臣的领地,并判其为浪人。但是,这些浪人就如后文"夜荫之闲谈"第十五句中表现的那样,"没有掉头他顾去追随他国的人",佐贺藩"也不曾招聘他藩之人来侍奉主君;即使是贬为浪人也放置在藩内予以照顾,就连被判切腹者的子孙也被允许住在藩内",并且这些人的子孙仍然有被重新任用的机会。基于这一特点,佐贺藩的藩士们大都认为"佐贺藩是一个很难得的藩国,幸运地生于这样一个全日本都无可比拟的藩国,可以说是得偿所愿了"。佐贺藩的家臣被要求"要想着主君数代的深恩,要随时准备为主君尽忠",即便被判切腹或被判为浪人,也要把这视为身为武士者最大的荣誉,不能对主君有丝毫的怨恨,做到"君虽不君,臣不得不臣"。直茂公在对敌方面颇具经验,但对锅岛藩的武士从来不讲兵法。内田正右卫门曾说:"直茂公的军法战术,就是从不预先告知家臣,一旦有事,一言定音。"直茂之所以不对家臣讲兵法,是担心在对敌之时,他们自恃兵法,擅自行动。锅岛直茂的理念是不允许臣下在听到主君命令之时产生丝毫怀疑。他更关注的是家中之人是否上下一心,臣下是否完全听从主君命令,一旦有战事发生,是否拥有能够君臣一体,一起杀敌的精神。当江户旗本和其他大名在展示队列时,都非常注重整齐、壮观的外表,佐贺藩的队列却无法与人相比。连光茂的三女儿春子都忍不住向光茂抱怨,光茂却说:"我锅岛家臣都是谱代身份,外表虽美丑高低不一,但奉公至今,忠贞不贰。关键时刻都是肯为主君舍命的好男儿。"佐贺藩的武士都为生在此藩而倍感荣幸,他们发誓即便化为尘土也要为本藩尽力。不仅武士如此,甚至连町人百姓对锅岛藩的藩主也充满爱戴之情,比如一个老婆婆,并不认识前来烤火取暖的主君胜茂。胜茂不小心将老婆婆的米踩了,因为是要献给主君的米,还被老婆婆拿扫帚打了脚。而武士及百姓们对锅岛藩绝对忠诚和爱戴的根据,就在于各位主君的慈悲之心。正如"夜荫之闲谈"中第⑦句所表现的那样,锅岛藩"主君求贤若渴、举贤任能,家臣尽心竭力、一心为主"。关于锅岛藩各位藩主对臣下慈悲的逸事,在《叶隐》中俯拾皆是。如,锅岛直茂与夫人阳泰院,寒夜里围着被炉说话时,也会想到下人、百姓,甚至是监狱里的犯人,并立即命令各地厨房煮粥送给犯人们御寒,犯人们都流着眼泪感谢主君的恩赐(《闻书第三 3》)。主从之间心意相通,情深义厚的亲密关系跃然纸上。

锅岛直茂对一个枪手武士内藏之丞极为赞赏。内藏之丞感激主君的知遇之恩,递交了将来为主君追腹的誓约书。可是有一次,内藏之丞与百姓发生诉讼事件,直茂公并未对其特殊偏袒,结果内藏之丞输了官司。内藏之丞大怒,觉得自己被主君抛弃了,竟然向直茂要求退还誓约书。直茂感叹内藏之丞尽管武道好,却不懂世情,但仍然退还了誓约书。(《闻书第三 53》)应该说内藏之丞是典型的战国武士,坦率直爽,对主君的忠义全凭来自心底的真诚,却对治世的秩序一无所知,或者说不屑一顾。锅岛直茂依言退还誓约书时的感叹,表明身为主君对待臣下宅心仁厚的同时,也认识到在当时渐渐趋向于秩序化的社会,战国武士般单纯粗暴的行事方式已经逐渐行不通的现实。锅岛直茂对落后于时代的武士们充满同情和理解,但在时代的潮流面前也无能为力、束手无策。

齐藤用之助在战国时期曾随锅岛直茂征战沙场,并数度为主君舍命,到了和平期之后,不能适应时代的发展,连吃饭都成问题,甚至去打劫。按律他应被判死罪,但是当世主君胜茂知他是直茂非常器重的人,就去征求父亲意见。直茂听说后,流着眼泪责怪自己没有尽到主君之责,于是胜茂赦免了齐藤用之助,而齐藤用之助也在直茂去世时,毅然切腹殉主。(《闻书第三 16》)锅岛直茂对处在战争年代和和平年代的夹缝中且生活贫困的武士充满同情,而武士也感念主君的情谊,愿意用生命表达忠诚。

第一代藩主胜茂和第二代藩主光茂都讨厌进谗言之人;对曾经犯过错误的人也会加以任用;如果有人犯了死罪,光茂并不会立刻判决,而是深思熟虑,尽量从轻判处,尽量网开一面。比如,当时佐贺藩本城一带禁止烟火,从江户聘来的堀田玄春并不了解情况,一次在观月和歌会上与人闲聊,说看到水之江一带有焰火。这话恰好被光茂听到,光茂便来到他们面前提醒:"今晚的事绝不可说出去,一旦为外边知道,就要兴大狱了,从现在开始,看到了就当没看到。"当时玄春就哽咽了,请求道:"当今天下主君,我不想为任何人出仕。我不在乎禄位高低,请让我加入您的家臣中吧。"(《闻书第五 13》)存在于锅岛藩的主从关系正是战国时代的传统的、理想的主从关系,即主君"慈悲",家臣"忠节"。正因为锅岛藩各代主君充满慈悲之心,所以自然期待臣子用绝对的忠诚和绝对的服从作为交换条件,而身为臣下者,也常常自觉地为主君献身。

第三,从"武士道"到"文武两道"。

　　锅岛藩藩祖直茂就曾说过:"武士道就是对死的狂热,即'死狂'本身。一旦成为'死狂'的武士,即使一人单挑数十人,也很难被杀死。"仅有正气难成大业,要变得发狂,以"死狂"的劲头,才能成功。武士道是行动,行动时还有分别心,就会落后于人,行动时不需要考虑忠孝二字,在武士道中,只有"死狂",里面已经包含了忠孝。(《闻书第一　114》)毋庸置疑,锅岛直茂的这番话对常朝后面"武士道就是求取死亡之道"之思想的形成,带来了巨大的影响。《闻书第三　8》中记述了锅岛城重建后,胜茂陪同直茂视察之事。整个过程结束之后,直茂对身边人表示,胜茂只在敌人袭来时如何防御方面下功夫,却忽视了万不得已时切腹的场所的建设。也就是说直茂并不十分看重城池的位置、结构、合战时的布阵等,他最看重的仍然是身为武士的名誉,在关键时刻如何不受辱,是否能够从容切腹的问题;在武士们因疏于日常的武功练习,而在偶尔一次的射击训练中表现不佳时,直茂公认为武士自由散漫的根源在于组头的失职,甚至要命令组头切腹。这说明锅岛藩时刻强调武士居安思危之心的藩风。而直茂本人,在还是龙造寺隆信的家臣时就是这样一个人。在酒宴上人人欢庆的时候,只有他一人巡值,手都冻僵了,还能刀不离手,连当时的主君隆信都很感动;直茂为了及时掌握民风民情,还经常到城郭观察来往行人,看到往来者低垂眼帘看着地面走路,就感叹武士应该拥有豪迈的气概等。

　　尽管时代已渐渐从武断政治转向文治社会,但是锅岛家的主君们仍然重视武士作为战斗者的心性。甚至在违反法度和违反武士道之间,把违反武士道视为更大的过错。比如锅岛忠直在处理下人与"足轻"矛盾时的做法,就表现了这一点。当时一个下人因为对藩主胜茂的侧室无理,被"足轻"揍了一顿,下人一怒之下将"足轻"杀死了。"家老"们商议要判下人死罪。忠直却表示反对这一处理意见。他的理由是,在违背君臣之礼和违背武士道之间,应该两害相权取其轻,下人被棍棒击打,对于武士来说是坚决不能忍受的侮辱,杀死对方是完全符合武士伦理的行为,不应该立即判其死罪。(《闻书第四　14》)在现代人的伦理观中,忠直的处理方式也许有令人费解之处,参考《闻书第十　1》中武田信玄处理家臣事件的实例,也许更加清晰一些。信玄的两位家臣曾因争论而大打出手,其中一位将对手打倒,胡乱一顿殴打,最后同辈武士跑来才将二人拉开。"家老"们商议之后,决定处罚被踩踏的一方,向信玄汇报后,信玄却命令将两人都施以碟刑,理由是,身为武士,打斗不用刀剑是忘了根本,必为神佛所弃。为了警醒后来者,连拉架的人最后也被判流放。武田信玄毕竟是战国时期的武将,对于战国时期的武士来说，死亡总是与日常生活如影随形，它什么时候、以怎样的形式显现，都无法预测。武士只能从正面接受这一残酷的命运，而生机往往被决死一方所把握，所以战国武士推崇自绝后路式的背水一战，如果违背了向死亡突进的姿态，就是违背了武士道。因此，武田信玄说不用刀剑而进行打斗的武士，是忘记了根本，要处以极刑。从锅岛忠直处理下人事件的方式中可以看出，他承袭了战国武士之风。其实，从当时的时代背景来看，毕竟已经进入了和平年代，无论是幕府也好还是各藩也好，都是极其注重秩序和礼仪的，但是忠直仍然坚持认为，下人对袭击予以及时抵抗的行为是符合武士道的，因而不应该被处以死刑。可以看出忠直在法律与武士道之间，更倾向于重视武士道的态度。

　　另外，发生在元禄十三年（1700年）的"长崎喧哗事件"，从佐贺藩的武士参与喧哗的态度，以及过后佐贺藩对参与事件的武士的处置（具体参见第三章第三节中"长崎喧哗事件"相关段落），也可以看出佐贺藩士在家风的影响下，重视武士道胜于法度的倾向。与山本常朝基本处于同时代的大道寺友山，在《武道初心集》中也将治世中的武士定位为"奉公之人"，他说："尽管如此（尽管武士是'奉公'之人——笔者注），武士原本是战时的战斗者。"[1]一语道出处于时代过渡期的武士所兼具的"平时的奉公人"和"战时的战斗者"的矛盾特征。在这个时期，如果武士只注意彰显战斗者的一面，就会无法避免对社会秩序造成侵犯；只强调作为"奉公人"的特征，又免不了对武者的气质产生影响，从而很难维持武士作为四民之首的威严。这种状况，是当时整个江户幕府面临的现实，即便佐贺藩一向以武勇之风著称，但也不得不开始顺应时代之风，重视文治社会下的秩序及法律的尊严，这从"家老"们通过合议的方式处理下人的问题，以及向忠直提出将下人处斩的提案也可窥见一斑，但是怎奈在十五岁的忠直的心中，仍然存在着对武士独有的传统"意气"的向往。

　　但是，个人毕竟无法阻止历史前进的脚步，一味地耽溺于过去之风已经不合时宜，在江户城长大的后世主君不可能与草创锅岛藩的藩祖秉承完全相同的家风。在以武勇为核心的武士道被极端重视的同时，第二代藩主锅岛光茂本人也曾热衷于歌道，"家老"们数次劝阻无果。胜茂听说后大怒，命令将所有歌书

---

① 转引自小池喜明『葉隠　武士と「奉公」』（講談社、1999 年）189 ページ。原文是「然りといへども武士はもと変の役人なり」。

烧毁,并将光茂身边的两位"家老"免职。此后,光茂对和歌的热情似乎冷却了,但几年后,又似幡然醒悟:祖父之所以担忧,是因为自己耽于歌道而忽略了政治,如果将政治置于首位,闲暇时再来从事歌道,即便祖父尚健在,也不会反对的。于是光茂提出了自己的主张:如果身处乱世,自己也必将建立不逊于祖先们的功勋;而自己如今身处和平之世的武家,只能通过穷究歌学奥义才能留名于世。(《闻书第五 19》)从中可见,到了光茂时代,已经有了"文武两道"的意识和追求,甚至已经明确了文胜于武的想法。光茂喜欢和歌,但绝不是单纯以玩乐之心对待歌道,他追求的是歌道的极致,是对和平之世武家人生的一种颠覆和挑战,所以,他不惜终其一生也要穷极《古今传授》的奥义。

从锅岛藩藩祖直茂、第一代藩主胜茂到光茂之父忠直,再到光茂,然后到锅岛藩武士的逸事传闻,从中可以看出锅岛家风随着时代的变化而变化的自然趋势,其中的精神伦理绝对不是一成不变、始终如一的,而是存在着动态的、适应历史的微妙变化的。若说其中一以贯之的,就是锅岛家武士无论在忠诚、武勇还是慈悲方面,都坚持对于纯粹与极致的追求。山本常朝在《叶隐》中提出的四誓愿,以及充溢于其中的对于"极端"的狂热,也可以说成是锅岛藩家风的体现。

第三节 《叶隐》之篇章结构及主要内容

《叶隐》以分项记录的形式构成,共一千三百多项,分十一章,其篇章分配具体如下:

序文 夜荫之闲谈 一般认为是由山本常朝直接执笔的部分。

闻书第一至第二 被认为是田代阵基从山本常朝那里直接听到并整理出来的教训及传闻轶事。

闻书第三 主要记录锅岛家佐贺藩祖直茂的事迹。

闻书第四 主要记录锅岛家初代藩主胜茂及其嫡男忠直的事迹。

闻书第五 记录二代藩主光茂、三代藩主纲茂以及光茂之女的事迹。

闻书第六至第九 记录佐贺藩士的言行及轶闻传说。

闻书第十　　　　记录佐贺藩以外的藩士的言行及轶闻传说。

闻书第十一　　　补遗。

山本常朝的根本思想可以通过"夜荫之闲谈"管窥一见,其重视藩国的态度以及著《叶隐》的动机和目的在"夜荫之闲谈"中可谓一目了然。鉴于此,笔者将"夜荫之闲谈"以分条记录的方式整理并分析如下。

一、夜荫之闲谈

①作为锅岛藩的家臣,有义务了解"国学",要将先祖的劳苦奋斗和慈悲胸怀牢记于心,近来却有日渐被忽略轻视之势。

②龙造寺家兼公①兼具武勇与仁心;清久公②善根深厚,诚心正意;隆信公③、直茂公奇峰后起,威力勃发。正是他们成就了我藩的鸿运长久以及盖世无双的武家传统。

③当世之人却将这一切抛之脑后,一味尊奉别处神佛,实属不可理喻。

④无论释迦、孔子,还是楠木正成、武田信玄,即便多么卓尔不群,毕竟不是我藩之人,因此未必合我家风。无论战时还是平时,无论身份高低贵贱,身为我藩藩士,只要崇奉先祖,并严守其遗训即可。我藩藩士不应倾心他藩学问,最重要的是专心我藩历史与传统。

⑤现在若被他藩之人问到龙造寺·锅岛藩之来由以及龙造寺之领地变为锅岛藩领地之经过或者以九州武勇之家著称的龙造寺·锅岛藩所建立的武功等,那些不知我藩传统及历史之人恐怕一句也回答不上吧。

⑥家臣之本分就是努力贯彻执行所担当的职务工作。可多数武士对自己的职务漠不关心,转而关注诸如和歌、茶道等附庸风雅之事。这是大错而特错。

⑦直茂公和胜茂公是奉守家职的典范。那个时代的家臣们也都忠于职守。

---

① 家兼公(1454—1552),日本战国时代为佐贺龙造寺家打下一片天地的武将,水之江龙造寺第二代,隆信的曾祖父。剃发后称刚忠。曾与丰后的大友氏、山口的大内氏竞霸,立无数战功,广传"肥前武士"武勇之名。专心于佛道,度三十余年,读《法华经》一万部,经营盛大的法事,为敌人将领的首级供奉祭祀品、举行诚恳的葬礼等。其行为被传为美谈。

② 清久公(1468—1552),直茂的祖父,曾以乡士(农村的土著武士或享受武士待遇的土著农民)的身份帮助家兼,笃信佛教。

③ 隆信公(1529—1585),平定周边诸侯,奠定了佐贺藩的根基,天正十二年(1584年)战死。

正所谓主君求贤若渴、举贤任能,家臣尽心竭力、一心为主。唯有上下心志相通、情谊牢固,才能使藩国坚如磐石,充满生气。

⑧直茂公的辛劳非笔墨能尽。浴血奋战,常怀切腹之念,置生死于外,终以其强盛的运势确保我藩之安泰。

⑨胜茂公也曾险些被置于切腹之困境,对初代藩主之地位深感疲累。举凡弓箭之事、家臣管理、藩国治道理财之事,无不躬身亲为,终成其对神佛所发愿心。胜茂公常说:"对直茂公所创家业,丝毫不能疏忽大意,要传至子子孙孙。"遂埋首纸屑,整理本藩历史。代代相传的贵重文献中有《视听觉知抄》《先考三以记》等,是迄今为止面授口诀的相关道德规范等的集大成。还有被称为《御鸟之子帐》的藩法集,记录了对藩邦家臣的统治及其组织形式、对幕府的公务关系及藩内一切杂务的运营方式,甚至细致到根据心得为各种职能制定细则,这是为我们藩国留下的备忘录。再也没有比这更辛苦的事了,然而正是由于这一传统,我武家才能安泰长久。

⑩希望如今的殿上(锅岛藩四代藩主吉茂)能够念及直茂公、胜茂公的辛勤和劳苦,从头到尾御驾浏览这些文卷并能够充分理解才好。

⑪殿上自出世以来,一直就被人过多地关照和纵容,未曾尝过辛苦,加上对我藩历史及传统不甚了解,一贯任性而为,没有充分尽职尽责,况且近年来新鲜事物层出不穷,我藩体制也渐趋衰落。

⑫这样的时候,那些善要小聪明的人却开始走运了。他们甚至连世间的事是怎么回事都不知道,就开始炫耀小才能,整日琢磨新名堂,讨好殿上,把一切都搞砸了。看看眼前的例子,诸如:锅岛本藩与小城、鹿岛、莲池等三支藩的不睦;重新制定的仅次于"家老"之下的"着座"①家格制度,使实权转移到这一批新贵手上;招聘了许多他国武士,在预备役藩士中设置组头,频繁调换驻防地;设立与"家老"同格的"御亲戚家老";连胜茂公的行宫向阳轩都遭到破坏,老规矩被改制,甚至设立"独礼"②之家格,另建豪华别墅等,滥用藩费,浪费极大。如此种种,不一而足。他们与藩主易代之时,为自己打算,一味增添新玩意儿,结果

---

① 光茂主政后,重新制定胜茂时代留下来的"家老"座次,确定在藩政厅议事的权力等级,"着座"位于"家老"之下。起初,他们只能提出武家誓词,参与藩政秘事。后来渐渐掌握实权,人数代有变化,后演变为十八家构成,形成佐贺藩的等级秩序:"三家""亲戚""亲戚同格""连判家老""家判家老""着座""独礼""平侍""手明抢""徒士""足轻"等。

② 江户时代寺格制度中有"独礼"之格,即谒见将军时一对一的形式。

均以失败告终。

⑬尽管如此,先祖们打下的基础毕竟是牢固的,不会因为些许的失败就从根本上发生动摇。哪怕不是很充分,只要上下一心固守直茂公、胜茂公的遗训,我藩就会得以和平与强大。

⑭我藩历代藩主中无恶人也无愚钝之人,即便在全日本的大名当中也是声名显赫。如此神乎其神之武家,想必是先祖们的诚心打动了神佛,而受到格外庇护的原因吧。

⑮另外,在侍奉藩主的武士当中,没有掉头他顾去追随他国的人;我藩也不曾招聘他藩之人来侍奉主君;即使是贬为浪人也放置在藩内予以照顾,就连被判切腹者的子孙也被允许住在藩内。能够生在主从关系如此亲密的藩地,不要说家臣们了,就连町人百姓代代承受的深恩也是无法言表的。

⑯感念主恩,就会在心中产生无论如何都要报恩的觉悟。如承蒙眷顾,有幸能在主君近侧做一名仆役,就更要忘我奉公。即便被贬为浪人,被命切腹,也只考虑奉公一件事。哪怕在深山,在地下,哪怕是生哪怕是死,都要为主家献身。这才是锅岛藩士的觉悟法门,应该入骨而化为骨髓。

⑰跟我这个出家之身可能并不相符,我确实从来没有祈望过成佛。如果没有"七生以报国"之大志无以成大事。没有哪怕一人也要保藩国安泰的决心,所有的修行都不会成正果。

⑱也有三分钟热血之人。如欲防冷,我有我的办法,就是下面这四誓愿:

奉武士道者不可落于人后;

为主君服务;

孝敬父母;

发起慈悲心,一切为人。

此四誓愿,若每天早上向神佛祈祷,就绝不会冷却。要像尺蠖那样,一点点地进取。别说是武士,就连神佛,在修行之初,也要立誓。

二、对"夜荫之闲谈"的分析

为了进一步明确《叶隐》的根本思想,笔者将利用这一段落对"夜荫之闲谈"的内容进行简要分析。①与②提倡锅岛藩士所应具备的觉悟是了解"国学"。而这里所说的"国学",如前所述,并非指对儒教、佛教传入之前日本所固有的文化及精神(尤其以《古事记》《日本书纪》《万叶集》等古典文献学的研究为基础)

的研究,而是指锅岛藩的传统及历史,尤其是龙造寺之领地变为锅岛领地的过程。简而言之,就是龙造寺刚忠公的仁心和武勇,利叟公的善根和诚心。刚忠就是龙造寺家兼公,隆信的曾祖父,水之江龙造寺二世,战国时代为佐贺龙造寺创下家业之人。利叟公即是锅岛清久公、锅岛藩祖直茂的祖父。③⑤⑥是山本常朝对近来家臣忘记本分,舍本逐末之现象的感叹。④再次强调国学之重要,甚至连释迦、孔子、楠木正成、武田信玄这些被尊为圣贤之人也不放在眼中。原因只是他们并非本藩之人。此言论令人不免怀疑山本常朝的思想当中有"本藩中心主义"的要素。但事实证明似乎并非如此。《叶隐》中对他藩藩士常出溢美之词,就是明证。⑦⑧⑨重提锅岛藩祖及初代藩主的光辉业绩,并对当时的家风予以缅怀。⑩⑪⑫话锋一转,将对武士不满的目光转向御上(即当今四代藩主吉茂),表明了对藩主的期待,并表现了对一系列新政不满的情绪,以及对藩主左近尽是谄媚之人状况的批判。关于这一点,在《叶隐》正文中有更详细的描述:

　　五六十年前的武士,每天早晨都要清身整发,沐浴熏香,修剪指甲并涂色磨光,在休整仪表方面从不懈怠。对自己的武具更是爱护有加,勤拂拭,勤打磨。诚然,对自己的穿着打扮格外用心不免有过分修饰崇尚风流之嫌,但如此是一种觉悟的体现:如果没有枕戈待旦,随时赴死的良好心态,大敌当前惊慌失措,甚至会死得邋遢难看。那时就会被人怀疑平日的觉悟,也会遭受敌人的蔑视与轻贱。因此,那时不管是老人也好,年轻人也好,都很注重自己的仪表。这的确麻烦,也的确花时间,但武士的工作即是如此。除此之外再没有什么更需花费时间的事情了。

　　将讨死之觉悟贯彻始终,以必死之心勤于奉公及武道,就不会招致耻辱。若不以此为然,随心所欲,任性度日,便极易受辱。而又不以此为耻,只要自己开心不管别人死活的度日方式,真是令人遗憾万千。平素没有随时赴死之觉悟之人,一旦遭遇死亡,也必定表现糟糕。而平素便有死之觉悟之人,临死必不会有卑贱之举。

　　从三十几年前,社会风气就开始转变,年轻的武士们聚在一起时谈论的都是金钱、利益、家计、衣裳、色情等。据说,如果没有这些话题大家就提不起兴趣,真是低俗无聊的风气啊。过去,从二十岁到三十岁的人,皆素心本色,因为心底无私,自然谈吐不俗。偶有年长之人话语中无意连带出来,也会马上意识到自己的失言。如今世风如此,大概是因为人们开始变得张扬,太过看重生活了吧。只要不过分企望与自己地位不相称的奢侈,生活总能过得下去。现如今的年轻人将节俭视为擅长家计,这显然是浅薄之见。吝啬之人常欠缺义理;而欠缺义理之人则是卑劣之人。(《闻书第一　63》)

通过这段话,可以看出,山本常朝认为,古时的武士正因为常有枕戈待旦、随时赴死的觉悟,才能珍惜每一天。而近年来,世风已经大变,武士们开始对无聊、低俗的事情感兴趣。但是幸运的是,正如⑬⑭中表述的那样,锅岛藩历代藩主都拥有彪炳百代之人格,并创下了根基牢固的家业,即便遭遇士风偶然的改变,锅岛藩也不会从根本上产生动摇。作为佐贺藩的原武士,山本常朝对本藩充满信心。但即便如此,当他看到武士之风日渐衰退的气象,仍然免不了痛心。在《叶隐》第十一卷的最后一节,可以再次感受到书中的批判气息。这段表述如下:

治理国家,是我无论如何也做不到的,是极其了不起的大事。如今,天下的老中正当政的家老、年寄的工作也不是在这庵里能够讲述的。如此才是巧妙的治理吧。但尽管如此,对当今的家老、年寄等人有时不免感到担心。那是因为他们不懂我藩历史及传统,分不清是非邪正,将天生的一点智慧当依靠,对所有事情都心怀忐忑,只会曲意逢迎,自然就会产生自大自满之情绪,从而堕入私利私欲。(《闻书第十一　169》)

在这段阐释中,山本常朝不仅对身居佐贺藩政之职的"家老""年寄"颇有微词,甚至对当时的中央政府,即江户幕府的"老中"们的政治态度也做出了痛切的批判。在当时相对和平的时代,不仅仅是佐贺藩,全国上下都面临着极其严峻的现实,那就是士风的不断低俗化。而那些身居要政之人,对于日本国,对于佐贺藩的历史普遍缺乏一种探求的精神,政治上更是没有明确的导向。这对于山本常朝来说是绝对无法容忍的现象,他期待建立一种新的主从关系,代替当时已经完全形骸化了的主从关系。于是,面对田代阵基,他开始了他的讲述

过程,《叶隐》从而诞生。当然,山本常朝也并非完全是昨非今,在《闻书第二 18》中,他说道:

> 时代之风是很难轻易改变的。一旦渐渐滑向低俗,便是末世来临之征兆。正如一年之中不只有春,有夏,一日之内亦是如此。因此即便想把今日之时代改变为过去之风潮也必将枉然。既然如此,将每个时代引入正途才至关重要。一味怀恋旧时风气,其错就错在不合当代之节拍。而那些完全是今非昨之人,又必然是不懂事物的根节与末叶之分了。

山本常朝完全明白每个时代有每个时代的风气的道理,并把它视如一年之内的四季交替般正常,他认为接受改变并重视改变才是上策。但是在变化之中,为了达到巩固并持续保持藩国安定繁荣的目的,山本常朝提出创业的精神,以及古时武士悲壮之觉悟都是不可或缺的精神。其进一步强调,在如此精神的指引下,顺应时势,并将其具体化才是根本所在。

⑮⑯进一步阐述了龙造寺·锅岛藩持续至今的理由——凡是锅岛藩的武士,不管是浪人还是被判为切腹者的子孙,都被允许住在藩内,享受主君俸禄,如此,大家才能感念主君深恩,无私"奉公"。这种"不管身在深山,还是身在地下,不管生还是死,都为主家献身"的觉悟,才是锅岛藩士真正的精神底色,同时也正是山本常朝本人心中理想的武士形象。在⑰中,山本常朝对自己的忠心予以表白。尽管与当下的出家之身不相符,自己却从未祈愿过要成佛,要七生报国,愿永远以锅岛藩武士的身份轮回转世。如此挂心主君之家的山本常朝,却终归没能达成自己的理想,没有成为主君身边的拥有进谏权力的"家老",也因为当时法令的存在不得不放下为主君殉死的愿念,最后采取出家为僧的方式实现其"七生报国"的理想。

⑱是《叶隐》提出的四誓愿。现有的前人研究基本一致认为,《叶隐》一千三百多项的内容及其根本思想,都可以囊括在这四誓愿当中。事实上,因为"武士不得落于人后;为主君服务;孝敬父母;拥有慈悲心,为人服务"这四个誓愿始终贯穿《叶隐》各部分,确实可以把它们定为《叶隐》的精神基调。但是,《叶隐》的成名及其重要影响的产生,并不是源于这四个誓愿,而是人们所解读出来的思想。为实现这四个誓愿,《叶隐》要求的具体做法如下:一是武士道即是死之道,二是对主君绝对忠诚。解读者认为山本常朝的想法可以归纳为:武士不得落于

人后表现在显武勇于天下,而最能彰显武勇的行为无疑就是在面临生死抉择时舍生赴死;为主君服务意味着处在"家老"的位置上,向主君进谏,以辅国政;孝从属于忠,忠孝一致;发起慈悲心,一切为人被解读成将所有人培育成对主君有用的人。但是,笔者也注意到一点,那就是有关"慈悲"的阐释,似乎并不能简单地归结成"为主君服务的一个前提条件"。在武士伦理意识中的慈悲,主要包含主君对臣下的关爱、同情、怜悯等感情。为上者应该慈悲,设身处地为家臣利益着想,理解家臣精神和物质上的需求,即对名誉和封赏的追求。慈悲是主君对家臣在道义上的承诺,家臣在希望主君给予自己物质恩典的同时,也期待能获得来自主君对自身人格的肯定,于是慈悲就成为对主君道德的重要期待。

在战国武士道的谱系当中,武士们以战斗为自身的任务,他们在豁出性命的战斗行为中,建立起了尊重主体感情洁癖的道德意识。他们必须常常意识到在战场上死的情况存在,所以理所当然地最尊崇"武勇",而"胆怯"、流于"伶俐"等就都相应地被否定为武士的"耻辱"。战国武士的这种道德意识,反映在一直以来以领地为媒介的因双方契约关系而成立的主仆关系之中,就成为以"慈悲"和"献身"为主要内容的情谊式的君臣关系。事实上,除此含义之外,笔者认为山本常朝在《叶隐》当中,对"慈悲"另有阐释,尽管从"慈悲"的字面意思出发,能够看到山本常朝对旧时君臣情谊或者说对旧时武士道的憧憬,但是除此之外,山本常朝也为这两个字赋予了哲思之辨,值得思考。关于这一点,笔者将在后文另辟章节详述。

迄今为止,多数研究者都把《叶隐》的根本思想,即《叶隐》的武士道,概括为两大主线:一是武士的自主性。具体说来就是把武士不得落于人后看作对武士的自我伦理和武士审美观的强调,把保持自主性、为名誉而生存视为武士所必须遵循的原则和一种个性的伸张。二是献身和忠诚。因为把孝敬父母、慈悲和为人服务都看作为主君服务的条件,为主君献身和忠诚便自然而然地成为《叶隐》的另一大主线。因此,《叶隐》的根本思想基本被概括为"名誉"与"忠诚"两大主旨。研究者们一般认为,如何将名誉与忠诚这看起来矛盾的两者统一起来,是《叶隐》的口述者山本常朝花费毕生时间思考和力求解决的问题,对当时的武士们来说也是极大的考验和艰难的课题。武士一方面是作为个体而存在的人,另一方面又是存在于关系——对于武士来说最重要的就是君臣关系——之中的人,追求名誉是对前者的彰显,表达忠诚是对后者的体现,两者又时时充满矛盾。山本常朝经过深思熟虑,最后得出对主君的忠诚莫过于向主君进谏这一结论。如果幸遇明君圣主,通过进谏既可以做到对主君尽忠,也可以做到忠实于自己,"作为臣下的武士"与"作为个体存在的武士"可以达到统一;如果不幸遇上不肯纳谏的暴君,最后也只能选择服从,"作为个体存在的武士"就被"作为臣下的武士"所抹杀。对于这一点,有学者认为,"进谏"这一行为本身,一定包含着臣下自己的思考,这种思考有时与主君的想法甚至是完全相悖的,所以可以表明武士对于主君的忠诚并不是"无我"的,至少在进谏的过程中他们是作为拥有自主性的独立的人而存在的。而从"最后只能服从主君"这一结果来看,武士们尽管经过了一番个人的努力,但最终还是失去了独立自主的人格。于是武士的"作为独立个性的人"而存在的人格与"作为臣下必须对主君尽忠的人"的人格能否得以统一,似乎完全取决于武士所遇到的主君是明君还是昏君了,武士始终无法掌握自己的命运,一切皆处在被动的服从当中。因为这一点,有学者批判《叶隐》只是说空话而已,并不值得予以高度评价。①但是笔者认为,并不能单纯地以某种结果为标准,对武士及对《叶隐》的武士道下定论。任何人都处在关系之中,处理自我与他者的关系问题,不仅仅是日本封建时代武士的问题,也有自古以来全世界所有人的问题,生命的过程本就充满矛盾,活着就是解决矛盾的过程。《叶隐》中存在多处看似前后矛盾的论调,无疑表现出了山本常朝自身及同时代武士所遭遇的矛盾,同时也表现出了他们在矛盾中的挣扎,对主君不得不最终服从是他们解决矛盾的一种方式和选择,只能说这是在当时特殊时代背景下的必然。如果忽视时空的差异,必然导致多数人对《叶隐》的误读;如果不加以区别对待,缺少理性判断,也难以避免《叶隐》被别有用心之人利用的命运。"二战"中,《叶隐》成为盲目奔赴侵略战场的日本士兵必读之书的事实,便是它被军国主义分子利用的明证。因此,如何保持清醒的头脑,避免盲目的从众心理,对《叶隐》的精神和思想加以客观的阐释,还原《叶隐》的武士道,进而还原日本历史上武士道的本来面目,就变得极其重要。本着行文方便的原则,也因为生死观和忠诚观历来是武士道中不可回避的、最重要的道德伦理规范,笔者在后文对《叶隐》武士道的考察也拟从这两个角度切入。

---

① 持此观点的研究者有吉田松阴、山本博文等。

第三章

从《叶隐》看武士道的生死观

　　《叶隐》成书于相对和平的江户时代。其时,作为战斗员的武士已经失去了存在的依据,他们摇身一变,成为和平年代的"公务员"。当时等级制度森严,正如朱子学者雨森芳洲所说,"人分四等。曰:士、农、工、商。士以上者劳心,农以下者劳力。劳心者居上,劳力者居下。劳心者心宽志大而虑远。农以下者劳力且仅求自保而已。此秩序如颠倒,小则天下不平,大则天下纷乱"[1]。士、农、工、商各司其职、各安其位,武士居于最上位,属于劳心者。但是因为幕府的兵农分离政策,他们没有土地,不再是生产者,而成为单纯的消费者。雨森芳洲的这段话,在儒学思想中为武士作为统治阶级的存在找出了理论根据;山鹿素行也为此时幕藩体制下的武士描绘了一种崭新的行为规范,即"提高作为武士者的觉悟,明确自身的意志,涵养德行,磨炼才能,经常反省德行的善恶,匡正威仪,谨慎日常行为"[2],明确了武士作为四民典范的任务。但是这些终归只存在于观念之中,是要通过儒教思想将武士道纯化的理想。随着时代变换,尤其是商品经济的快速发展,世风日下、武士伦理规范日渐崩坏已经成为不可阻止的事实。这些现实令山本常朝痛心不已,他感叹时局,怀念旧时武士之风,期待回归战国时代那般的武士精神。尽管不同的时代与背景造就不同的人物,不同的政治与文化需要不同的伦理观与道德观,在山本常朝内心深处却有一种执拗,那是"不管时代如何变换,有一些精神与传统势必传承"的执拗。山本常朝的思想始终游走在战争年代与和平年代之间,说服自己承认并接受从战斗员到公务员这一武士职能的客观转变,努力在两个时代的武士道德与伦理之间寻找偏离点及重合点。不管是刀尖舔血的战乱年代,还是可以颐养天年的和平年代,生与死的

---

① 雨森芳洲『橘窓茶話』(『日本倫理条编』第七卷　上、320ページ)。
② 山鹿素行『山鹿語類　卷二十一』(『日本倫理条编』第四卷)。

问题都同样不可能避免。

　　自古以来,无人不感叹个人生命之短暂,无人不企盼个体生命能够"生如夏花之绚烂,死如秋叶之静美"。从"人"的角度来讲,武士自然也不例外。中国的儒家思想重生轻死,孔子说"未知生,焉知死"。但是《叶隐》当中,开篇便谈"死",全书中与死相关的条目更是甚多。山本常朝主张:"于生死两难之际,要当机立断,毫不犹豫地选择死。没有什么大道理可言,此乃一念觉悟而勇往直前。"他还主张:"每朝每夕,一再思死念死,做到常把死放在心头,武士道才能真正获得自由,一生不会失败,才能够真正恪尽职守。"他仿佛是把如何理解"死"的问题作为一个最为核心的问题。"武士道就是凝视死亡之道",初读《叶隐》,这些字句总会给人一种异样与疯狂的感觉;再读《叶隐》,会看到存在于讲述者内心当中的矛盾与挣扎;而反复阅读《叶隐》,却能从决然当中领悟到一种纯粹与超然。《叶隐》当中的"死",究竟是怎样的"死",映衬出的又是武士道中怎样的生死观呢?

第一节　向死而生

一、"武士道就是凝视死亡之道"

　　所谓武士道,就是凝视死亡之道。于生死两难之际,要当机立断,毫不犹豫地选择死。没有什么大道理可言,此乃一念觉悟而勇往直前。通常说的"无目标的死,毫无意义,似犬死",以此来说教,乃是上方风(与田舍纯朴风尚不同,指大阪、江户等地的浮华风——笔者译)的轻薄武士道。生死两难时,人哪里知道能否按原定的目标去死?以目标来考量生死,就会以死了不值来解脱自己,从此变得怕死。"人,谁不渴望生?但要生得符合道理,如离开目标而死,那就是窝囊废。"此话看似有理,紧紧抱住目的,可每当临死之际,目标反而会迷失,因此,抱着目标的人是靠不住的。死就是死,勿为目标所制,若离开目标而死,或许死得没有价值,是犬死或狂死,但不可耻。死就是目的,这才是武士道中最重要的。每朝每夕,一再思死、念死、决死,做到常把死放在心头,武士道才能真正获得自由,一生不会失败,才能够真正恪尽

职守。(《闻书第一　2》)

　　以上所引,是「武士道とは死ぬことと見つけたり」这一句众人皆知的狂语所存在的完整段落。迄今为止,对于这一句的译文有很多种,如"武士道就是死""武士道就是看到死""武士道就是看透死""武士道就是发现了死""武士道,乃求取死若归途之道"等,不胜枚举。但不论是哪一种译法,对于每一个乐生恶死的普通的中国人来说,似乎都难以接受和难以理解。第一次读这段话的人,大多会感到充斥其中的疯狂,也大多会不可避免地受到强大的震撼。在山本常朝心里并不存在没有意义的死和没有价值的死,也不存在别人眼中所谓的"犬死"。他认为一切"死"都是正确的、高尚的,都是值得推崇和赞扬的。其中的疯狂,难免为断章取义者所误解,也难免为别有用心者所利用。那些神风特攻队的年轻队员人手一册《叶隐》,高喊着"武士道就是死",踏上了毫无意义的赴死之途。这些事实就是《叶隐》曾被军国主义分子利用过的明证。因此,"二战"以后,相当长一段时间,这种"以死来寻求并获取精神的绝对意志"的形象,使得日本人的武士道在世人心目中只残留下一把滴血的武士刀。可是,山本常朝在讲出这句话的最初用意真的是要每个人不惜一切代价达到"死"的目的吗? 只要认真研读这一段,就可以发现,山本常朝的真意与此段的表面意义正好相反。确实,从山本常朝的这一段话里,看不到"武士道就是战斗",也看不到"武士道就是胜利"的字句,整体给人的印象就是"武士道就是死"。虽说武士从诞生之初便具有的武装集团的性质已经注定了"死"存在于武士生活中的各个角落,以及"死"与他们如影随形的必然性,但这并不代表武士面临战斗时就一定以死和以被杀为目标。武士之间的决斗,被杀就意味着失败,山本常朝并不鼓励武士的失败,正如西村道一曾经指出的那样,"为败而战这一说法本身,实则是对战斗的否定"①。山本常朝从不否定战斗,他要武士们随时准备战斗,并以一颗平常心看待战斗中随时随地可能出现的死亡,接受它而不是惧怕它。这些疯狂的表述背后,实则是山本常朝对在对待惨烈的战斗和死亡之时该有的心态的一种提倡,那是一种疯狂而决绝、宁静而超然的心态。

　　《叶隐》中的死,是向死的生,它是手段而非目的,是过程而非结局。所以,笔者更愿意把开头为人熟知的一句「武士道とは死ぬことと見つけたり」,译成

① 佐藤正英、野崎守英『「葉隠」と死』(ぺりかん社、1983 年)。

"武士道就是凝视死亡之道"。"凝视"这一词语中,有冷静,有看透,有认可,有接受,一个人如果连死亡都可以淡然面对,那他还有什么惧怕与担忧的呢? 这与古罗马时代的政治家、斯多葛派哲学家塞涅卡(前4—65年)所说的"一个人必须不断地想到死"有异曲同工之妙,其中包含的意思是:人是脆弱的,生命是短暂的,只有那些认识到"只有在死的条件下才能够得到永恒的生"这个真理的人才能活得从容长久。

二、"死狂之气"

具体来说,山本常朝这段关于"死亡"的表述,从意思上来讲大体可以分为前后两段。从"于生死两难之际"到"死就是目的,这才是武士道中最重要的"是前半段,"每朝每夕"以下是后半段。前半段的意思是说,当一个人处于生死关头的境地时,通常都会选择生,并且为之寻找合理的借口。对于此种人之常情,本居宣长也曾有过如下描述:"武士赴战场时,勇敢捐躯,述其事,闻之无不称为勇者。然而不掩盖其时真实心情而述之,思念家乡父母,欲见妻子儿女,希生命尚在,皆人情所必有,谁都起此情,无此情不如木石也。"人非草木,孰能无情。即便勇敢如武士者,也"希生命尚在",但与常人不同的是,在关键时刻,武士必须抛弃对生的执念,抛却理性,抛却分别心,义无反顾地杀身成仁。因为寻找"理"就会违背"道"(《闻书第一 198》)。那么何为"理",何为"道"呢? 从年轻时候起,就经常拜访湛然和尚的山本常朝,其字里行间都流露着佛学与禅学的影响。世界禅学权威、日本著名禅宗研究者与思想家铃木大拙(1870—1966),曾在《悟性的提升》中提到这样一个公案:

> 唐代的京兆兴善寺的惟宽禅师,有一次被一个和尚问道:"什么是道?"禅师回答:"就在你前面。""为什么我看不到?"禅师说:"因为你有一个'我',所以你看不到。只要仍旧有'你'和'我',就有着相互的限制,就不可能有真'见'。"[①]

笔者认为,这里的真"见",就是最终的真理,就是"道"。要达到最终的真理,要悟道,就要抛弃"我"。因为一旦有"我",则必然会产生"非我"等于"你"想

---

① 铃木大拙著,孟祥森译:《悟性的提升》,上海三联书店2013年版。

法,必然会相应地陷入"你"与"我"的分别之中。在佛教哲学中,"分别"相当于智性或逻辑推论,"我"与"非我"即"与你"的对立,是来自人们对最终的真理之无知,"我"与"你"的相互限制是因为放弃了最直观与最直接的感受,于不知不觉中陷入了太多的理性思考,而理性恰恰是对真"见"的妨碍,是通往最终真理的"拦路虎"。理性,同时也被看作把对生命的执着正当化的一种手段,而对生命太执着的行为非但不符合武士的身份,甚至可以说是身为武士者最为致命的失职。如果生意味着耻辱,而死意味着避免遭受耻辱的话,那么武士在生死之际就应该毫不犹豫地选择死。正如孟子所言:"生亦我所欲,所欲有甚于生者,故不为苟得也;死亦我所恶,所恶有甚于死者,故患有所不避。如使人之所欲莫甚于生,则凡可以得生者何不用也?使人之所恶莫甚于死者,则凡可以避患者何不为也?由是则生而又不用也,由是则可以避患而又不为也。是故所欲有甚于生者,所恶有甚于死者。"这是孟子在追问,如果人心里没有比生命更看重的东西,那么凡是可以保全生命的手段,都是可用的;同样的,如果人们认为所厌恶的事情没有超越死亡的,那么任何能够用来逃避灾祸的坏事,都可以干。生存的理念固然必要,但追求的时候人们也会有所禁忌;躲避灾祸的想法固然合理,但这不是做人做事唯一要考虑的。所以总有比生死更为重要的事。而这样的理念"非独贤者有是心也,人皆有之,贤者能勿丧耳"。作为四民之首的武士,自然要树立伦理典范。在山本常朝那里,生与死不是对立的,而是相辅相成的存在。以分别心去看世界,就会被席卷和裹挟在生死旋涡中,而只要仍旧在这旋涡中,就不会有超越和解脱。山本常朝提倡抛却"分别",抛却理性,于生死两难之际选择死,不去思考是否是"犬死",只要带着纯粹的动机行动就好。这种"死狂"精神,不是对死的执着与迷恋,也不是非理性的单纯"求死",其背后隐含着战胜自我、超越自我的内涵。这正如《叶隐》在讲述"胜利"时所表现的那样:"所谓'胜利'就是战胜同伴。战胜同伴就是战胜自我。战胜自我,就是努力战胜自己的身体。如果不能锻炼自己的身心,真正拥有同伴即便数万却无人及我的觉悟的话,就无从战胜敌人。"(《闻书第七 1》)"战胜同伴就是用心战胜自我",这里已经消除了"同伴"与"我"的分别,强调战胜同伴即是战胜自我。战胜自己身体的最大极限就是舍弃对生的留恋,战胜对死亡的恐惧。一切有形的物体都会消亡,所有生命最终也会归于沉寂,消散于尘土。死亡是终结,对于个体来说,一切东西都会随着死亡而丧失全部意义,死亡是使人的全部生活成为不可能的可能性。也就是说,死亡使人的生活终结了,人不能再自主地有意识地继续生活,这是每个人或迟或早,都必然会遇到的事。但是"我们人,都喜欢生",随着对死亡的可能性的发现和感知,相伴而来的是对死亡的恐惧,而克服恐惧的唯一途径就是担当起死亡存在这一本质事实。按照海德格尔的看法,当面对死亡时,真实的自我才会显露出来。对死亡的承担就是把死亡这一最终极的可能性担当起来,面对着死亡凭自己的良心去选择自己,筹划自己,挖掘自己的一切可能性。唯有正视死亡这种可能性,并把它担当起来,才有可能展开本真的生活。所以,尽管死亡带来的是终极的否定,但人并不会因此而放弃生的权利。这种生,不是每天都满怀绝望地猜测既是必然又是偶然之死的到来,而是懂得既然"死"的降临无法避免,就要努力把握住"生"的每一天的超然,那绝不是消极放弃的一生,而是积极地把每一天都当作生命的赐予来生活的一生。如佩特所说,人只要还活在世间,就"都是缓期执行的死囚"。人如果事先就领会到了死亡这一最终无法避免的结局,并坦然接受之,也就摆脱了对死亡的恐惧,就会在有限的生命当中,过一种真正清醒、明白的生活,从而也就看到了生活的本来面目和意义。对死亡的承担实际上就是如何向死而生的问题。这与山本常朝提倡的"死狂"精神如出一辙。"死狂"精神是对死亡恐惧的征服和对死亡的承担,同时也是对死亡的超越。当然,超越死亡,不是指肉体上获得了不死的可能性,而是能够在精神上超越死亡的界限,以致可以在生死的选择中自愿选择死亡。"轻生死,重然诺"是一种超越,"杀身成仁",也是一种超越,为摆脱无尽的痛苦由自己选择平静的结束是另一种超越。在人们对生命的理解当中,存在着比生命本身或者说比不死这种终极价值更有价值的东西。

对于武士来说,比生死更有价值的东西就是"不受辱",而"避免受辱的办法就是死"(《闻书第一 55》),为了更好地、更有尊严地活着,在生死两难之际,除了选择死路别无他途。山本常朝说"狂气之死"是武士不可或缺的精神,但山本常朝并不是在说"死"就是目的,它充其量不过是武士获得生的一种手段。在前文所引《叶隐》序章"夜荫之闲谈"⑧⑨中,山本常朝就曾举过锅岛藩的藩祖锅岛直茂和初代藩主锅岛胜茂置之死地而后生,使家运长久的例子。藩祖锅岛直茂常怀切腹之念,锅岛胜茂亦曾经险些被置于切腹的境地,正因为他们能够将生死置之度外,才能够确保锅岛藩的长久安泰。《叶隐》中还引用了《甲阳军鉴》里面的一个例子,有个男子问马场美浓守:"当我面对敌人的时候,总感觉自己置身于黑暗之中。是不是因为这个我才总负伤呢?你频繁立功,却从没有受过伤,是怎么做到的呢?"马场回答:"面对敌人的时候,我也有置身于黑暗之中的感觉。如果让自己镇静下来，眼前就会如明月夜一般渐渐明亮起来。总是等到那一刻才动手，所以不会负伤。"(《闻书第十　93》)在战场上遭遇敌人，被死亡的恐惧所袭击，大脑一片空白，眼前自然会出现黑暗无边的情形。在这种情况下，要在战斗中取胜，就要让自己镇静下来，要做到这一点，唯有克服对死亡的恐惧，舍弃对生命的执着。山本五郎面对火灾时能急中生智，也是因为他对人性的深刻洞察，和对人们在生死面前的表现有着细致入微的把握。山本五郎左卫门一次在巡查值班时，发现一户人家的房子突然起火了，外面的人跑过去救火，那户人家的大门却紧闭着。里面的人因打不开门绝望地大喊。五郎左卫门急中生智，拔出刀大喝一声："接到主君的命令，如果不让人进去救火，格杀勿论！"里面的人听到这句话，竟然在情急之下打开了门。对于这个例子，可以从两个角度去理解：第一，在生死存亡之际，乐生恶死是人之本能；第二，当别无选择，只剩死路一条时，人的本能会爆发出不同寻常的力量，依靠着这种力量，人会绝处逢生。

综合以上论述可知，山本常朝提倡在战斗中，在生死存亡之际，"选择死"及"狂气之死"，其实是为了更好地获得"生"。中国学者唐君毅曾经指出，不同的人以不同的动机从事战争或军事活动时必将表现出其道德价值的不同等级。唐氏将人们乐于战争的意识称为纯粹的战争意识，并表示："在此种战争意识中，人可视其自己之生命与他人之生命若无物，而有将自己与敌人之存亡交付予命运或宇宙之意识。而拥有此种意识之战士，因其不畏死亡，故能在从事战争时可先超出敌我胜败之计较之外。能够做到无论敌弱于我或强于我，我均无所畏葸……其心中根本超越自然之求生本能与自私之心，而视人我之生命若无物。于是纵明知敌人之强于我，其超越的精神气概仍可凌居其上。故其战虽求胜，而于结果之胜与败，生与死，可平等加以承担，其精神即透入形上境界，而有真正之勇德。"[1]不畏死亡，使精神居于对战斗结果的执着之上，专心于眼前的战斗才是真正的武勇。在《闻书第十一　46》中，长滨猪之助讲道："兵法之要，唯有舍身伐敌。当敌人亦舍身决斗之时，方互为对手。此时取胜，全在信念和命运。"武士在面临真正的决斗时，如果不带着赴死之念而战，绝不会取得胜利。正所谓"舍己之肤以斩其肉，舍己之肉以断其骨，舍己之骨以取其命"。山本常

---

① 参照唐君毅：《文化意识与道德理性》"第九章　体育军事法律之文化意识"，中国社会科学出版社2005年版。

朝在《闻书第十一 48》中还讲道："真正的武士如果不能抛却生死之念将一事无成。所谓万能一心听上去好似'有心'，但实际上是必须抛却生死之念才能成就大业。技能不过是将人引入道中的机缘而已。"武士必须拥有"无心"之心，而"无心"之心，就是一种消除了"分别"，不为生死问题所困扰的内心状态。技能与道的关系，正如佛教中手指与明月的关系，手指可以指出明月的所在，手指却不是明月本身。山本常朝所推崇的"死狂"之气，无疑也是这样一种形而上的境界。《闻书第二 47》中记录了山本常朝对养子权之丞常说的一句话："现在就是那个时刻，那个时刻就是现在。""那个时刻"是指非常之时，紧急关头。山本常朝主张要把现在的每一刻都看作关键时刻，要居安思危，才能做到有备无患。只有平常就注意心性的磨炼，常有忧患意识，才能在大事临头的关键时刻，爆发出本能的力量。二代藩主光茂罹患天花，病情严重，疮已发黑，全藩上下已经到了绝望之时，医生生岛作庵却坚持说疮发黑是件吉利的事情，是病已痊愈的标志。面对其他人的不以为然和不信任，生岛作庵表示：如不能治好藩主的病，自己立即剖腹自杀（《闻书第八 69》）。生岛作庵以自己的性命做担保，来承担为藩主治病的责任，在山本常朝看来，正是这种觉悟主义，才是每每创造绝处逢生之奇迹的根本原因，他要提倡的正是这样一种武士道精神。

三、"常住死身"

在开头所引的这段话中，山本常朝在前半段首先对义无反顾的死、"狂气之死"进行了劝说和提倡；在后半段则对武士的日常修行，即武士对死亡应该抱有的思想准备和觉悟进行了阐释。"每朝每夕，一再思死、念死、决死，做到常把死放在心头，武士道才能真正获得自由，一生不会失败，才能够真正恪尽职守。"这一段是对"每朝每夕"做好死的准备的劝说，阐明唯有"常住死身"才能达到一生不败的完美"奉公"的目的。这看似与前段的"狂气之死"有所出入，但二者所表明的宗旨实则并无不同。"成为死身"，就是"死之彻悟"，就是"每天都在死之中。每天早晨，安静身心之后再擦拭弓箭、洋枪、太刀锋刃的过程中，想象着自己被卷入大浪涛，跳进大火，身体被雷电击中，大地在脚下震动，或从数千丈的悬崖上跳下来，病死，暴卒等，那时，就胸怀必死之心了。最好是每天都毫不懈怠准备着死。古老之谚语云：'一出屋檐就在死之中了，一出门就看见了敌人。'不是说让你有所戒备，而是说在这之前就要有决死之意。"（《闻书第十一 134》）这段话准确地描述出了武士的潜意识。必死之念，在使人的思想超越固定生命的有限性的同时,也促使人们对日常生活进行认真的思索,把自己看作已死之人,并且贯穿始终。"行万事的过程中胸中应存一念,这样对主君可以尽忠,对父母可以尽孝,在武道方面可以成就武勇,其他万事也可顺利进行。"(《闻书第一 61》)这里的"心存一念"说的就是"正念",即本心,在山本常朝那里也就是"死之觉悟"了。关于这一点,奈良本辰也曾经做出过如是解说:"随时做好死亡的心理准备,那种死就可以转化成生。通过常想死亡之事,反倒会出现死亡远离的现实。"①只要有"死之觉悟",忠、孝、勇等一切都可以达成。可以说《叶隐》对武士最大的期待及理想便是能够"常住死身",能够平静、淡然地凝视死亡。为了达到这一境界,山本常朝提倡武士们随时要有"决死之意",要做如《闻书第十一 134》中提到的修行,并且要每天不懈怠地去坚持。《叶隐》开头那一句"武士道就是凝视死亡之道",已经包含着"死之觉悟"的意义了。

剑道家柳生但马守是三代将军德川家光的剑道指导老师。在柳生流的秘诀中,有"大刚无兵法"之说。《闻书第十一 133》中讲述了发生在但马守身上的一个故事。一日,将军旗下有一人来到但马守家,说想做他的入室弟子。但马守说:"看上去你已经是剑道高手了,在入我门派之前,请说说你是哪个流派的。"这人回答说:"很惭愧,我从未学习过剑道。""你不是在跟我开玩笑吧? 在下身为将军之师不会看错人的。"那人向神明起誓,证明自己所说绝非妄语。见此人如此坚决,但马守思索片刻后,问道:"既然如此,请问平时悟心何事?"那人回答:"在年少时,我就产生了一个念头,那就是要当一名无论什么情况下都不贪生怕死的武士。以后数年来从未间断地入思于此,到现在已经变得完全不把死当回事了。不知老师所指的是否是这方面的事?""正是,"但马守不禁叫道,"我的判断一点没错。柳生流兵法的奥义就是绝不怕死。我在本流派教导了数百个弟子,但还没有一人悟到这一奥义。你不需要拿木剑了,就把奥义都传给你吧。"这个故事里的这个人,没有学过任何技巧,却因常怀死之觉悟,而在不知不觉中掌握了剑道的奥义。这种精神觉悟完全是直接性和实践性的。常有必死之觉悟的意识,在临战时,自然而然会表现出一种对死亡无所畏惧的气度,在与对手对峙的过程中,首先从气势上就已胜过对方一等。所以忘却死亡之人,反倒有更高的概率获得生。

如果说"狂气之死"是不时之需,那么"常住死身"就是日常修行。为了能在

---

① 奈良本辰也『日本の名著 17葉隠』(中央公論社、1969年)37ページ。

"那个时刻"自然而然地表现出"死狂"之气概,务必要常有"死亡之觉悟"。前文提到的《闻书第三 8》(参见第二章第二节"锅岛藩家风")中记载了佐贺城修缮完毕后,锅岛胜茂陪同直茂视察的情景。据说直茂公在视察结束之后对近旁的人说"胜茂对敌人可能进攻之处进行了详细的说明,但是似乎忘记了万一不测之时切腹的场所",只有"常住死身",才能在一旦失败的关键时刻义无反顾地切腹,放弃对生的执着,从而有效地避免受辱。直茂公的一番话表现了对武士居安思危之精神的观照和重视。从中也可以看出,山本常朝对"死狂之气"的提倡和对"常住死身"的主张,实则是一体两面的关系,表达的是同一个意思。禅师马祖道一①说:"平常心是道。谓平常心无造作,无是非,无取舍,无断常,无凡无圣。经云,非凡夫行,非圣贤行,是菩萨行。只如今行住坐卧,应机接物尽是道。"山本常朝提倡在行、住、坐、卧中也要为死做好准备,实际上就是提倡面对死亡保持平常心。正如上杉谦信留给他的家臣们的遗训所说:"欲生者则必死,欲死者则毕生。关键在于心志如何。若能领会此心,坚守此志,则入火不会烧伤,入水不会溺亡,生死何惧。我常明此理而入三昧。若有贪生怕死之念,则尚不具武士之心胆。"

山本常朝生活在相对和平的江户时代,他讲述的理想武士的形象却仿佛存在于过去的战国时代。但是,山本常朝并不是提倡武士将死作为目的,在他的概念里,死,是动机,亦是手段,而"常住死身",则是一种心态。面对一切未知的死亡,终归令人感到恐惧。但人一旦克服了对死亡的恐惧,随时抱有纯粹的死之决心,有了釜底抽薪之意志,便有可能置之死地而后生,从而迎来柳暗花明。所谓"无欲则刚",对生命的执着才是人类最大的欲望,也是人在开拓自己的可能性时遭遇到的最大的障碍和束缚。有舍才能有得,唯有抛开对生命的执着,才能摆脱一切限制,获得真的刚强;一个人能够超越生死,才能最大限度地超越自我,才能在为主君尽忠、为父母尽孝、守护武士之名方面,发挥最大的可能性。山本常朝心目中的理想武士就是拥有如此心性之人,他们应该是不同于常人的、拥有超越精神的人,是勇于对绝对性加以挑战的人。他们不管日常处于一种怎样平和的状态,一旦遇有突发事件,随时可以在本能的驱使下爆发出最大的可能性。他们的外表也许不具备攻击性和战斗性,内心却从没有放弃过攻击

---

① 马祖道一(约709—788),既是洪州禅的开创者,又是临济宗的发源人,使得南宗禅法广为流播。

性与战斗性。刀尖上舐血的日子虽然已经成为过去,但不可以忘却死亡,在该抛却生命的时候要斩钉截铁,义无反顾。"常住死身",是一种形而上的境界。正如唐君毅说过的那样:"人真能常住于超越自然生命之形上境界者,则彼可以临战而不畏战,即不临战时亦不求战……"①唐氏所言是指拥有最高战争意识的中国儒将的风度,在山本常朝那里,他同样要求武士有超越自然生命的境界,从而可以临战不畏战;但是不同于唐氏的是,他的思想中存在着不临战时也要求战、求悲壮的死之意味。因为在他的理念里,死对于武士来说意义重大。死,可以尽忠,可以偿情,可以尽孝,可以扬名。战争年代,与主君同赴战场,英勇战死的机会俯拾即是。和平时代,死变得不是那样容易。但是,武士毕竟是武士,时代变了,武士根本之风却不能改变。虽然不能选择生,但要自主地选择死。富有功名心的武士不应该接受榻榻米上的自然死,他们要对得起武士之名,要彰显武士不同于其他阶级的高贵的灵魂。和平年代,实现这个目的的方式,便是在"奉公"之路上尽可能地自觉地选择名誉之死。所谓名誉之死,在武士那里就是主动求死。具体表现在《叶隐》中,就是切腹之死、"喧哗"之死和"敌讨"之死等。

第二节　切腹之死

切腹,是武士自己结束自己生命的一种方式。它是一种自杀方式,但又不同于一般的自杀,它是武士名誉的一种象征,甚至曾经作为法律存在于日本的历史中。新渡户稻造的《武士道》中设有"自杀及复仇的制度"一章,每次读来都会感受到不同的冲击与震撼,尤其是最初读到"切腹"一段时的恐惧与战栗,至今仍然不能忘怀。而那种战栗并非来自文字传达出来的短刀刺入腹中时力透纸背般的痛苦,也并非来自"介错人"手起刀落,切腹人死亡那一刻的血腥画面,而是来自切腹人、"介错人"及现场所有人的冷静与决然。一个仅有八岁的男孩八磨,在哥哥们为父报仇失败,全家男子都被命切腹之际,能够没有任何抵抗情绪地平静地接受自己的命运。当二十四岁与十七岁的哥哥担心他年纪轻,切腹时动作不够漂亮,让他先行切腹,二人从旁守护时,八磨表示因为长这么大从没

---

① 参照唐君毅:《文化意识与道德理性》"第九章 体育军事法律之文化意识",中国社会科学出版社2005年版。

看过切腹,想请哥哥们先行示范。于是两个哥哥先后在八磨面前切腹,在短刀刺入腹中的刹那,告诉他即便刀尖遇到肠子,即便因疼痛没了力气,也要拿出勇气继续让刀切下去,不能让膝盖错开,要睁大眼睛,要向前面倒下……面对如此惨烈的画面,八磨没有任何踌躇与犹豫,也顺利完成了人生中第一次,也是最后一次重大的仪式。这样的一种冷静,来自一个年仅八岁的孩子,不能不说那种震撼是无与伦比的。除了《武士道》一书,在日本的文学作品中,描写切腹的场景也不胜枚举。尽管作为一种制度,切腹这种形式早就不复存在,可在自杀率居世界前列的日本,这种死法始终没有绝迹。远的不提,1912年明治天皇去世时,乃木希典的切腹殉死之举举世皆知,之后,日本文坛上的世界级文豪森鸥外和夏目漱石,都曾以此为题材创作过作品;第二次世界大战结束之际,当收音机里传来日本天皇宣布失败的"玉音"时,在被侵略国的土地上无数日本士兵切腹自尽;深受《叶隐》影响,一直憧憬着不以文人而以武人的死法离世的日本著名作家三岛由纪夫,于1970年的切腹更是引起轩然大波……毋庸置疑,切腹,是极其痛苦而又颇为艰难的一种死法,从古至今的日本人为什么如此钟情于此种死法呢?切腹的背后又蕴含着怎样的文化内涵及日本人的精神底色呢?

一、日本历史上最早的切腹传说

莫塞里教授曾经主张:"自杀在豁出以最痛苦的方法或长时间的苦楚来实行时,一百例中就有九十九个可以把它归之于由于偏执狂、疯狂,或病态的兴奋的神经错乱行为。"对此,新渡户稻造提出反论说:"正规的切腹不存在偏执狂、疯狂或兴奋的片鳞半爪,其实行成功却需要极度的冷静。"[①]关于这一点,新渡户稻造在《武士道》一书中已经通过描写八岁孩子八磨的切腹场景进行了论证。

切腹,顾名思义,就是用短刀切开自己的腹部。最初只是一种单纯的自杀方式,到后来渐渐成为一种刑罚固定下来。日本封建时期,武士如被主君赐死,相比起斩首刑来说,切腹被视为最光荣的死法。关于切腹的起源众说纷纭。有一说是起源于藤原义。永祚元年(989年),权倾一世的藤原家突然出现了一个恶棍,此人就是藤原义。他白天过着优雅的贵族生活,夜里却摇身一变成为无恶不作的大盗,在京都的大街小巷作恶。他武功高强,诡计多端。京都的捕快用了好久的时间才摸清他的真实面目。一天晚上,藤原义作恶归来,在自家院

---

① 新渡户稻造著,张俊彦译:《武士道》,商务印书馆1993年版。

外巡视一番,见无异况,闪身越墙而入。他不知道,不远处的三个武士已经确定了他的身份。后半夜,官兵包围了藤原义的住宅。令他们惊愕的是,藤原家灯火通明,院门大开。官兵狐疑地涌入,却见藤原义祖胸露腹,盘坐于堂上,膝上横着一柄雪亮的太刀,正悠闲地吹着一支箫。箫声凄凉,无人知道是什么曲子。官兵们围在堂下,没有任何人敢贸然上前捉拿。一曲吹罢,堂上堂下一片静寂。藤原义举起太刀,从容地用力插入自己腹中,将腹部一字切开,然后用刀尖挑出内脏扔向官兵,倒地而死。还有一种说法,源为朝(1139—1170,一说死于1177年)是日本历史上最初进行剖腹的人。源为朝是平安时代后期的武将,源为义的第八子,源义朝的弟弟,源赖朝的叔父。传说其身材魁梧,左手比右手长四寸,适合弯弓射箭。好用强弓,射速也快,是著名的弓箭高手。保元之乱中,因献策失败,其父源为义被处死。据《保元物语》说,后白河法皇欣赏源为朝的刚勇与弓术,因此免其一死,挑断其臂筋并于1156年八月二十六日将其流放伊豆大岛。伤势痊愈后,源为朝再次施展盖世弓术,号召伊豆诸岛对抗国司。1170年,朝廷敕许伊豆介狩野茂光率五百兵加以进剿,源为朝连战连败,最后在八丈岛宇津木的坪泽切腹自杀。以上两种说法,不管哪种属实,都可以从中看出切腹始终是一种极其悲壮和残忍的死法,不管是为了震慑敌人还是引咎自尽,都是令人骇异的。只是藤原义也好,源为朝也好,在他们选择切腹这种死亡方式的时候,也许根本不会想到,在他们身后,切腹居然成了武士道最崇高的典范,甚至成为每个武士的必修科目。

　　大隅三好在《切腹的历史》中曾有以下表述:武士道当中把武勇看作武士无上的荣誉。把炫耀武勇作为信条的武士时而不得不自绝性命,在这点上,再没有比切腹这种最需要勇气和气力的方式更合适的了。在惜名不惜死的时代,唯有战死才是最名誉的,即便不能战死,也要选择同样华丽的死法,留名于后世。至于为什么选择切腹作为武士最名誉的死亡方式,有说法说是基于以腹部为灵魂和爱情为归宿之处的古代解剖学的信念。[①]因此,武士便在有必要将自己的灵魂向外展示的时候,采取剖腹以示众人的方法和仪式。新渡户稻造在《武士道》中引用了这样一首和歌:"我打开我的灵魂宝库,给您看看他的样子吧。是污浊的还是清白的,请您自己来看他吧。"这首和歌是对武士心迹的一种剖白,

---

① 莎士比亚在《尤利乌斯·凯撒》中,曾对布鲁陀斯以剑刺腹的自杀场面有所描写,即有腹部是灵魂和爱情之归宿处的暗示。

它表明切腹这种极其惨烈的自杀方式显示了作为武士身份者所被期待的勇敢、不畏死的精神及自我决定的传统行为规范。这种主动选择死的行为符合传统的武士伦理,被视为武士维护和实现名誉的行为方式。日本《太平记》一书所统计的2640名自杀而死的武士中,以剖腹方式自杀的就有2159人。镰仓幕府以后,切腹开始盛行。这个时期,武士因丢失阵地而引咎切腹,以及因耻于被擒而阵前切腹的情况,占了绝大多数,并且一直持续到战国时代。战国后期,切腹不仅是自杀的手段,也逐渐发展成为法律上及礼法上的制度。它是武士赎过、谢罪、雪耻的手段,也是证明自己是一名冷静沉着勇敢的武士的最佳方式。丰臣秀吉(1537—1598)攻打高松城之际,城主清水宗治(1537—1582)以赦免全城将士为条件同意切腹而死,秀吉深感敬佩,自那以后"切腹等同于名誉之死"的认识得以固定下来,并与之前的斩首刑一样,作为武士的行刑方式得到认可。千叶德尔在《日本人为何切腹》一书中,从民俗学的角度对切腹的风习做过分析,它指出:(切腹)是展示人的本心的最后的,也是最切实的手段,这种观念曾在亚洲广泛存在过,在日本则存在于东北部。随着时代的发展,人们的观念也在不断发生变化,尤其在应仁之乱(1467—1477年)的十年间,尽管十字形切腹以及袒露内脏的武士切腹行为也时时上演,但不过仅仅止于以极端的行为吸引众目,展示个人武勇的形式而已,袒露个人本心的原始意义已渐渐消失。诚然,千叶氏的论断不无道理,但战国以后,作为袒露本心的切腹方式也并非一无所踪。

在冈山藩士汤浅常山的《常山纪谈》(成书于元文四年,1739年)中曾经记录了德川家康和其家臣成濑正成之间的一件逸事。

丰臣秀吉在大阪检视战马时,见到一位黑马红辔的武士,很是显眼。通过上前询问,得知他是德川家康的家臣,年俸为两千石。丰臣秀吉提出如果他能转到自己麾下,侍奉自己,将提供五万石的俸禄。不知从何处得知此事的德川家康后来召见成濑,说起此事,并问他是否愿意侍奉丰臣秀吉。成濑表示并不愿意。德川家康进一步试探,甚至暗示侍奉秀吉将更有利于成濑个人前途。成濑流泪说,自己以不肖之身享受主君俸禄,万万没想到被视为抛弃主君之人。迄今为止,没能体察到主君心意更是愚蠢至极,如今只能以死表忠心。

《常山纪谈》当中没有明确写出成濑正成是否要以切腹的死法表忠心,但从这一记录当中可以窥见武士的死有时并非来自主君的刑罚,而是一种自证清白和名誉的需要,出自真心,但同时也源于无奈。从表面上看,切腹是由武士主动选择的死亡,符合武士对生命自我控制的传统行为规范,在同样因负有罪责而死的情况下,切腹可以保留武士的体面,而被用斩首等方式处死,对武士来说则是难以忍受的耻辱。

尽管如此,切腹并不是武士诞生之初便存在的一种刑罚。中世社会对武士的处罚就是斩首。曾担任赞岐半国国主的尾藤知宣是丰臣秀吉的家臣。即便他在武士当中身份极高,在获罪时也是遭遇了斩首刑而非切腹刑。另外,主君下达对臣下的处死令之后,如果预测可能会遭到被处罚者的抵抗,则会采用谋杀的形式。寿永二年(1183年),源赖朝在镰仓营中,就是通过设定计谋杀掉了家臣上总介广常。从中可见,即便处在主从关系的束缚下,对于主君无端的赐死,家臣也并不是无条件服从的。哪怕如源赖朝那样的武家栋梁,要除掉家臣,有时也不得不用谋杀的手段。丰臣秀次是丰臣秀吉的侄子,天正十九年(1591年)被秀吉收为养子。后来秀吉的儿子秀赖出生,秀次渐渐失宠,被流放到高野山上,于文禄四年(1595年)被命切腹。如今看来,秀次的切腹无疑是一种无端的刑罚,但因其与秀吉的亲族关系和其"关白"的身份,才被获准以自主的形式赴刑;战场上失败被俘的武士通常都是被处以斩首刑,但也不乏例外。在姊川之战中被织田信长生擒的印牧弥六左卫门就曾被获准切腹。印牧赝本是朝仓义景手下有名的勇士,信长试图通过投降过来的前波九郎兵卫说服印牧投降,遭到印牧义正辞严的拒绝。印牧表示,自己没能在主君眼前战死已是遗憾,既然已经被敌军生擒就没想过继续活下去,希望尽快受死,并表示尽管自古以来在战场上被敌军生擒的武士并不少见,但自己不希望同杂兵一般被砍头,愿切腹而死。织田信长感念对手的勇气,特准其切腹。从以上两例可见,在中世时期,斩首才是武士常见的刑罚方式。切腹,是只有在特别的情况下才被准许的——或因为获刑者的身份,或因为获刑者的勇气。总而言之,不论何种原因,因其表面上不同于杂兵走卒的自主死亡的形式,受刑者得以在一定程度上保全其名誉,甚至在某种程度上获得周围人的尊敬,这想必也是后来武士们热衷于切腹的最初始的原因。进入江户时代,切腹形成了过程洗练,并由"介错人"辅助进行的复杂仪式。

二、切腹的种类

从切腹的动机和形式上看,大体可以分为以下几种形式:"追腹""诘腹""谏死"及"愤死"等。所谓"追腹",是指家臣在主君战死之后继续勇敢作战至战死,或在主君因战败避免被俘受辱而切腹的情况下,以切腹形式为主君殉死的一种方式,作为理所当然的伦理,在武士当中很早就开始盛行。"武士的殉死,本来意义在于武士以死表示对主君的忠诚和感恩,客观角度可以成就他们对荣誉的追求。日本武士的殉死行为早在中世前期已广泛存在。战场上,当主君死后,家臣往往自杀相随,这种战场上的殉死也被视作战死的一种。武士跟从主君一同死亡的行为,一方面是传统主从关系的反映,同时也是武士以集团形式存在的证明。武士用殉死行为来满足传统的主从关系中对武士的道德期待,以获得集团和社会的名誉评价。"①据山本博文的考察,战场之外武士对主君的殉死最早见于明德三年(1392年)。"管领"②细川赖之病死时,其臣下三岛外记入道切腹,从此以后,殉死之风习才开始出现。之后的战国时代,每遇城池失守,城主大多以切腹的形式终结自己的生命,而侍奉城主的"小姓"们的殉死也散见于文献当中。前文提到的丰臣秀次,文禄四年(1595年)被丰臣秀吉赐死之际,其"小姓"不破万作和山田三十郎就是以切腹的形式殉死的。江户时代初期的庆长十二年(1607年)三月,德川家康第四子松平忠吉去世,其家臣切腹殉死。同年四月,次子结城秀康去世,其家臣也为之殉死。当时,殉死的家臣普遍能够得到世人的较高评价,自此,殉死之风开始大肆流行。但据松田修考察,近世初期以切腹形式殉死的家臣,大多与主君有着密切关系甚至是主君"众道"的对象。为了表达对主君的忠诚与爱恋,在主君辞世之际,似乎唯有殉死才能表明心迹,而当时人们普遍认为腹部是灵魂和爱情的归宿地,切腹自然就成为殉死最合适的表达方式。如此一来,似乎不难理解殉死一定要以"追腹"的形式进行了。对于"追腹"者来说,死并不是目的,通过死表达与主君一体化的心意似乎才是真正的目的所在。③正因为如此,"追腹"形式的殉死被大肆润色和赞美,致使大批殉死者不断涌现,甚至出现殉死热潮。而在这些殉死者中,原本并不承担必须殉死的义务,但硬说自己受过主君生前恩典而坚持殉死的也大有人在。尽管不能否认殉死者的真心,但似乎也不能一概而论,把所有的殉死都看成是臣下对主君的情谊表现。在殉死之风渐盛渐浓的过程中,已经慢慢包含着追求名利等各种复杂的因素。

---

① 赵玉皎:《森鸥外历史小说研究》,南开大学出版社2015年版,第37页。

② "管领",日语词,室町时代的官职名,地位仅次于将军的职位。

③ 近松门左卫门(1653—1724)就曾指出,"心中"——"情死",并不单单是死去,尽心乃死之原点,两人一起去死就是尽心。因"众道"而殉死,可以在某一层面上理解为"情死",殉死者的心情的因素就占很大的比例了。

如果说"追腹"殉死大多是出于殉死者自主自愿的选择,那"诘腹"则是迫不得已、被逼无奈的选择。这种切腹方式,已经不单单是表明忠心的方式了,它也是武士犯错之时谢罪的手段。犯了重大过失的武士,通过采取切腹这种方式,表明对自己所犯过失的认罪态度。《叶隐》中提到的中野将监的切腹,据推测就是一种"诘腹"。战国时代及以前,在合战中的败军之将,有义务引咎切腹从而拯救整个军团,这种切腹也是"诘腹"的一种。前文提到的清水宗治之死就属此种死法。

还有一种切腹叫作"谏死",这是一种以死为谏的方式。不只日本,中国古代历朝历代的大臣舍身请命的例子也不胜枚举。受"死生同归""一死多生"等思想影响的封建时代的日本人,愿意以一己之死换取全藩的救赎,他们也愿意相信自己的死一定能换来恶人被严惩。事实也证明,在日本的封建时代,谏死之人大多能够得偿所愿,这不得不说与日本人独特的生死观密切相连。如果说"谏死"是一种忘我的自我牺牲,那么"愤死"就是一种颇具抗议的自我主张式的切腹了。当自己遭受不公正待遇,而这种不公正又无处申诉时,用切腹的形式使对方陷入内疚而又无法挽回的境地,就变成攻击对方的最好方式。在日本人眼里,自杀是令对方感到内疚的最后的武器,也是将他人逼入犯罪之境地的最有效的手段。以上种种切腹的形式,在《叶隐》中都有所体现,尤以"追腹"最引人注目。

三、"追腹"

武士的"追腹",实则是一种对主君殉死的形式。切腹是武士名誉的象征,所以并不是任何身份地位的武士都有资格对主君殉死。一般认为,与主君有着亲密关系的大名,尤其是谱代大名世代承蒙主君深恩,为报恩殉死是理所应该的。江户时代战乱平定,客观上武士已不存在为主君战死的可能性,因此以"追腹"的形式殉死,就成为武士所向往的、为主君尽忠的最光荣的方式。《叶隐》当中涉及此类的"追腹"之人不在少数。这种情况应该根源于日本人古已有之的报恩意识。还有一种就是与主君有着"众道"关系的武士。《闻书第十一　83》中记录的堀田加贺守正盛"追腹"的场面,就暗示了其与主君德川家光之间的同性恋关系。这种殉死,是对主君忠诚及爱情的体现。

实际上,相关记录表明,"追腹"殉死者的身份及动机并不限于以上两种情况。《叶隐》之讲述者山本常朝本人就是明证。在其一生三十多年的"奉公"生涯中,成为一名"家老"一直是他的梦想,主君光茂的辞世,也宣告其梦想终归成为一种幻想。由于禁死令的颁布,山本常朝以出家代替了殉死。而其殉死的动机只是因为主君曾经温言相加,曾经在寒冷的深夜将自己用的棉被及睡衣赏赐给他而已(参见《叶隐》之"讲述者山本常朝"一章)。

《闻书第三 52》讲述了齐藤佐渡父子三代殉死的故事。齐藤佐渡年轻时擅长武道,很得锅岛藩祖直茂赏识,却因种种原因被贬为浪人,后沦落到苦于家计的地步。带着"与其用卑劣的手段勉强维持活命,不如干一件惊天动地大坏事再切腹自杀"的武士特有的自尊,齐藤佐渡协同其子用之助劫下准备送往下厨房①的粮食。当时的主君初代藩主胜茂认为按律应当判父子二人死罪,但因藩祖直茂夫妇从中斡旋,不但免了死罪,还赐给他们父子十石的禄米。直茂公去世时,齐藤佐渡申请殉死,尽管他的请求一开始被胜茂公驳回,但这些并没能动摇齐藤佐渡殉死的决心。他几次三番地请愿,终于感动了锅岛胜茂,同意了他的请求。齐藤佐渡最终得偿所愿,其子用之助也一同殉死。等到胜茂公去世时,用之助的次子权右卫门也殉死。

中野木之助首次供职时,有人举报他曾经的不当行为。胜茂公召见了木之助,屏退左右不相干之人,私下对他说:"听说你曾经做过不好的事,以后一定要注意,努力奉公才是。"据说木之助当时就下了将来殉死的决心。(《闻书第四 33》)

田杂大隅守之子五郎右卫门广次,娶了中野式部清明的女儿,二人育有一子,名叫清左卫门广方。清左卫门因犯事儿被贬为浪人,式部的另一个女婿中野内匠茂利担心外甥日子难过,就让他住在主君赐给自己的领地当中,并分给他二十五石禄米,照顾他生活。内匠茂利去世时,清左卫门悲叹深恩无以回报,就切腹殉死了。(《闻书第七 3》)

胜茂公去世时,得到消息的大岛外记第一时间准备切腹殉主。而他先前只不过是个负责打猎的下级武士,其亲戚熟人都说他身份低微,不宜"追腹",劝他打消念头。他却说以前主君游猎时,因为自己砍死过一头大野猪,主君曾赞扬自己"真是豪胆之人",并赏赐过二十两银子。得到银子时他就已经下决心将来"追腹",做主君阴间的随从。他不顾众人的阻止,摆出主君当时赏赐的银两,请邻居做"介错人",毅然决然地切腹了。(《闻书第八 23》)

胜茂公去往江户参觐之前,曾从长崎弄来一座玻璃屏风,打算献给将军,因

---

① 贵族、武家、富豪们的建筑中,专门为家臣们准备饭菜的地方。

为容易损坏,曾再三嘱咐多加小心看管。担任"御进物役"的锅岛采女小心将屏风收好,怎奈枝吉利左卫门按捺不住好奇心,再三请求观赏一二。结果刚一拿出来便不小心打碎了。枝吉利左卫门认为这是命运使然,便欲黯然离开。采女担心其想不开,便安慰他不用介怀,一方面把责任揽在自己身上,到胜茂那里报告。胜茂担心采女引咎切腹便安慰他不要紧。此事就这样过去了。后来,胜茂公逝世,采女"追腹"。一直想回报采女的枝吉利左卫门送给采女一件浴衣及一张可以铺满二楼整个房间的豪华毛毯。采女很高兴,铺着那张毛毯,穿着那件浴衣,实施了切腹。(《闻书第八 51》)

　　以上所引相关记录,当中实施殉死的当事人无一例外都是出身低微者,他们切腹殉死的行为完全出于自愿,并且当初的动机极其纯粹简单——或是曾经得到过主君的一句软语温言,或是蒙受过主君不乏心血来潮的些微赏赐。这些理由,从当代人的价值观来判断基本不能成其为理由,甚至可能招致嘲笑及被怀疑其是否有作为"人"的尊严。然而,当我们超越了时空的阻隔,一起来到殉死者的时代,就会明白,他们的表现恰恰代表了那个时代的武士的尊严。锅岛藩藩祖直茂及初代藩主胜茂的时代,正是战国末期向和平的江户时代过渡的时代。不管是否愿意,武士们已经完成了从战斗者到公务员的身份转变。靠着精湛的武艺早晚能够得到主君赏识从而扬名天下的时代已经一去不返,处在身份等级制度森严的时代,仅靠单纯的武艺就能出人头地的愿望难以达成和实现。可是"雁过留名、人过留声"的观念并非昙花一现,武士们仍然将名誉看得比生命更重要。或者说,为了证明在和平年代他们存在的合理性,将名誉看得比以往的年代更为重要。但是,不能否认的是,不管哪一个时代,名与利都息息相关,这一切毋庸置疑又都与身份地位密切相连。越是居上位者,越容易得到其想得到的;越是居下位者,想得到同样的东西却要付出比身居上位者多百倍千倍的努力。一个偶然的机会,得以亲见主君圣颜,对于地位低微者该是多么激动人心的一件事;再承蒙主君的一两句赞美之言,甚至能得到主君的一点点赏赐,那对下位者而言简直是世间最大的恩赐了。越是身处僻壤,容易被人遗忘的人,越容易在得到大人物青睐时大张旗鼓地宣扬。试想一个天天有机会与主君同商要政的大臣会因为主君不经意间的一句表扬或是心血来潮赏赐的几两银子就萌生以生命殉主的念头吗?这正与"入芝兰之室,久而不闻其香"是同样的道理。一个身份地位低微之人,偶然间得到主君的赞赏,尽管那赞赏也许完全是不经意,也许完全是心血来潮,卑微的心灵一旦被温暖,星星之火也可以顷刻燎原。"情けは武士の道なり/情意为武士之道",越是铮铮铁骨的硬汉越拥有百转柔肠。一直被忽视被轻贱的人生只因一句赞扬便得到了肯定,只为一句肯定,只为不经意的些微赏赐,迄今为止在底层挣扎的种种艰难与困苦都变得有意义。命中注定出身下层,却承蒙主君的知遇之恩,只为对自己的一句肯定和些微赏赐,就是倾尽所有也在所不惜。对于那些下级武士而言,能够拿出来倾尽的,也许除了生命再无其他了。于是,在自信被点燃的瞬间,便立下将来切腹殉主之志的下级武士的心境,也就澄明如镜了。他们的献身,可以说是超越了一切功利,超越了生死,也超越了传统的封建君臣关系意义上的忠诚,其抽象的含义就是信奉世上有高于实际利益的、有形或无形的"尊贵之物"。为此,他们不惜奉献自己的全部。

锅岛安芸茂贤是锅岛藩"家老",曾深得藩祖直茂和初代藩主胜茂父子二人的信任,在正宝二年(1645年)其逝世之际,组中有十八人为其"追腹"。最初,这十八人的追腹申请以"抛下藩主而为寄亲①殉死不能被允许"为由被驳回,但十八人不断申请,并表明以前在八院一战时,大家有幸被安芸殿选为组中成员,那时大家已立下与主君同死的誓言,因安芸殿在战斗中获胜,所以大家也得以存命至今,如今主人已逝,立下同死誓言的十八人不能苟活之意(《闻书第八25》)。与主君曾经同生死共患难,一起走过战争年代的武士大体保有那个年代的遗风,他们将信守诺言视为理所当然,尽管时代的变换让他们丧失了与主君一起战死沙场的可能,但"主君既逝,我等岂能苟活"的信念,支撑着他们一次次提交殉死的申请。曾经的誓言一定也必须用生命来实践——这些都是出于心甘情愿。当然,并非所有的殉死都如此纯粹和如此理想化。德川中期,真田增誉在所著的《明良洪范》中,将武士的殉死归为三种类型:第一种是"因天下太平,对主君无所用处,至少成为再世之伴,已备君臣先祖之忠孝"的"义腹";第二种是"见到同等的他人殉死,我也不逊于人"的"论腹";第三种是"我舍弃性命,可以成就子孙的繁荣"的"商腹"。②前文提到的那些"追腹"之人显然属于第一种类型,这种类型的殉死,可以说是完全出于忠义的自律。而"论腹"显然就是被舆论或虚荣心所迫,非自律而是他律的了;与此相对,"商腹"就更是掺杂了个人算计的颇富功利性的殉死。但是据王炜考察,"殉死者并不能为家人带来丰

---

① "寄亲",日语词,中世时代主从之间结成一种类似亲子的关系,其中的主人就是"寄亲"。
② 真田增誉『明良洪範』卷三(山本博文著『殉死の構造』講談社、2008年、91ページ)。

厚回报,仅仅获得来自武士社会的肯定评价,几乎与现实利益无关",因此,他认为殉死是"武士内心对名誉追求的外在体现"。[①]而这种所谓的功利性实际上与物质的利益并不相关。既然名誉是武士在社会中存在价值的体现,是武士的立身之本,那么无论是出于自律还是出于他律的对于名誉的追求,都必然使得殉死者潜藏于内心的殉死动机并非都十分纯粹。事实上,除了上面记录的三种类型之外,《叶隐》中所记录的"追腹"甚至还出现了情非所愿,不得已而为之的情况。

龙造寺隆信公的女儿安姬公主在出嫁途中突然病倒,处于危在旦夕的状态。前来迎亲的波多家家臣八并武藏守表示,一旦公主有个三长两短,自己必将切腹追随。见武藏守心意已决,龙造寺一方的"家老"们认为夫家既然已有人决意"追腹",若主家没有"追腹"者,则颜面难存。可环顾左右无人自动请命,最后决定指定人选。经商议,"家老"们一致认为桥野将监可能接受成命,便前去劝说。一开始,将监深感意外,不自觉地说,"事关我藩颜面,在下不合适。诸位高官显宦耀人眼目,当是合适人选",可说罢又换了语气表示愿意"追腹"。但后来公主痊愈,此事便不了了之。(《闻书第八　47》)与前文只因感念主君一言就心甘情愿追腹的下级武士不同,平日里蒙受深恩的位高权重的"家老"们,在关键时刻却选择退缩。可笑的是他们仍然注重主家的颜面,可是这颜面不是通过自己而是通过别人的生命来保全的。他们只是利用自己的权力来指定(可能说"命令"更为恰当)一个人来完成这个仪式——死是别人的,以别人的死来换得自己忠于主家之名。被指定之人也许之前也深受主家之恩,但与出自本心的殉死不同,被人安排的死任谁都会心存不甘,哪怕是视忠诚与服从高于生命的武士也没有任何不同。桥野将监一开始的说辞直击"家老"们的要害,不知道他们当时的表情何等难堪与尴尬。也许,他们可以打着身为"家老"应该留着生命为主君更好尽忠的旗号,也许可以借口说他们可以在更应该舍弃生命的时候再舍弃,而为区区一个公主不值得……总之,身份的高低和灵魂的高贵与否有时候并不一定成正比。在这一条目中,山本常朝并未发表个人观点,但是从中可以看出殉死的另一个弊端,即在现实中,殉死的风习甚至成为武士集团内部进行权力倾轧的工具,那些位高权重者甚至以某人应当殉死的名义来排除异己。

通过《闻书第一　135》,读者也可以窥见山本常朝的真实心境。某人是夫人

---

① 王炜:《日本武士名誉观》,社会科学文献出版社2008年版,第191页。

的陪嫁，但在夫人逝世之时，某人说，"为上所止"，没有剃发，反倒是主君派来服侍夫人的家臣们剃发了，如此扫兴，某人也不得不剃了发。对于某人的行为，山本常朝说："因事而异，不管是主君的吩咐还是众人都反对之事，有时都要坚持自己的主张……有时候，御意也好，上司的命令也好，都可以概不听取，因为那都是与主君和家老们毫不相干的事。剃发、切腹都是自己的事，做就是了。"这一段中出现的当事人并未切腹殉主，只是剃发明志而已。切腹，是要舍弃自己的生命；剃发，是要舍弃迄今为止的人生。所以，并不能一语断定哪种做法更容易。在山本常朝的观念里，不管是舍弃生命还是舍弃人生，都是自己的事情，要义无反顾地去做。这正符合山本常朝一贯提倡的"死狂"精神。但最终山本常朝也只不过是说说而已，真正轮到自己的时候，他也不得不忌惮法令的存在，放弃了多年来一直存在于心里的"切腹殉主"的想法，选择了出家。可是即便选择了出家，至死他也仍然是个入世之人，一直怀着锅岛家藩士的心境与梦想。"自己的事情"，是一种心底深处的自我主张，是一个身份低微者的真实呐喊，可是在现实面前，一切自我的主张都变得苍白无力。山本常朝不得不退而求其次，用出家的形式来完成"活着的殉死"。

"追腹"，在封建时代是与主君关系亲密的明证，是一种名誉的象征。那些位高权重的谱代大臣及"家老"，那些与主君有过肌肤相亲的"众道"者中，自然不乏出自真心的殉死之人，惮于众议选择不得已而为之——"诘腹"的也大有人在。反倒是那些身份地位低微的下级武士，往往会因为主君一个小小的恩典就义无反顾地用生命来偿还。与其说他们更重情，毋宁说他们更需要一种存在感。要存在，更要证明自己的存在，是任何时代、任何身份、任何地位的人都需要的。只是，这个证明的过程及为了证明而付出的代价却因时代、身份地位不同而有所不同。在武士所处的封建时代，身份低微者有时候要用结束自己生命的方式来证明自己的生命曾经存在过。可是正如前文中出现的，为了面子指定某人殉死的情况也时有发生，并且随着殉死之风的渐盛渐浓，已经偏离了最初纯粹表现武士忠诚的轨道。据说德川家光去世时，就出现了这种情况。当时有四人殉死，其中"家老"级别的只有堀田正盛一人，他与德川家光之间存在着"众道"关系，这一段在《叶隐》中也有记述。但可疑的是，在这件事情过去之后，出现了一份以堀田正盛的名义向世人传达来自极乐世界的主君德川家光的命令，命令某位近臣也要一同殉死，并且这份命令里还罗列了幕府忠臣"家老"的名单和受主君生前宠爱的"小姓"的名单。这份命令的草拟者不知是谁，但其真实企图昭然若揭。这个人对幕府内部的权力分布了如指掌,并且想利用这样的手段剪除异己。这个事件表明,殉死,本来是武士表达忠诚、维护名誉的传统精神的体现,在现实中却成为某些政治力量用来争权夺利、互相倾轧的工具和手段。通过《叶隐》中对一些具体的"追腹"事件的记录,不难看出山本常朝对殉死者的动机是有基本把握的,但是他真正关注和奉为理想的,是那些在殉死时义无反顾、不掺杂任何功利目的、出自真心诚意为主君献身的武士的可贵精神。但是,随着时代的发展,"追腹"殉死这种方式终于被法令禁止了。

四、禁死令的颁布

"追腹"之风一旦确立,便追随者众多。不管是出于主观自愿还是客观被动,"追腹"之人的子孙后代一般都能获得相应的好处,至少能够博得"忠臣之后"的声誉,但从藩总体来看,常常因此蒙受重大的损失。尤其是位高权重如"家老"者的"追腹",会让后任藩主有痛失忠臣之感,并且真有可能在某一段时间某个方面的政事出现短暂的空白,所以历代藩主也在考虑如何降低藩的损失之对策。

锅岛藩二代藩主候选人本是光茂的父亲锅岛忠直(1613—1635,即庆长十八年至宽永十二年),因罹患天花,年纪轻轻,二十二岁便夭折了。当时"追腹"者众多。一个叫江副金兵卫正强的人,在忠直去世后并没有立即"追腹",而是怀抱主君的遗骨来到高野山,结庵追忆主君,并用木头刻出主君仿如生前的身姿及自己在主君面前毕恭毕敬的姿势。江副金兵卫正强在主君逝世一周年时切腹殉主,其所刻木像后来被送往主家,据说如今仍安放在高传寺。后来光茂感叹如果父亲去世当时金兵卫就"追腹"的话自己将无法知道父亲的样貌(忠直去世时,光茂仅四岁,没有关于父亲的记忆),可是一年后的"追腹"又使自己失去了一名忠臣。这件事也许已经在光茂心中埋下了颁布禁死令的种子。

锅岛直弘(锅岛藩藩祖胜茂第八子,白石邑邑主)于宽文元年(1661年)去世之际,光茂便采取措施制止家臣的"追腹"殉死行为。史载当时准备殉死之人竟达三十六人之多。关于整个过程《叶隐》中也有相关记载:锅岛直弘公去世之际,光茂公禁止"追腹"。可是面对光茂公派来的使者,那些心意已决准备"追腹"之人却始终不为所动。最后石丸采女站了出来,表示尽管作为主君身边服侍之人追随主君于地下理所应当,并且也是众人心之所愿,但当代藩主所言极是。不管各位心意如何,自己决意放弃"追腹"的念头,留着生命继续为当代藩主"奉公"尽忠。在他的影响下，据说其他人也放弃了"追腹"的念头。若干年后，石丸采女当上了清左卫门（《闻书第八　65》）。如果没有当时光茂的及时制止，就没有后来的清左卫门，其余三十五人也将顷刻间灰飞烟灭。翌年，即宽文二年（1662年）锅岛藩正式颁布禁死令。另一方面，幕府将军们也已经意识到殉死的弊端所在，初代德川家康就曾在死前留下遗嘱："此类事实，均须严禁，无论直接之侍臣，侍臣之侍臣，以及最低级诸侍臣，一应在内。违者即非忠信之士。财产入官，子孙听其贫乏，以为犯法者戒。"尽管德川家康立此遗嘱，但实际上到三代将军家光逝世的1651年时，除了身边近侍，更有两名"老中"堀田正盛、阿部重次切腹殉死。除此之外，宽永十八年（1641年），熊本藩藩主细川忠利去世，十九名家臣殉死；1636年，仙台藩主伊达政宗去世，殉死者二十人。宽文三年（1663年）五月，幕府第四代将军家纲在历代将军例行发布"武家诸法度"之际，在原来法令的基础上追加了一条"禁死令"，这是最初在全国范围内颁布禁止殉死的法令。条文中说："殉死，自古以来便是不义无益之事，应当予以否定并禁止。如果出现意欲殉死者，其主君从平时开始就应训诫并制止。一旦出现殉死者，则视为其已经离世主君之训诫不够，其继世后代之失败。"宽文四年（1664年），幕府将军又下令若有殉死者必严惩其家属的法令。1668年，宇都宫藩主奥平忠昌去世之际，其臣下杉浦氏随后切腹自杀。将此视为殉死的幕府于同年八月，对奥平忠昌的继承者奥平昌能实施了处分。幕府以实际行动表明了严格执行其法令的姿态。

对于此等法令的颁布，大多数人拍手称好。与山本常朝大约同时代的山鹿素行也曾经极力反对殉死，认为殉死不符合仁政，但是"天下之风俗者为天子人君所定，为下者不可变之，是以宠臣为此而轻死，难谓必不义"[①]。山鹿素行认为，法令等为人君所定，臣下即便有不满也不得不遵守。"故明君贤将之起于世，改纠其无道之风俗，使人全其生生，此可比于天地之德也。殉死之事，无故而失人之生，至于损天德。天下大小上下之间，动辄以殉死为义。以此之故，宜于留其家、司其事、为其后之辈，亦皆遂殉死而逞一时之快意。甚可叹息也。以此案之，虽有某人以殉死为义，而某人以殉死为不义之理，世玩殉死，遂习之，善人亦

---

① 山鹿素行『山鹿語類 卷十三』（廣瀬豊編纂『山鹿素行全集 思想篇（第六卷）』岩波書店、1942年、80ページ）。

至于殉死。苟皆有君主之命而纠明其风俗,人人知其义不义,自然殉死可止。"①
在山鹿素行看来,作为臣下即便内心不承认殉死,不愿意殉死,但只要法令是主
君规定的,他们实际上是没有力量与主君和法令对抗的,他们只能无奈地被迫从
风随俗。而身为明君,应该是能够有勇气纠正一些恶俗之风的人。禁死令的颁
布,对于提倡士道论的山鹿素行来说,是值得称快之事,可是对于山本常朝来说,
这一法令的颁布却让他深感寂寞。在《闻书第一 113》中,山本常朝曾抒发过以
下感慨:"禁止追腹后,那种悬命冒死为主君的心腹家臣越来越少了。即便年纪
尚轻也能照旧继承家业,所以奉公的热情就减弱了。自从携带"小小姓"的制度
被废止之后,武士之风气也变得恶俗起来。主君过于慈悲,有时对于奉公之人未
必是好事……"山本常朝把武士风气的低俗化归咎于主君太慈悲,以及废除了
"追腹"等一系列不成文的制度。笔者认为山本常朝的这种寂寞,归根结底还是
缘于自己多年的夙愿因法令的颁布而没能实现,其强烈的自我肯定感没有达成。

　　佐贺藩第二代藩主锅岛光茂颁布禁死令的动机,最初产生于父亲家臣的殉
死事件。迟到一年的殉死,使得他能够得见亲人被雕刻出来的容颜,而那位家
臣之后的殉死又使他感叹痛失忠臣。如果说他的禁死令中包含着更多的"感
情"因素的话,幕府颁布禁死令的意图则更多是出于政治上的考虑。从上文中
提到的殉死案例来看,殉死不但发生在将军与大名这一主从关系之间,在大名
与其家臣,甚至家臣与其手下之间也不时发生。一直以来,武家社会的主从关
系都是建立在武士与自己直接侍奉的主人之间。过去战场上与主人同生死、共
患难,一旦主人战死自己必将切腹殉死的风气,仍被视为一种美德,在武士的世
界里仍然拥有极高的价值。而江户幕府建立之后无论是政治体制还是经济体
制都已经发生变化,社会也已相对和平,幕府需要大名的服从与支持,而不是只
对某位将军的忠诚。禁止殉死,便把为继位的新主人继续"奉公"作为一项义务
固定下来。进一步说,江户幕府时代,期待着主从关系的转变——从只对主人
个人"奉公"的个人式的主从关系向对主人所属之家"奉公"的家藩式的主从关
系的转变。这样的转变,可以说将战国时代到近世之初不断出现的"下克上"的
可能消解近无。另外,从当时的政治制度也可以看出禁死令颁布的意义所在。
当时的政治制度,是由幕府和藩国共同统治的幕藩体制。在这种体制下,将军

① 山鹿素行『山鹿語類 卷十三』(廣瀨豐編纂『山鹿素行全集 思想篇(第六卷)』岩波書店、
　1942年、81ページ)。

是日本的最高统治者,幕府是国家的最高政权机关。幕府统治全国各地的藩国。各藩的统治者是大名,他们在自己的领地上拥有行政、司法、军事和税收等权力,拥有很大的独立性。但与此同时,他们必须保证效忠于幕府。禁死令的颁布,淡化了大名对将军个人之忠诚心的同时,也强化了其担当国家部分统治的色彩;在大名与其家臣的主从关系上,也期待着把武士们只为其主人尽忠的意识提升到为藩国"奉公"的高度。同时,这一法令的颁布预示着武家思想的转换,同时也象征着传统的主从关系在德川体制中的衰落。

第三节 "喧哗"之死

德川江户时代,除了1637年发生的岛原之乱外,将近二百年的时间,既没有内乱发生,也没有外敌侵扰,即便从世界史的范围来看,也是少有的持续和平的年代。但是,江户时代初期,也有一群不服新的社会秩序的「かぶき者」①横行于市井之中。他们不甘于被体制束缚,敢于抵抗权威,常常按照自己的意志行事,被当政者视作无赖之徒、不法分子。他们结党营私,拉帮结派,为了表现所谓的男子气概,不惜为"信义"二字赌上性命。然而,这些人动不动就会发生的刀伤事件或是争斗事件,对于一般民众来说,也是一大困扰。但因为其中包含着反体制的色彩,民众当中也不乏共鸣者。最初,"中间""若党"等下级武士和浪人是「かぶき者」的中心势力,后来町人当中也渐渐出现了大批的模仿者,导致当时的江户城中不断贴出禁止「かぶき者」的布告。直到延宝八年(1680年)七月,第五代幕府将军德川纲吉就任将军之时,「かぶき者」仍然层出不穷。当年十二月,江户城中还张贴出表示"争相显示男子气概的年轻人是违反法度"之意的布告,这说明直到德川纲吉的时代,战国时期的杀伐之风仍有残留,这股风潮不仅表现在江户,同样波及京都和大阪。德川纲吉对这些人采取严格的镇压政策,贞亨三年(1686年),在德川纲吉继任将军的第六年,幕府一下子逮捕了二百余名「かぶき者」,并将其中十一名中心人物处以极刑。从此以后,战国时代的杀伐遗风才渐

---

① 「かぶき」一词源于动词「傾く」,也写成「傾奇」,常指一些脱离常规的风俗或行为。这里的「かぶき者」是指以浪人为中心的一群人,他们常着夸张的服饰,腰佩大刀,蓄着长须,以张扬的姿态在市井之中招摇、横行。

渐衰落下去,但纵观整个江户时代,尽管被一再禁止,武士之间的争斗却似乎从未真正绝迹。不同于一般的庶民争斗的是,武士之间的争斗被称作"喧哗"。

一、江户时代武士阶层"喧哗"的含义所在

"喧哗"一词在汉语中是形容声音大而杂乱、吵闹的意思,在日语中却是骚乱之意。自从武士登上日本的历史舞台,便以世袭的职业军人的身份存在着,武士集团是战斗的军事集团,武士集团内部的关系也必然带有军事性。在武家社会内部,军事关系是贯穿一切关系的轴心。战争年代,武士们的主要军事活动是奔赴战场与主君并肩作战,同辈武士之间的关系或是可以一起并肩作战的关系,或是战场上你死我活的关系,即非敌即友、非友即敌的关系,那种处于友与敌之间的中间关系,在武士的世界里是根本不存在的。只要在战场上杀敌,关键时刻抛却自己的生命,便可成就武士之名,实现武士道。日本历史上的关原大战之后,德川家康确立起了绝对的军事霸主地位,经过"大阪夏之阵"和"大阪冬之阵",在德川家康消灭丰臣秀赖铲除后患之后,日本基本进入偃武兴文的和平时代。武士从而失去了作为战斗者的用武之地,于是从战乱年代的战斗员变成了和平年代的公务员。尽管如此,武士曾经作为战斗者的气质、风格和精神却并不能一下子实现彻底的转变,那些来自上一个时代的影响仍然存在,甚至依旧不可动摇。正如前文所述,在江户时代身份等级制度森严的时代背景下,士、农、工、商界限分明,武士作为统治者位于四民之首。他们的任务不再是奔赴战场,而是时刻确保城里的安宁及百姓的平安。他们与其他阶级有着不同的职责,被赋予更多的义务和要求的同时,也被赋予了很多特权。这些特权就包括"喧哗""敌讨"和"无礼讨"①,甚至有人说近世的武士只能通过"敌讨"和"喧哗"等,才能单独发挥武士作为战斗者的能量,并把这视为近世武士与中世武士的根本性差异。

武士拥有带刀的权利,加之其武者的性格,总给人一种粗暴的印象。他们本身是和平的维护者及保护者,却被赋予"喧哗"的特权,不免令人费解。但是,身为武士并非真的可以随便拔刀,可以不问时间地点地"喧哗"。实际上,从中世后半期开始,武士法规当中就已经出台了《喧哗两成败》的法令。法令规定:

---

① "无礼讨",日语词。与拥有姓名和佩戴刀剑一样,"无礼讨"是武士的特权,意即在遭受到武士以外阶层的"无礼"行为时,可以杀人而不受任何惩罚。

"喧哗"的双方,不问对错是非,一律平等处罚。早在镰仓时代,在武家法《御成败式目》中也曾规定:如有喧哗纷争,将在判断对方理屈理直后做出裁断,但禁止复仇。对于私下"喧哗""不管谁理谁非",当事人双方都要惩罚的相关规定,最早可以追溯到观应三年(1352年)室町幕府制定的建武式目追加第六十条。到战国时代,昔日幕府的武家法令逐渐失去效用。战国的大名们纷纷制定分国法,《喧哗两成败》就在此时出炉。关于这一点最早的例子见于文安二年(1456年),以藤原伊势守的名义挂出的布告牌上写有「喧嘩口論堅被停止訖、有違背族者、不謂理非、双方可为斬罪、若於加担人有者、本人同罪事」,表明了严格禁止"喧哗":一旦有违背法规者,将不问是非,双方皆斩;对于加势者,也同样问罪的意思。战国大名今川氏制定的《今川假名目录》第八条也规定:"喧哗之辈,不论理是理非,双方皆死罪。"随后武田氏制定的《甲州法度次第》也沿用了这一规定。战国大名推行这一规定的初衷,是为维护军队中的和谐稳定,禁止军中私斗,进而推广到否定私人执法权和私下复仇。

江户时代初期的前三代幕府将军推行武断政治,他们沿用了战国时代的分国法。庆长五年(1600年),关原之战时,德川家康发布的军令当中明确规定"禁止喧哗、口论,有违反者,将不问是非,双方皆罚";二代将军德川秀忠在元和三年(1617年)去往京都时下达的文书中也有如下命令:"禁止喧哗、口论,不管因何理由引起的纷争,日后都将在江户进行裁定。因此,如有违反法令者,将不问是非,双方皆斩。如在殿中发生喧哗、口论,则由当时在场者判断。如在城内或道中发生此类事件,也由当时在场者负责管理。没有物头的命令,禁止集会。如有对喧哗、口论事件袒护和支持者,罪加一等。"宽永十一年(1634年),三代将军德川家光在上京之时颁布的行军法令也规定:"喧哗、口论坚决禁止……若有违犯之辈,不论理非,双方可诛罚之……"可见,武士的"喧哗"行为是一直被法令明确禁止的。历史上遵照《喧哗两成败》的法令规定,对被卷进喧哗事件的当事人加以处罚的例子不在少数。庆长十二年(1607年),大名岛津家与池田家的家臣发生争执,此事便以幕府下令池田的家臣切腹而告终。事件起因是这样的,池田辉政的家臣菅小左卫门受藩主之命,要将德川家康的行李从江户船运到其隐居地骏府。没想到正赶上岛津家也派出使者前往骏府。看到岛津家的武士在清水港召游女玩乐,池田家的水手(非武士身份)就打拍子起哄,深感受到侮辱的岛津家武士,跳到池田家船上,打伤了四五名水手。在岸上闻知此事的小左卫门将岛津家武士追至江尻一带,杀死一名"奉行"和下级武士四五人,对余下的一名"奉行"报上自己姓名后,将其绑到船头离开。当时池田辉政曾以"并非小左卫门引起的喧哗"为由为小左卫门向幕府求情,但幕府使者主张"《喧哗两成败》的法律是天下之法,无法轻判",无奈之下,池田辉政只能命小左卫门切腹,将其四百石的领地交由其年仅三岁的嫡子继承。另一方面,岛津家的"奉行"也被其藩主命令切腹,其原因在于身为武士竟然被人用绳子绑在船头,这是无法忍受的奇耻大辱,只能以切腹雪耻。据说,在这种情况下,受辱的武士应自行切腹,因本人没有自觉实施,为了挽回本藩面子,上面便会令其切腹。如此,两家各自出现一位切腹者,维持了表面的公平。对于如何处理发生在江户城内的拔刀砍人事件,也是有判例可循的。幕府右笔服部半三郎在殿上与同僚山中三右卫门发生过口角,三右卫门怀恨在心,在半三郎的必经之路加以埋伏,企图杀死对方,结果反被半三郎砍杀。尽管半三郎是个素来稳重、颇受上下左右爱戴之人,但事情传到德川家康耳中,还是下令命其切腹。宽永四年(1627年),犹村孙九郎在江户城西丸拔刀砍向木造和铃木两人,铃木当场死亡,木造受伤,结果是贬犹村为平民并命其切腹,木造和铃木不论死活,双双被贬。从这一惯例法来看,遇有武士"喧哗"事件,幕府根本不用调查双方孰是孰非,只要双方各打五十大板,处置公平即可。

　　既然法令如此严苛,从道理上来讲"喧哗"的案例应该是极其少见了,可是事实并非如此。有时候一个时期一种法律的制定往往是当时社会现状的反面呈现,当时的武士常常因为一些微不足道的小事拔刀相向,最后双双殒命。山本博文在《武士与世间　为何急于赴死》中提到这样一件事:椿井民部是佐渡国主的大组头,一天在番町的十字路口遇到了纲岛判右卫门。因为有要事在身,再加上马急路弯,来不及下马,擦肩而过之际,甩蹬致歉(按照当时的礼仪,武士路遇之际,如果对方比自己身份地位高,要下马问候,如若不然,只要甩蹬即可)后便急驰而去。椿井民部当时的俸禄是三千石,身份高于俸禄只有三百石的纲岛判右卫门。所以其做法完全合乎礼仪,但遗憾的是,错马之际,判右卫门并未听到民部的话。事情发生当时并无其他人在场,如果判右卫门不以为意,事情也就过去了,但是认为被轻视的判右卫门,无论如何不能释怀,召集门下商量雪耻的对策。当时一位人情练达的老武士提醒:"像民部那样的人不会做那样失礼的事。如果真的是他有意轻视将另当别论,会不会是擦肩而过之时,您没听到他的话呢?"经提醒,判右卫门也有所动摇,但仍然坚持说:"即便民部严守礼节,但我并未听到,所以还是不能咽下这口气。"也许在判右卫门的内心也想遵循老武士的说法,但又担心被人看作懦夫,只能硬着头皮坚持下去。他将事情经过写在书信上,派人送交民部,并约民部决斗以雪耻。民部立即回信说:"本人确实甩蹬问候了,但事已至此,多说不宜。我会准时赴约。"后来,事情被藩当局知晓,当局方面派大臣出面调停。按照现代人的想法,双方本来就无宿怨,并且已知是误会,完全可以借着当局调停的台阶,大事化小,小事化了。可是身为武士,却并不这样想。他们首先想到的是周围人的评价及自己的面子。对于武士来说,一旦系错了扣子,便再无修正的机会。民部认为如果接受调停,周围人将会把自己看成贪生怕死之辈,这会成为自己最大的耻辱,身为武士的面子将不复存在;若继续坚持决斗,又会违背主君的命令。作为家臣,必然要遵守家臣的义理。在对个人名誉的维护和对主君的忠诚之间,他选择了后者。于是他顺从主君的意思,放弃了与判右卫门的决斗,但是之后又剃发出家,携妻带子离开佐渡,寓居江户浅草,终生不仕。判右卫门听说此事之后,认为民部通过离开佐渡,保全了武士的面子,自己也不能留下成为别人的笑柄,于是告假来到浅草拜访民部。两人一边感叹"再也没有比遵守武士的义理更令人无奈的事情了",一边互刺身亡。这个故事中的两名武士,因为一点微不足道的小事而放弃了自己宝贵的生命,中间本有很多机会和正当的理由可以在不损害双方面子的情况下轻易地解决问题,但出于武士的伦理,他们选择的是先忠于主君,后为武士的自尊而放弃生命。

由前文的实例分析可知,当时引起武士之间"喧哗"的原因大致可以分为两类:一类是双方之间并无深仇旧恨,只因一时言语不合而引发的偶然事件;一类是由于一方刻意侮辱,损害对方的名誉而引发的事件。被卷入"喧哗"中的当事人,处于被动的一方被要求要拥有明辨情况并立即采取相应对策的能力。而他们如何行动就关系到武士的尊严问题。一般认为,在前一种情境中,如果平时是谨言慎行、注重礼仪并且具有随机应变能力的武士,即便对方是一个无礼之人,甚至是无赖之徒,也能够巧妙地防患于未然,从而避免事态的扩大;如果是缺乏自控、自律意识的武士,则容易冲动"应战",从而造成不可收拾的局面。在这种情境中,前者的做法更值得提倡,也更符合当时社会对武士的期望和要求。而后一种情境,在对方的行为举止已经明显伤害到自己名誉的情况下,作为一名武士,就要义不容辞地维护自己的尊严,到了"该出手时就出手"之际,除了"出手"之外,没有别的路可走。关于这一点,大道寺友山在《武道初心集》曾经指出,如果因为前一种偶发的"喧哗"而丧命,完全是白白送死,不值得提倡;如果事关自己的名誉,也要确保有证人在场,从而能够证明自己完全是为了名誉而进行应战,再付诸行动也不迟。大道寺友山的理论或者说思想是建立在遵守武家法度的前提下的,这与山本常朝提倡的武士道不同。在山本常朝的武士伦理当中,一旦遭遇"喧哗",不需要思考正义与否,只要认为受辱,当场反击才是正确的。如果表现怯懦,即便当时能够苟活,事情却不会就此而终结,他们或者会受到主君的处罚(而这一处罚往往是因为表现怯懦而受到处罚),或者会遭到世间舆论的批判。权衡之下,唯有快速、直接的行动才是上上策。其实,山本常朝提出的应对方式绝非偶然,也不是个别情况,它也在一定程度上反映了江户时代武士的普遍价值观。武士们之所以能够采取那样的行动,是怕授人以话柄,是为了避免被世人看作懦夫,是在意世人的眼光的表现,也是出于对"武士"之名,即武士之"义理"的维护意识。美国人类学者路丝·本妮迪克特认为"义理"有两种,一种是"对世间的义理",一种是"对名誉的义理"。两者相比较,武士显然更重后者。他们要做值得世人尊敬的人,同时也要做为自己内心所认可的有尊严的人。在这些武士的心中,那些名誉受到侵害却不能打破法律的禁忌杀死对方的武士,本来就缺少一种武士该有的气概,是根本不可能很好地为主君尽忠的。

　　一方面,出于统治者维护社会稳定的需要,"喧哗"被禁止;另一方面,从武士要做四民的伦理典范,要对得起武士之名的角度来看,一旦武士被置于"喧哗"的场景,便只能冒着违背法令的风险,通过放弃只有一次的生命,扬武勇之名。相反,若在应该"喧哗"的时候采取了躲避的态度,反倒会被人质疑。正因如此,"喧哗"不断发生,为避免纷争扩展到日后,幸存下来的一方只能被判切腹。这是江户时代普遍存在于武士当中的伦理观。从《叶隐》当中不断提及的"喧哗",也可以推测出山本常朝所推崇的武士伦理。

二、《叶隐》中的"喧哗"

　　查阅《叶隐索引》,岩波文库本中关于"喧哗"的词条共出现二十五次,与"喧哗"相关的"口论"出现二十九次,"刃伤"出现四次,"遗恨"出现二十次,频率可谓很高了。这也从一个侧面表明,在武士的世界里,"喧哗"就像日常茶饭之事一样普遍。

　　松平相模守的家臣有一次到京都借钱,在城里租了房子住下。有一天从过路人那里偶然听到"刚才打架的好像是松平相模守家的",就追上去问详细情况，然后毫不迟疑地跑到打架现场，杀死对方两人，解救友人于危难之中。事发之后，对衙门"你确实参与了违法事件，没错吧？"的审问，该家臣的回答如下："听说朋友被卷入喧哗事件而佯装不知，有失武道；看到友人有难，见死不救贪图活命，是武道的衰颓。为了维护武士道，遵循武士之法，严守武士的道德信条，我早已将生命置之度外，尽管下达处罚的命令吧。"衙门里的人深受感动，不但没有处罚家臣，还对松平相模守说，"您的家臣是好样的"。

大野千兵卫的哥哥与莲池的某个铁匠存在着同性之间的恋爱关系，两人之间因宿怨，将官司打到上级那里。当时胜茂公去了江户，留守藩内的治澄命令二人决斗，并且不可找帮手。决斗当天，大野先受重伤倒地。旁边观战的千兵卫不顾先前的命令，出手砍倒了铁匠。大家一致认为千兵卫无疑会受到处罚，他却被从江户归来的胜茂赦免了。

还有一件关于鹤五郎右卫门的事。鹤五郎右卫门有一天半夜要下城的时候，发现自己的刀不见了，就开始到处找。一旁的福冈安右卫门说道："武士竟然把自己的刀弄丢了！"鹤五郎右卫门因为这一句深感受辱，第二天直接冲到安右卫门家里杀死了他，而自己也为安右卫门的两个儿子所杀。因为此事，安右卫门一家被没收领地。还有一说，安右卫门的姐夫与安右卫门居处在一起，争斗当时，他正巧出门打水，于是躲过了处罚。这位姐夫是青木八郎兵卫的组员，属于大组头——大木左助所在组。大木听说此事后，下令："既是清早发生的事情，不可能不知道发生争斗的事，一定是故意逃开的。我们组里不容懦夫，仔细查明情况。"私下里把那个姐夫叫来一问，结果真实情况是，看到孩子们与鹤五郎右卫门苦斗，那个姐夫便上前助战，把鹤五郎右卫门打倒之后，让孩子们斩杀了他。因担心影响孩子们的声誉，就没有说真话。得知真相的大木私下里奖赏了那个姐夫。

在《喧哗两成败》这一夹缝中生存的江户时代的武士，一旦不慎卷入"喧哗"，不管应战与否似乎都只有死路一条。不应战，会被看作胆小鬼、懦夫，被人嘲笑，结果不会比死更好。稍微有一点义理观的武士都会为了名誉而应战，而一旦应战，败了必死无疑；即便侥幸获胜，也会因为法令的缘故不得不切腹。但我们看前面给出的几例，似乎并不限于此。

前面例子中出现的松平相模守的家臣也好，大野千兵卫也好，最初都与打架事件毫无瓜葛，而且一旦听说便迅速跑到现场助战。当然，卷入"喧哗"及助战等是按律当罚的事实，他们是事先就知晓了的。如松平相模守的家臣所说的那样,他们是做好了接受处罚的准备,从而抱着必死的决心奔赴"喧哗"现场的。在他们的伦理观当中,武士之道德律、武士之名誉是在生命之上的,为了名誉,他们早已将生命置之度外,但也正因为如此,结果不但没有受罚还受到奖赏。安右卫门姐夫的事件又从另一个侧面证明名誉重于生命的事实。表明自己不在喧哗现场的安右卫门的姐夫,虽然免受衙门的处罚,但难逃大组头的责难。如果没有偷偷阐明事实,想必也会冠以懦夫之名被从组里驱逐出去。也就是说,即便遵守法令,不参与"喧哗",虽然表面上不会被官方责罚,却终归难逃被人嘲笑、轻视的命运,尤其会被周围的武士看作懦夫,最终落得孤立无援的下场,这在武士来说是最难忍受的耻辱。

万治元年(1658 年),冈山藩曾发生过一起因同性恋爱问题引起的刀伤事件,藩主池田光政命令后来跑到现场助战的武士切腹,其理由是,"半道参与事件的人往往被评价为勇气可嘉,但这是偏离正道的逞强行为。所谓大勇,是知不对而退。知不对而不退,是出于担心可能被人看作胆小鬼的想法,表面上看来是值得依赖的人,但实际上完全是替自己考虑。即便冒着被人嘲笑的风险也要坚持义举,这样的武士才称得上是好武士"①。从这段话可以看出,池田光政主张武士应该有"大勇",而"大勇"就是行义举,做不偏离正道的对的事,所谓"正道",当然是藩当局规定的法度之内的事,"喧哗""口论"及跑到"喧哗"现场助战的事,当然被视为偏离正道之事了。但是,池田光政一方面这么说着,另一方面却把那些在同辈武士处遭受屈辱而丝毫不采取对抗措施的家臣视作没有出息之人,或罢黜他们的武士身份,或将他们加以流放。《会津藩·家世实记》卷三、延宝二年六月二十三日条目中就有一条相关记录表明,会津藩对那些刻意回避"喧哗"、缺少"男道"的武士的处罚极其苛刻,当事人被判死罪是毋庸置疑的,在该武士死后,其子孙后代还会被禁止继承家督。由此可见,在德川江户时代,"喧哗"之事是与武士的武勇及名誉息息相关的,不管法令如何禁止,一旦真

---

① 原文如下:「刃傷への荷担は、義を守る正しい行為ではない。/参与刀伤事件的行为,不是守护正义的行为。」在《池田光政日记》中,也有这样一段话:「荷担した者を、けなげであると評する向きもあるが、これは、道に外れた行為を強気で行ったものである。大勇というのは、正しくないと知って去ることをいう。正しくないと知りながら去らないのは、臆病者と言われるかもしれないと考えたからであり、頼りになる人物のように見えるが、実際は自分のためを考えているのである。人々に嘲笑されても、それに構わず義を守る者こそ、よき武士である。」

的遵守法令就失去了武士的尊严,等同于对武士自身的否定。池田光政说武士们半道参与'喧哗'是偏离正道的行为,完全是出于对自身统治的考虑,似乎也无可厚非。违背法度会获罪,遵从法度则会遭受耻辱,处于法律与自我决断的两难之中的德川武士,只能两害相权取其轻了。正如和辻哲郎所说,"违背戒律是背叛主君,使家人受牵累是破坏家族伦理,但即便冒着这样的风险也要证明自己不是懦夫。这不是因为周围人把自己看成懦夫,而是不愿意自己把自己当懦夫"①。山本常朝主张:"在没有他人耳目的地方要慎独,在公众场合要慎重。独居时不可行为卑鄙,在不挂他人耳目的胸中,如果放松悬心,听任卑贱溜出来,在公众场合中就会暴露卑贱,即便立即化妆打扮,尘垢亦依然。"(《闻书第二 33》)在这段话中,山本常朝强调的是,在别人所看不到的地方的谨言慎行,才是一个武士真正该有的姿态。另外,即便是在别人不知道的地方受辱,也要想办法雪耻,这也是《叶隐》中提倡的武士伦理。

武士甲有一天突然砍杀武士乙,在咽气之前,乙问甲:"我不知我们之间有何宿怨,你为何杀我?"甲答:"不只是你,也许谁也不知原委。但你此前的行为,我深感受辱。即便别人不知道,但我无法欺骗自己。为了雪耻,我只能杀你。"这个故事与前文提到的椿井民部与纲岛判右卫门的故事相似,都是在当事人以外的人并不知原委,甚至当事人中的一方都不知原委的情况下发生的。为了一点微不足道的小事,而不惜赌上宝贵的生命,这是武士将名誉看得比生命更重的最好诠释了。可是另一方面似乎也表明了武士过于注重自我的倾向。他们只是为了证明自己并非懦夫,只为了使世人看到并承认自己的武勇,就可以轻易抛却生命,并且还要搭上一个或许不知就里的无辜者的生命。而那个一开始并不知就里的无辜者,一旦被挑战,便也为了所谓的武士之名,选择不解释,不辩明,抱着必死的决心应战。在山本常朝眼里,在《叶隐》武士的眼里,及时雪耻,不惧死亡,就是勇的表现。

而实际上,在当时的德川时代是不是都是如此呢?遇到此种只有单方面认为彼此之间存在恩怨并以武力解决的情况,又会被如何处置呢?在《会津藩家

---

① 原文如下:「掟を破ることは主君に背くことであり、一族を串刺にされることは家族的人倫を破壊することであるが、これを冒してでもなお自分が臆病者でないことを実証しようとするのは、世間が自分を臆病者と見るからではなくして、自分がおのれ自身を臆病者と感じたくないからである。」

世实纪》中的相关事件似乎可以提供一些参考。正保三年（1646年）三月十九日，栗田宇右卫门吃过早饭后去拜访同组成员楢山忠兵卫。二人见面后，栗田宇右卫门拔下佩刀递给忠兵卫，说道："我准备了一把刀，请你过目。"忠兵卫认真看过后，边赞"好刀"边把刀还给栗田宇右卫门，哪知宇右卫门接过刀后接连向忠兵卫砍去，忠兵卫仓促之间拔出匕首还击，但终因负伤在先，没能奈对方何。宇右卫门见忠兵卫已被自己重伤，便奔向远方亲戚乡右卫门处。忠兵卫对近旁之人解释当时的情况，说出自己"未曾与宇右卫门结过怨，也许是对方精神错乱导致的。当时身边并无人助战"之类的话后，便气绝身亡。另一方面，宇右卫门面对随后赶到藩当局派来对其审问的人时，却应对得很是冷静，他表明"自己没有任何需要辩解的，之所以会砍杀对方是因为跟对方之间有怨恨。而忠兵卫本人及周围的同僚也许都不了解怨恨的缘由，只因要对自己有个交代，必须砍杀对方。并且从去年开始，已在计划此事，家中一切都已处理完毕，希望在大龙寺切腹"。藩当局并没有按照宇右卫门的意愿，允许他在大龙寺切腹，而是命令其在乡右卫门处立即切腹了。

延宝六年（1678年）三月二十九日，北乡弥内与竹本三四郎之间发生刀伤事件，弥内当场死亡，三四郎受重伤。死去的弥内曾给亲族留有书信。从其书信可见，认为两人之间存在恩怨的是弥内，挑起"喧哗"事端的也是弥内。尽管如此，藩内的"家老"们对书信并不细致调查，即刻命令三四郎切腹。在"喧哗"事件中，只要有一方死去，幸存的一方不管真相如何，只有切腹一条路可走。但是，此种切腹有别于对犯罪者的处罚，那是对身为武士者的必尽之礼，里面包含着对其名誉的尊重。

在《闻书第一　55》中，有如下表述："某人被打了，却没有去报仇，人人都以为是武士的耻辱。报仇很简单，就是以迅雷不及掩耳之势冲上去杀，杀了对方就可以雪耻了。如果想着万一复仇时不能战胜对手，此念一出，就会以对手人多势众来为自己辩解，而徒然地拖延时间，最后，就只能和别人商量，甚至是不了了之。而真正的复仇，即便对手上千，只要有见一个杀一个的决心，那也可以实现。"在这段话里，山本常朝认为如果遭遇"喧哗"，却不当场还击，事后也不去报仇，是一种耻辱，考虑能不能取胜的问题本身就已经居了下风。为了不受辱必须做到"以迅雷不及掩耳之势冲上去杀""不考虑胜负""无二无三地死狂"，只有这样的人才称得上是可靠之人，才是有出息的。江户时期的儒学者室直清（1658—1734）在《五常五伦名义》中，将义理概括为"当生时生，当死时死，决断万物,些许不可违其道"。山本常朝主张的"不考虑胜负",一味"死狂"的精神,与此应有相通之处。武士只管行动,将生死交给老天,所以同样是在这一条目下,山本常朝对于以忠臣之名得到世人普遍认可的赤穗浪士,表明了批判的态度。山本常朝的理由是,浪士们用了一年的时间才替主君报了仇,如果在此期间吉良病死,则此仇无处可报,必然会终生遗憾。另外,报了仇之后,浪士们没有在主君的墓地所在地——泉岳寺立即切腹殉主,也是不应该的。也就是说,山本常朝对浪士们为主君复仇的动机及行动本身是持赞成意见的,只是认为这四十六浪士应该采取更加当机立断的行为,在主君切腹之时立即行动,或者说在大仇得报之后,不应等待幕府的判决,而应该立即殉主。在山本常朝看来,四十六浪士在等待幕府判决的行为里也"打了如意算盘",即怕死的表现,在对武士之名的义理维护方面显露出了犹豫和踌躇,这是不应该的。山本常朝把这些犹豫和踌躇看成是上方人的小聪明,指出"上方人都有小聪明,被人夸奖为高明,但他们永远做不到像长崎喧哗中的浪人做到的那样"。那么,这件轰动当时,并在后世被不断演绎的赤穗事件到底是怎样的呢?因为这个著名的事件涉及"公"与"私"的纠葛判断,涉及"武士道"与整个江户幕府的法制的冲突问题,所以还原整个事件的经过,有助于进一步理解山本常朝对此事件批判背后的寓意。

(一)赤穗浪人事件

赤穗浪人事件前后持续两年多的时间,具体由江户松之廊下的刀伤事件和其后的复仇事件构成。发生在江户城中的拔刀伤人事件可以追溯到元禄十四年(1701年)三月。元禄十四年正月,当时的五代将军德川纲吉按照皇室惯例,派出使者前往京都向东山天皇祝贺新年,作为还礼,天皇也会向幕府派出使者。当年的使者预定于二月抵达江户。幕府方面负责接待天皇使者的"敕使飨应役"之一是赤穗藩藩主浅野内匠头长矩,为"敕使飨应役"进行接待礼仪指导的,是属于幕府的"高家肝煎"[①]之一的吉良上野介义央[②]。三月十四日,朝廷敕使和院史登临江户城听取将军德川纲吉对朝廷敕宣及院宣的答复,江户城上下忙成

---

① 战国时代到安土桃山时代的名人后代,如上杉家、大友家、今川家、织田家、武田家等,其中特别熟悉礼仪的三人被选为高家肝煎。

② 吉田义央出身吉良家,吉良家与今川家同为室町幕府将军足利家的分支,因此有"公方无继吉良可续,吉良无继今传可续"的说法。在德川时代,吉良家早就没了昔日的风光,仅仅是德川幕府的礼仪指南。

一片。就在这样的气氛下,浅野长矩突然从背后拔刀砍向于松之廊下与人交谈的吉良义央。因周围人及时制止,吉良义央虽被砍中两刀,但并无性命之忧,此事被认定为发生在将军近侧的性质严重的故意杀人未遂事件,且朝廷的敕使、院使都在江户城中,涉事双方又均为幕府接待朝廷使节的官员,影响极坏。幕府震惊之余立刻派出"目付"①调查。结果,浅野表示,自己并非对幕府有何不满,只是与吉良之间存在私人恩怨。另一方面,吉良却把事情撇得一干二净,表示自己不记得与浅野有任何仇怨。依据两人的供词,所有不利证据均指向了浅野。"目付"们把调查结果通过"大目付"仙石久尚向几位幕府"老中"做了汇报,就在"老中"们讨论处理办法的时候,"侧用人"柳泽吉保把事情经过汇报给了当时的幕府将军德川纲吉。纲吉大怒,立刻下令浅野长矩即日切腹,而吉良仅受到免除职务的轻罚。纵观整个江户史,应该说大名被判决当日切腹的事情是极其罕见的。即便在幕府之中,浅野长矩的即日切腹也引起了巨大的争议。一些幕臣认为浅野长矩作为俸禄五万石的大名,在双方是非曲直尚未断清的情况下就匆忙判其切腹,未免过于草率。也有人表示,既然浅野长矩赌上性命在江户城中拔刀,此事必有隐情,幕府不处分吉良义央,而只令浅野长矩切腹,未免有所不公。

德川将军纲吉之所以下如此重手,无非是想趁朝廷使节尚在的时候,尽快表明幕府的态度,以免此事影响他获取朝廷从一位官位的册封。操纵幕府的"侧用人"柳泽吉保却坚持迎合德川纲吉的意图,此事就草草收场了。次日,幕府宣布赤穗藩"改易",藩主继承人浅野长广闭门思过,与赤穗藩有亲缘关系的大名与旗本一律遭到"远虑"(禁止登临江户城)的处分。赤穗藩在江户的武家宅邸被没收。面对如此变故的赤穗藩藩士们当时分成了两派,其中一派主张对抗,一派主张献城。而"家老"大石良雄也在此时接到身在江户的赤穗藩士要求协助的请求,他们表示要刺杀吉良为主君复仇,因为当时赤穗藩正盛行抵抗殉主之说,立即复仇之事最终未果。最后大石良雄以"复兴浅野家"为宗旨,说服了所有抵抗派藩士,接受了向幕府开城的主张。

赤穗藩被"改易"后,所有的赤穗藩士都成了浪人,各奔东西。大石良雄交出城池之后,因病在赤穗疗养了一段时间,之后就居住在近畿山城国的山科。在此期间,他积极派人上下活动,为复兴浅野家走门路,同时也极力安抚住在江

---

① "目付",日语词,江户时代的官职。主要职责是监视家臣的行动。

户的赤穗浪人,以免他们为复仇而轻举妄动。可到了元禄十五年(1702年)七月,幕府下达了将浅野长广永远监禁于广岛藩的命令。眼见家业复兴无望,大石良雄正式决定开始复仇的计划。同年十二月十四日夜里,大石良雄将四十七位复仇浪人分成两拨,从两路分别袭击吉良义央的府邸。此次行动,赤穗浪人只付出两人受伤的轻微代价,就取下了仇人吉良义央的首级,同时杀死吉良家十五人,伤了二十三人。完成复仇后,四十七位浪人带着仇人吉良义央的首级来到泉岳寺主君的墓前进行祭奠。此后除一名叫寺坂信行的"足轻"离开外,其余四十六人齐齐在泉岳寺向幕府递交了自首书,等待幕府的处置。

严格说来,赤穗浪人的复仇事件位于赤穗藩主君浅野长矩与吉良义央刀伤事件的延长线上,是因为幕府违反《喧哗两成败》的原则,对刀伤事件做出的不公平判决引起的。实际上由这样的不公平引起的仇杀事件在江户时代并不罕见。早在赤穗事件发生之前,宽文十二年(1672年),在宇都宫藩也曾发生过一起"净琉璃坂仇讨事件"。宽文八年(1668年),宇都宫藩主奥平忠昌死去,两名家臣奥平内藏允和奥平隼人在藩主的葬礼上突然发生口角。起因在于奥平隼人自恃武勇,素来看不起文弱的奥平内藏允,两人一直不合。受了侮辱的奥平内藏允不顾场合,当场拔刀,结果反被奥平隼人砍伤。当晚,奥平内藏允切腹自杀,藩厅以"刀伤后破伤风死亡"为由上报,参与这场"喧哗"事件的奥平隼人当时却未受惩罚,但仅在半年后,就被宇都宫藩判"改易",之后奥平隼人投靠了江户的旗本大久保助右卫门。奥平内藏允十二岁的儿子奥平源八也被赶出了宇都宫藩。按照《喧哗两成败》的法令,此番判决显然不公平,奥平源八内心不服,从此走上了复仇的道路。宽文九年(1669年),奥平源八在出羽山上砍杀了奥平隼人的弟弟奥平主马允,奥平隼人如惊弓之鸟,带着父亲奥平半斋逃往江户净琉璃坂户田七之助的宅邸。宽文十二年(1672年)二月三日凌晨,打探到消息的奥平源八带着四十二名化装成江户消防员的同党,闯入户田七之助的宅邸,砍杀了奥平半斋后离去,奥平隼人追踪而出,也成了奥平源八的刀下鬼。当时幕府对奥平源八的处理也颇耐人寻味,因为幕府"大老"井伊直澄欣赏奥平源八的孝心,并未判其死罪,而是将其流放至伊豆大岛。

同样,对于赤穗浪人的复仇行为,当时的江户百姓也给予了高度的评价。之所以会有如此表现,有学者提出是因为当时商品经济的发达产生了贫富不均,除了贫民之外,甚至有识阶层的武士中,也有越来越多的人对社会现状和当权集团的作为感到不满。这种不满,使各个阶层的人们之间产生了广泛的共鸣。正是这种共鸣，令他们对不顾幕府法规报仇杀人的浪人们充满了同情。在这些百姓眼里，赤穗浪人不仅仅是遭受不公正待遇的武士的代表，也是希望改变现状的民众的英雄。另外，当时幕阁中也不乏对浪士们的同情者。如理学家林信笃和室鸠巢就认为他们的行为是"义举"，正符合理学中所要大力宣扬的"忠孝"观念，出于维系幕府统治的需求，也应该大力弘扬这样的观念，对他们进行赦免。室鸠巢甚至在感动之余撰写了《赤穗义人录》，对浪人们的行为大加赞赏。古学家伊藤东涯、水户学派的三宅观澜、崎门学派的浅见䌹齐等把浪人们称为义士。幕府"老中"们合议后的结论是，大石良雄等人虽是趁夜入室杀人，但他们的行为纯属出于忠义，不应该被认定为是结党，应该解除监禁，对他们予以赦免；相反，吉良家家臣中有不全力抵抗者，有违忠义之道，应该处斩；米泽藩主上杉纲宪不救父厄，有违孝道，当予"改易"。甚至连将军德川纲吉也认为，赤穗浪人其情可悯，为了幕府的面子，他希望由上野宽永寺的公弁法亲王亲自出面，赦免这些浪人。公弁法亲王的回答却出人意料："与其赦免他们，不如于此时成全了他们的忠义之名。因为一旦他们将来做出不道之事，反而有损他们的清誉。"秉承经世济用思想的儒学者荻生徂徕亦从法律角度出发表明自己的态度，他在《赤穗四十六士论》《徂徕拟律书》中有说："赤穗四十六士所谓的义，乃是私论；浅野违反幕府法度切腹，乃是法度。因此，复仇吉良，是以私论而背法度，若允许此种行为发生，幕府今后法度将乱矣。"徂徕学派的太宰春台、崎门学派的佐藤直方等也与荻生徂徕持基本相同的观点，他们认为浪人们在复仇成功后应该直接自裁，没有立即切腹而是厚着脸皮等幕府处理意见的行为，就是借着世间的舆论力量期待免死，没准儿还计划着重新在幕府中谋职也不一定。这种说法与山本常朝的批判表面上有相通之处，实则完全不同。在太宰春台看来，浪士们的复仇行为就是违反幕府法度的，既然不惜通过违法的行为实现自己的意愿，当时就应该主动伏法。山本常朝主张，浪人们在得知主君切腹的消息而没有第一时间向吉良复仇已经是最大的失败了；复仇之后没有立即切腹殉主是第二次失败。也就是说，太宰春台作为官方代表，从一开始就不主张浪士们复仇，而山本常朝从未从法度的角度思考问题，他提倡的始终是不犹疑，不打算，"无二无三的死狂"精神。尽管他认可赤穗四十六浪人的复仇行为，却为他们并未将武士应该持有的传统行为规范发挥到极致感到遗憾。

在对浪人们的两种意见中左右衡量，权衡再三，将军德川纲吉最后终于下定决心，于元禄十六年（1703年）二月四日下达了令赤穗四十六浪人切腹的命令。对吉良家,则下令"改易",吉良义央之子义周被判流放,最后落得客死异乡,吉良家嗣断绝的下场。另一方面,宝永六年(1709年)将军德川纲吉死后,浅野家由新任将军德川家宣赐予五百石领地,成为幕府的旗本,与此同时,赤穗浪人的后人们也均被赦免。从最后的幕府裁决来看,对于武士行为的判断,尽管以幕府的意志,即以法律为衡量标准,但是如果身为武士,其行为过于偏离武士身份应该遵守的传统的行为规范,也会受到幕府的惩罚。吉良义央的儿子因在遭受浪士们复仇时没有抽出长刀抵抗,被判流放,而社会上对这一处罚没有表现出任何异议,因为在武士社会的传统观念里,不抵抗来自对方的攻击,本身就是必须受到惩罚的"罪行"。从幕府的处置来看,最初针对江户松之廊下发生的浅野砍伤吉良事件,因未对吉良做出任何处罚,遭到了舆论的批判。大概也是吸取了前面的教训,针对后面的浪人复仇事件,幕府按照《喧哗两成败》的法令,对浅野方和吉良方都进行了惩罚,这也是因为当时不仅幕阁内部存在着赦免浪人的声音,百姓对浪人们也充满了同情,为了在情与理之间寻求一种平衡,幕府采取对双方各打五十大板,并赐予浪人们光荣的死法的方法。事实证明,这种方法在当时也是极其有效的。

相对于对赤穗浪人事件的批判,山本常朝对长崎喧哗事件极尽赞美。他称赤穗浪人所拥有的是上方人的小聪明,他们"永远不会像长崎喧哗的浪人们那样,不带有任何'分别心'地、不假思索地立即报仇"(《闻书第一 55》)。而对于长崎喧哗事件的来龙去脉,《叶隐》当中并未提及。笔者在这里根据竹内诚的《元禄人间模样 生于变动的时代》和山本博文的《〈叶隐〉的武士道》中的相关内容,还原了这个事件。

(二)长崎"喧哗"事件

这是发生在赤穗事件前一年的事件,元禄十三年(1700年)十二月二十日,在长崎的本博多町大音寺坂附近,佐贺藩"家老"锅岛官左卫门的家臣深堀三右卫门和芝田武右卫门两人,在雪道上与从属于长崎町"年寄"高木彦右卫门的下级武士㧔内擦肩而过时,不小心将泥巴溅到了对方身上。双方因此事而发生争吵,起初深堀方的武士不停道歉,高木方不依不饶,以致动起手来。后来㧔内扔下一句"我是彦右卫门的家臣,回去找人收拾你们,站那别动"就逃跑了。深堀与芝田二人依言等了许久,因为不见对方来人,就返回了位于五岛町的宅邸。当晚,㧔内带来高木方的七名武士闯进锅岛官左卫门宅邸,对深堀等人大肆辱骂,深堀愤怒之下拔刀砍伤一人,而高木家的武士并未带刀,抄起棍棒一顿乱打,之后夺下深堀的刀,撤回高木家。身为武士,却被对方用棍棒击打还被夺刀,这自然是奇耻大辱。不堪受辱的深堀和芝田于第二天黎明闯进高木家试图雪耻。这次轮到高木家拼命道歉,还找来中间人进行调解仲裁,最后达成一致意见,要求高木家出具正式的道歉信。事情到此似乎已经了结了,但是就在双方谈判的过程中,锅岛家来了十名武士,要为深堀和芝田助阵。他们听说主家的宅邸被人闯入,在他们眼里,与高木家武士的争端已经不是私人打斗那么简单了,对方已经变成了擅闯主人宅邸的强盗,自然不能容忍。十名武士闯入高木宅邸,杀死了高木彦右卫门和其六名家臣,共计七人。随后,深堀在高木家院子里,芝田在高木宅邸前的桥上切腹自杀。十名武士撤回锅岛宅邸,与此同时,另有九名武士闯进高木家要为深堀助阵,到达时发现争斗已结束,遂撤离。元禄十四年(1701年)三月,幕府对整个事件做出判决。长崎町“年寄”高木彦右卫门家被没收宅邸,儿子彦八被流放,闯入锅岛官左卫门宅邸的九名武士(包括“喧哗”时的两名随从)处斩,判决可谓相当严厉。另一方面,对佐贺藩的“家老”锅岛官左卫门的家臣,幕府方面令佐贺藩自行处置。佐贺藩判定最初闯入高木宅邸的十名武士切腹,后来加入的九名武士流放。从结果上看,是一种《喧哗两成败》的处理方式,但是佐贺藩的深堀等武士的行动被认为符合武士的伦理,受到了幕阁的赞扬,“老中”阿部正武发表意见时还说:“深堀宅邸被町人般(指当时不用刀箭却用棍棒的事实——笔者注)身份的人袭击,身为家臣杀入彦右卫门的宅邸也是理所当然。”前文中(参见第二章第二节的“锅岛藩家风”)锅岛忠直处理下人事件的态度与幕府“老中”对佐贺藩深堀等武士的行动的赞美如出一辙。也就是说,从当时的时代大背景来看,无论是幕府还是各藩,尽管都极其注重秩序和礼仪的,但是仍有一部分人坚持传统的“武勇”之武士道伦理。

当然,说到伦理,其始终是在群体中建筑起来的,环境条件不同,伦理道德的尺度和底线也将不同。人性是需要约束的,而规则和法度则是约束人性的手段之一。江户时代初期,正是从武断主义向文治社会转型的过渡期,武士们也从战争年代的战斗员摇身一变成为和平年代的公务员。他们位居四民之首,要维持社会秩序的安定和百姓和平。他们被赋予“喧哗”特权的同时,又被《喧哗两成败》的法令所束缚。但正是从这样看似矛盾的法令中,可以看出江户时代对武士伦理要求的苛刻——武士既要武勇又要忍耐,既要注重自己之名又要维持社会稳定。他们一方面被要求遭遇挑衅要立即还击,另一方面被要求要有自控能力,要有防患于未然、将危机消灭于萌芽状态的能力。《喧哗两成败》的法令的下达,最终是出于约束武士、维持秩序的目的。彰显武勇还要维持正义,是江户时代儒学者们对武士怀抱的一种理想。山本常朝对"长崎喧哗"那样的事件大加赞美,可以说是受到锅岛藩家风长期浸润的结果。他所推崇的是那种不加分别,不计较后果的果断的复仇精神。从山本常朝的角度来看,身为武士,如果被他人袭击却没有马上报仇回击的话,便是奇耻大辱。他认为报仇很简单,就是以迅雷不及掩耳之势冲上去杀了对方便可,不必考虑是谁的过错,更不必考虑会产生的任何后果。真正的复仇,就是即便对手蜂拥而至,也要有见一个杀一个的决心,只要做到这一点,就完全可以实现复仇之目的。相反,如果复仇时一心只想着到底能不能战胜对手,实现复仇目的,此时心里便会动摇,会为自己找很多暂缓行动的借口,比如,用"对手人多势众,我还没有做好充足准备"等说辞来逃避复仇,这样徒劳地拖延时间,到最后的结果只能是和别人商量解决,甚至不了了之。对于复仇的对象,不管他是谁,哪怕上级也好,家人也罢,只要是能顺利为主君复仇,就应该不假思索地挥刀而上,绝不迟疑。静坐沉思那是禅僧的做派,而实实在在的行动才是武士所为之事,山本常朝推崇的完全是一种行动的美学。

第四节 "敌讨"之死

复仇事件在日本的封建时代被称为"敌讨",也称作"仇讨""敌打",是日本武士时代的一种特殊现象,盛行于日本中世和近世,到了江户时代已经日渐规范。平出铿二郎在其名著《敌讨》(岁月社1975年版)一书中,列举大量实例,展现了德川时代"敌讨"的全景。首先,武士在进行"敌讨"之前必须向幕府提出申请,由幕府登记备案,之后才可以在全国范围内搜寻敌人的行踪,发现敌人后可以在任何地点实施复仇行为;其次,"敌讨"者必须是被杀害者的下级或后辈,也就是说儿子可以为父亲,弟弟可以为兄长,臣子可以为主君进行"敌讨",而反过来则不被允许。同时,当武士的主君、父亲或兄长被杀害时,武士必须进行"敌讨",不管敌人藏匿到何方,也不管经过多长时间,最终都要将其搜寻出来杀死。也就是说,"敌讨"被认为是符合武士道德的行为,并且是武士必须履行的义务。当然,"敌讨"不同于一般的打斗,被杀害的人一定是在因为维护自己的名誉问题与对方发生"喧哗"而死的情况下,其臣子或后辈才能实施"敌讨",如果是因为一些不涉及名誉的问题而被杀,其臣子和后辈是不能为其复仇的。当然,最后复仇成功后,复仇者还要报请官府检验,而被复仇者的后辈和臣子,此后不可以循环往复地对复仇者进行复仇。从这些规定可以看出,尽管江户德川时代已经有《喧哗两成败》的法令出台,但发生"喧哗"的双方,并不是杀死一方之后另一方立即切腹自杀,也不是幸存的一方一定会按法令被判切腹自杀,正如在前文"喧哗"一节中所讲的那样,只要杀人的一方能够在"喧哗"现场表现得够英勇,能成功脱身,就可以跑到其他大名的宅邸寻求保护。也正因为这一行为被视为正当化,才存在后续"敌讨"行为的衍生之所。日本历史上著名的三大"敌讨"事件除了前文提到的赤穗浪人事件,还有曾我兄弟复仇事件和键屋之辻的决斗事件。尽管江户时代的"敌讨"行为是合法的,但并不是全国任何地方都可以实施。《敌讨》一书中曾经讲道,江户城郭内部,芝、上野、日光等将军庙所所在地,就是被明确规定禁止"敌讨"的地方。可以说,江户时代的"敌讨"行为已经出现被制度化的倾向了。明治维新以后,直到1873年明治政府发布太政官布告,"敌讨"行为才被明确禁止。

一、日本历史上著名的"敌讨"事件

(一)曾我兄弟复仇事件

曾我兄弟复仇事件是日本历史上三大复仇事件之一,发生在建久四年(1193年)五月二十八日晚上。整个事件可以追溯到十七年前的安元二年(1176年)十月。当时伊豆国豪族伊东祐亲在出猎的时候,遭到了两名刺客的刺杀,伊东祐亲安然无恙,其嫡子河津祐泰被误杀。原来这是叔侄之间围绕着地产的继承问题发生的一场同室操戈。伊东祐亲的父亲早亡,其祖父将名下的地产一分为二,将伊东庄分给了后妻所生之子工藤祐继,而作为嫡孙的伊东祐亲只得到了河津庄。工藤祐继死后,伊东祐亲夺下伊东庄,并把工藤祐继之子工藤祐经赶出了家门。工藤祐经怀恨在心,就伺机派出刺客向伊东祐亲动了手。河津祐泰被杀死后留下两个幼子——一万丸和箱王丸。后来随母亲改嫁到曾我家,两兄弟改姓曾我,一万丸后来改名为曾我十郎祐成,箱王丸被交给箱根权限神社抚养,两兄弟都在伺机为父亲和祖父报仇。后来,箱王丸在文治三年(1187年),认出了偶然随源赖朝一起到箱根权限神社参拜的工藤祐经。确认了仇人的所在后,箱王丸逃出箱根权限神社寻求北条时政的庇护,并改名为曾我五郎时政。建久四年(1193年)五月二十八日,是源赖朝在富士山一带围猎的最后一夜,兄弟俩打探到工藤祐经的寝帐位置后,趁夜摸进源赖朝的营地,杀死了工藤祐经。

但兄弟两人中的哥哥十郎祐成当晚也被杀死,弟弟五郎时政闯进了源赖朝的营帐,被源赖朝身边的武士制服。尽管源赖朝也同情曾我兄弟,但迫于工藤家的压力,还是决定将五郎时政处死。这就是曾我兄弟复仇故事的整个经过。①

山本常朝批判曾我兄弟的复仇中间隔的时间太久,违背了武士遇事应当机立断、立即行动的原理,却在随后又解释说:事情如果不经过事先的深思熟虑,到关键时刻就会失去判断,通常都会遭受耻辱。他说不应该对曾我兄弟的事件加以过多的评论,但仍然认为它是讲述武士道时的一个好素材。对于武士来说,不知何时会发生何事,所以要每早每晚一条一条地想清楚。时运决定胜负,为了不受辱而采取相应的行动是另一回事,只要有必死的决心就好。即便已经失败了,也要立即打回去,那不需要智慧也不需要技巧。真正的武士,不考虑胜负,也不在意外在形式,在一味向死突进之处,真正的自己才会苏醒(《闻书第一 55》)。从这段阐释当中似乎可以看出,在山本常朝心目中,尽管曾我兄弟并没有在认出杀父仇人时立即行动,但是多年以来一直怀抱复仇之志,为复仇而进行周密的计划,也可以说是拥有"常住死身"的精神了。事实上,山本常朝所在的江户时代,无论是歌舞伎还是净琉璃,其中都有关于曾我事件的内容,人们百看不厌,曾我狂言的表演甚至成为每年的惯例。尤其是在赤穗浪人切腹的元禄十六年(1703年)二月,《曙曾我夜讨》以戏剧的形式在江户中村座上演。这是将浅野内匠头的刀伤事件和攻入吉良宅邸两件事同时表现出来的最早作品,也是借助曾我兄弟事件来表现赤穗事件所具有的"敌讨"性质的作品。结果该剧上演了三天便被禁止。如前文所述,对浪人们攻入吉良宅邸这一事件,当时发生了很多争论,对于他们的行动是否为义举,浪人们是否为义士,最后整个事件是否具有"敌讨"性质等问题,幕阁中的意见并不统一。但是,对于普通的庶民来说,他们却没有任何悬念地把这件事情归结为"敌讨",并对浪人们的举动报以溢美之词。曾我兄弟的故事原本发生在13世纪,在经过几个世纪之后的江户时代仍以狂言的形式上演,这本身就说明了普通庶民对敌讨物语的极大喜爱和兴趣,同时也充分展现了民众内心所期待的武士伦理。与赤穗浪人事件和曾我兄弟复仇事件并称日本三大复仇事件的,是键屋之辻决斗事件,发生在江户时代。

(二)键屋之辻的决斗

池田忠雄是拥有三十一万五千石俸禄的冈山藩藩主,其宠爱一个叫渡边源

---

① 据陈杰的《幕府时代 镰仓幕府》(陕西人民出版社2013年版)整理。

太夫的"小姓"。宽永七年(1630年),该"小姓"被藩士河合又五郎杀害,之后河合又五郎脱藩。事件的起因源于一场"众道"之恋。因为渡边源太夫相貌俊美,尽管作为藩主的"小姓"是众所周知的事实,还是引起了河合又五郎的爱慕。怎奈渡边源太夫冷漠地拒绝了他的求爱。恼羞成怒的河合又五郎因爱生恨,竟然杀死了意中人。河合又五郎脱藩逃跑后投奔到江户的旗本安藤次右卫门正珍门下。藩主池田忠雄痛失"小姓",要求幕府命令安藤交出凶手。作为俸禄为二千五百石的大旗本,安藤联合其他旗本,以旗本的面子为由拒绝交人。该事件直接造成了幕府旗本和外样大名之间的对立。宽永九年(1632年),池田忠雄因患天花去世,临终前遗言嘱咐家臣一定要杀了河合又五郎报仇。认识到事态严重的幕府,命令旗本安藤将河合又五郎逐出江户,又将池田家移封到因幡国鸟取,企图息事宁人。但是,事情到此并没有结束。渡边源太夫的哥哥渡边数马决定为弟弟报仇。如前文所述,战国时代以来的习惯,一般是弟弟为兄长,儿子为父亲,属下为主君复仇,哥哥为弟弟报仇的情况则比较少见,渡边数马也有遵从主君池田忠雄遗言的含义在内。因此,渡边数马没有遵守迁国令,而是为了报仇,选择了脱藩。他联合了担任郡山藩剑术指导的自己的姐夫荒木又右卫门,四处打探河合又五郎的行踪,宽永十一年(1634年)十一月,终于在奈良旧郡山藩士的宅第发现了躲藏的河合又五郎。此时,河合又五郎也感觉到了危险,找到自己的叔父河合甚左卫门和妹夫樱井半兵卫进行护卫,这两个人分别是剑术和枪术达人,再加上一些护卫的武士,一行十一人逃往江户。渡边数马和荒木又右卫门打探到河合又五郎准备经由伊贺路前往江户的消息后,在必经的键屋之辻埋伏守候。宽永十一年(1634年)十一月七日凌晨,双方爆发决斗,经过数小时的恶战,最终以渡边数马复仇胜利而告终。一场当街的恶斗,数小时内无人干预,原因就在于所在决斗地的领主津藩藤堂家的暗中协助。他们不但为渡边数马提供情报,还隔绝了决斗地不让闲杂人等靠近。在这一事件中,外样大名的守望相助、同仇敌忾之情可见一斑。考虑到前文中的赤穗浪人事件同样是发生在外样大名和旗本之间的争斗,可以推测整个江户时代,外样大名和旗本、谱代家臣之间的对立一直是贯穿幕府政治的话题。完成了夙愿的渡边数马和荒木又右卫门受到了世人的瞩目。特别是实际主导这次报仇的关键人物荒木又右卫门得到了一致称赞。在随后的四年间,渡边数马和荒木又右卫门以监禁为名被关押在伊贺上野的藤堂家,实则是被保护了起来。宽永十五年(1638年)八月十三日,荒木又右卫门等被鸟取藩领去,仅在十七天之后,鸟取藩就公布了荒木又右卫门死去的消息。死亡消息来得十分突然,所以当时有被毒死和被藏匿等很多揣测。结合江户时代武家社会的"突闯事件",可以推测鸟取池田家是为了平息旗本的仇恨,故意对外发布荒木又右卫门的死讯,而实际是对其进行了藏匿的行动。

二、"敌讨"的意义

对于江户时期民众眼中"敌讨"的意义,和辻哲郎曾以井原西鹤的《武道传来记》为例进行过精辟的论述,该氏除在西鹤的每一个短篇后面加上评论之外,又指出以下重要的两点:"值得注意的是双方决斗的起因都是很细小的事情。……非常琐碎的侮辱性的语言、轻蔑的态度、冷淡的评论等,直接导致武士们陷入决斗,而决斗每每导致严重的后果。……西鹤下大力气描写的,并不是争斗的原因,而是争斗开始之后武士的态度。只要杀了人,就会考虑当场切腹,从中可以看到武士们惜名不惜命的气概。只因为对方侮辱性的语言,就立马拔刀相向,看上去是极其轻率的举动,但是不仅仅涉及杀死对方的问题,自身的性命同时也是抛开在外的。这种态度是符合武道的。""第二点需要注意的是,为被杀害的父亲或兄长复仇,这件事本身与父兄被杀害的理由无关,复仇本身就拥有意义。作为武士之子,敌讨是绝对的义务,不容逃避。"同时也指出,"曾我物语的传统可以说统领了整个武士道"。[1]这段话生动地表明,当时的武士基本都是因为一些无意义的争斗而导致"敌讨"这一重大事态的发生,而"敌讨"本身又被视为武士的绝对义务和伦理。从一些真实的历史事件和文学作品当中,也不难看出,无论是复仇一方还是被复仇一方,都会为此事颠沛流离,搭上后半生。用现代人的价值观来判断,这是完全没有意义也是无法理解的事情,但是在当时的社会背景下,那些被强加上复仇义务的武士,却几乎无人对这一行为的伪善性和不合理性提出质疑,也没有人对人性被摧残的背后原因深入思考,遑论对这一违背人性的制度进行反抗了。

综合以上对"敌讨"事件的考察,大体会注意到一个问题:之所以会有"敌讨"事件的发生,其根源都在于最初的一个"喧哗"事件,即先有武士甲与武士乙之间因为名誉问题引起的"喧哗",武士甲被杀死,武士乙并未当场切腹自杀,也没有按照《喧哗两成败》的法度被判切腹,而是成功地逃往他处,隐匿起来。于是负有复仇之义务的武士甲的家臣或是子孙等便开始了寻找武士乙的漫漫长

---

① 利根川裕『日本人の死にかた』(朝日文庫、1988 年)141—142ページ。

路,待到好不容易获得其行踪之后,就会真正地展开"敌讨"行动。在崇尚武勇的武家社会,非但不会把武士乙的行为视为怯弱,相反会视之为真正的"勇"。在《武士心得之事》中,甚至专门设有一条面向武士乙这类被对手后代视为复仇对象之人讲述的心得:只要不被敌方杀死就是光荣之事,可以利用一切手段逃脱。成功逃脱之后反把追来的敌手杀死,这种行动对于武士来说就更加漂亮。①

一般来说,在最初逃离"喧哗"之场后,武士乙会跑到其他武士宅邸寻求帮助,也基本都会获得帮助。《叶隐》的《闻书第十 66》中,就记录了山田觉右卫门收留一个逃跑武士的事。事情的经过大体如下:山田觉右卫门是久留米藩主有马中务大辅赖元殿下的家臣,担任京都"屋敷留守役"。一次,一个衣服上沾满血迹的人跑进山田的宅邸,称与觉右卫门是老相识,请求手下通报。见到觉右卫门后,血衣武士称自己杀死了人,但因为还有事情要做,没有就地切腹,跑过来寻求帮助。觉右卫门经过一番审慎的询问,确认此人在杀死对手后处理得利落得当,就收留了此人。随后,大批追捕者赶到,称见到该人跑进山田宅邸,要求交人。觉右卫门以主君很久以前就有禁止藏匿"突然闯入者"的命令为由,坚称自己并未收留该人。面对对方要到宅邸之内搜人的要求,觉右卫门拔出刀来,强硬地逼退了对方。对方将事情投诉到京都町"奉行所"。觉右卫门面对"奉行"们的询问时,最初不承认藏匿武士之事,最后在"奉行"们的一再询问之下,承认自己说了假话:确实有一个武士曾经跑来寻求帮助,但是"藩主规定的京都藩邸规章中有禁止藏匿'突然闯入者'的条款,我不能违抗藩主的命令。尽管有违武士道的义理,但是我把实际情况说给该武士听了之后,让他从后门逃跑了"。"奉行"们很受感动,转告投诉者,经调查,山田确实没有藏匿该武士,请他们到别处去找。而山田本人等到血衣武士养好伤后,给他路费让他走了。

据笠谷和比古的考察,这个事件大概发生在元禄十年(1687年)左右。《叶隐》记载,在当时的四条河原,这个事件还曾以狂言的形式演出过。这从侧面表明,此类事件在当时是具有一定的代表性的,并在武家社会中有一定的影响,甚至收留"突然闯入者"已成为武家社会的常规。②山田觉右卫门收留"突然闯入者"的整个过程,至少说明以下两点。第一,武士将受辱视为最大的耻辱,在感到受辱的那一刻,必须立刻行动,不能有丝毫迟疑地将对方杀死。如果忍气吞

① 笠谷和比古『武士道その名誉の掟』(教育出版株式会社、2001年)131ページ。
② 笠谷和比古「近世武家屋敷駆込慣行」(『史料館研究紀要』第12号、1980年)。

声则是怯懦的表现,不符合武士的身份。山田在询问血衣武士时,并未涉及他与人"喧哗"的具体原因,只关注他在整个过程中表现得是否干脆利落,并且对其所讲之事不存任何疑虑,全盘接受对方讲的一切。这正符合"武士当场的一句话很关键,无论治世、乱世,一语便可知武勇"(《闻书第一 142》)的评判标准。第二,在确认"突然闯入者"的表现足够"武勇"之后,收留他是身为武士者的义理。一旦收留,就要承担起保护其安全的责任,面对追捕者交人的要求,或者利用武力和势力保护"突然闯入者",或者干脆不承认自己收留了。本例中的山田觉右卫门为了维护武士的义理,不惜违反主君定下的规矩,但是采用了说谎这一折中的方式,在对主君忠诚和对自己忠诚之间找到了一条调和之路。

也就是说,"喧哗"和"敌讨"之间,还存在着"武家屋敷突入"(即突然闯入武家宅邸,寻求保护的行为)这样的行为,可以说三者是处于维护武士名誉链条上的一系列行动。在武士的世界里,面对本来敌对的双方,并没有关于通常意义上的是非对错的判断。不管是"喧哗"者,还是收留闯入者的武士,抑或是后来的"敌讨"者,只要能够将生死置之度外,拥有"死狂"精神,就被视为是符合武士道的真正的勇者,就值得赞赏。

德川时代,武士本已失去了存在的依据,榻榻米上的"奉公"无法展现其原本作为战斗员的武勇,所以对于曾经的战斗者武士来说,"喧哗"即是和平年代的战争,"喧哗"之地便是战场的延长之所。从武家法度的层面看,"喧哗"者和为"喧哗"者助战都是违法的;在实际层面上,武士不但不能从"喧哗"现场离开,反倒要积极地投身到里面去。如果忍气吞声地回避"喧哗",或者从"喧哗"的现场逃离,都是违反武士道的行为,会被嘲笑,甚至会遭受处罚。既然武士是处在政治空间中的棋子,面对坚固的阶层结构,他们只能遵守这个结构中的规定:遵守规律,坚持传统,尊重位阶,忠于主君。但与此同时,为了在这个政治空间中取胜,武士又需要具有勇敢、尊重名誉和听天由命的独特个性。武士必须展现自己的武勇,洗雪从对方那里遭受的屈辱。只要感到自己从对方那里受到了耻辱,即便是在不为他人所知的情况下,甚至连对方都不知道的情况,也坚决不能忍受,一定要将生命置之度外,成就勇者之名。而"敌讨",对于武士来说,同样是不可动摇且不可回避的课题,处在特定的政治空间中,从一开始,他们就完全没有批判、否定或者放弃这一课题的自由意志。对于"敌讨"者而言,"敌讨"这件事更接近于一种谵妄,是否能够真正的报仇雪恨,以及在报仇雪恨之后,世界是否就变得公正,这些都不是他们要思考的问题。他们关注的只是复仇行为是否真正发生,他们的行为是否对得起武士之名。其实从被赋予"敌讨"这一不可回避的重任之时起,对于武士本身就已经形成了巨大的考验。它首先考验的就是处在难以逃避的困难境地中的人的精神和意志。对于武士来说,被人看成懦夫,是一生中最大的失败。为了名誉,他们必须用实际行动证明自己的武勇,明知不可为而为之。所谓"尽人事、听天命",这就是武士社会"统治的伦理",或者也可以说成是"被统治的伦理"。

第五节　本章小结

幕藩体制下的江户时代,远离了战争,进入和平之世。武士们为主君尽忠献身的场所从战场变成了日常生活中的榻榻米上。"追腹"、殉死的行为已经被禁止,本来为战斗而生的武士阶级,只能在观念中去想象战场和战斗。尽管当时的武士之中不乏为没有战争而感到庆幸之人,但也存在着认为"为此而庆幸的都是浅薄之人"的人,这些人为失去了在战场上轻易可以彰显功名的机会而深感寂寞。他们认为人生短暂,无论如何无法忍受榻榻米之上的死,期待一生中至少能有一次遭遇战争的机会,认为对于武士来说,能够战死沙场才是最好的死法。但是,倡导"死狂"精神的山本常朝并不认同此种观点,他并不是一味地憧憬过去,也并不期待战争的发生,因为他相信,"古来的武士,因为大都拥有脱离常规的秉性,在气质、气力和勇气方面也都异于常人",但是,"当世武士尽管因为温顺礼貌导致没有气力,却在死狂之精神方面丝毫不逊于古人"(《闻书第二　22》)。"当世之人无气力,是社会太平所致;一旦出现非常事态,他们也会表现出相应的骨气。古来武士即便与当世武士有所不同,过去也不过是过去而已。今人丝毫不会因运过时衰而逊于古人。"(《闻书第二　28》)可以说,这段话中表现出来的,是山本常朝心中,作为四民之首、作为统治者的武士的自负。在当世和平的大背景下,所谓"非常事态",就是"喧哗"与"敌讨"。山本常朝说"武士道不可落于人后",处在"喧哗"与"敌讨"之中的武士,他们一定要拥有"死狂"的精神,而这种精神,就是在接受死、不畏死,甚至忘却死的前提下,将自己全身心投入其中的精神,简言之,山本常朝是在用"死狂"做一个极端的比喻,他主张的是一种纯粹无杂的思想,是面对任何事物都不含功利打算的、可以凭着感觉直接付诸行动的"勇气"。

　　中国的儒家思想将"智、仁、勇"看作能正确处理君臣、父子、夫妇、兄弟、朋友五大关系的"三达德"。孔子将"勇"列为君子立身行事的"六本"之一。他说，"智者不惑、仁者不忧、勇者不惧"，认为君子应当"不忧不惧"。《中庸》第二十章中又有"好学近乎知、力行近乎仁、知耻近乎勇"的表述。"知耻"即拥有羞耻之心，有正义感、是非心，不行无耻之事。《论语·阳货》中子路问孔子，君子是否尚勇时，孔子回答："君子义以为上，君子有勇而无义为乱，小人有勇而无义为盗。"孔子认为不能一味恃勇，君子应当以"义"为上，要分清形势，判断是非，而不要恃勇胡为。也就是说，在中国的儒教思想里，"勇"与"义"是相辅相成、缺一不可的关系。而"义"在当时大致相当于公正合宜之意。按照《礼记·中庸》的说法，"义者宜也"，石永之从义的字源上加以考察，得出在中华文明之初，义、善、美这几个基本范畴是同源同义的结论。他又认为义的本训为宜，即社会认为合宜的道理和行为。又如"君子喻于义，小人喻于利"所表现的那样，在儒教里，义与利是相反的。孔子认为重利轻义的是小人，重义轻利的是君子。其基本主张是重义轻利，以义为立身之本。他认为，义高于利，重于利，所以，在义与利相冲突时，不能见利忘义，而是要"见利思义""见得思义"。对待正义的事情，不敢挺身而出去捍卫，则是怕死的行为，孔子坚决反对这样的行为，认为"见义不为"是"无勇"。孟子也说："生，我所欲也；义，亦我所欲也；二者不可得兼，舍生而取义者也。"将儒教思想作为武士道根源的武士道论中，将"刚毅""勇猛"等视为武士的重要道德加以推崇。江户时代的儒学家林罗山在《三德抄》中，曾从各个角度对"勇"加以说明，他说："只是不要命的勇是匹夫之勇，行善正道，不管别人怎么说，坚持做自己该做的事，相信而不怀疑义理，并为义理而献身才是真的勇。"这与孔子的"有勇而无义"为乱为盗的思想颇为接近。山鹿素行在提到如何保有武士本心的功夫时也说："只在明辨义利之间。"山鹿素行认为，好逸恶劳、趋利避害、乐生恶死是人之常情，但是如果人总是按照人之常情来行事，就会丧失正确的判断，就会与"义"渐行渐远。显然山鹿素行所讲的"义"也跟"正确的判断"息息相关，是要克制人之常情，这在一定程度上表现出了儒家思想的影响。但是山本常朝在《闻书第一 196》中表示，"不要去想忠或不忠，义或不义，程度是否恰当等善恶之事，排除一切理论，忘我地奉公。……人的一生极其短暂，不要为纷杂的事物所迷惑。舍弃万事，悬心奉公是最高境界。说忠或义，都是强词夺理惹人厌的事"。山本常朝不主张思考"义"与"不义"的问题，从根本上来说，他认为忠于主君就是"义"，拥有"死狂"精神就是"勇"。

　　菅野觉明用"自我尊严"来诠释《叶隐》武士的"勇"，他将《叶隐》武士的"勇"解释成"敢作敢为、勇于承担责任的自我管理"，具体来说，就是遇事时不想是非与得失，即便事情不利于自己，也毅然决然咬紧牙关往前冲；失败以后，不等别人的裁决，自己处理生前身后事，从容赴死。他认为武士只能通过极端的杀与被杀才能够证明自己是真的武士，那种完全的、贯穿始终的未加任何虚饰的实力的展现，才是《叶隐》中的"男道"——武士道的真实体现。①池上英子将《叶隐》式的"勇"称为"注重名誉型的个人主义"，同时指出这种个人主义是"将暴力看作名誉象征的同时又被国家权力所驯服了的个人主义"。②山本博文也指出，"世间"③才是存在于武士社会的一种强制力，要求武士必须有武士的样子，对武士有一种精神上的强烈要求。④以上三位学者大体都关注到武士的"自我"主张，菅野觉明认为《叶隐》武士的武勇表现在完全的自我管理上面；而池上英子和山本博文不约而同地指出了《叶隐》中武士的"自我"主张是受到一定限制的，前者认为武士通过暴力来展现自我，但同时不得不屈服于国家权力，而后者却认为武士的自尊心或者武勇的表达，实际上是来自"世间"的强制力，并非武士自发的东西。这正如福泽谕吉在《文明论概略》中的论述："古来日本称义勇之国……武人宛如放荡不羁，然此种放荡不羁之气象，非自一身慷慨而发，非一男儿有享乐身外无物一己自由之心而发，必因外物之诱而发，即借外物之助而生者也。"福泽谕吉把"外物"定义为先祖、家名、主君、父亲、身份等，称日本武人没有 individuality——个性。⑤此论不无道理，人既然从出生就被置于关系当中，一定会受到来自四面八方的束缚，正所谓"人生而自由，却无往不在枷锁之中"，封建时代处在等级社会中的武士所面对的枷锁更是不言自明。山本常朝一定是意识到了枷锁的存在，以及生而为武士的不自由，因此他提出的"死狂"之精神主张，实际上是要武士努力从不自由中获取更多自由的呐喊。

　　在《叶隐》当中，"武士道不可落于人后"被置于四誓愿的第一条，在实践的层面，除了"死狂"的精神之外，山本常朝也把它解释成"心中常有将武勇显示于

① 菅野觉明『武士道の逆襲』(講談社、2004年)。

② 池上英子(森本醇訳)『名誉と順応　サムライ精神の歴史社会学』(NTT出版、2000年)。

③ "世间"，日语词，相当于"社会"之意，但更强调一个人的活动及交际范围。

④ 山本博文『武士と世間　なぜ死に急ぐのか』(中央公論新社、2003年)。

⑤ 参见南博著，刘延洲译：《日本人的心理　日本人的自我》，社会科学文献出版社2014年版，第23—24页。

天下的觉悟"。在《闻书第二　7》中山本常朝把勇解释成"就是咬紧牙关。不思考过去未来,只是咬紧牙关向前冲。其他一概都不用管"。同时,他也再三强调,"武士,在武勇方面必须拥有高傲之心和死狂的觉悟。对于平常的性格气质、言行举止、待人接物等都要有所留意"(见《闻书第一47》《闻书第一　162》《闻书第一　163》《闻书第二　32》《闻书第二　39》《闻书第二　47》《闻书第二　63》)。从这些表述当中可以看出,山本常朝是把武士的武勇等同于"死狂"精神的,并且主张"要做什么时,持有一念就够了。为了武勇,哪怕变成怨灵恶鬼也不足惜"(《闻书第二　52》)。也就是说,山本常朝强调武士必须一心一意地做事,因为"一旦出现分别心,就会远离武勇"《闻书第十　86》。

　　山本常朝认为,武士最应崇尚的思想,就是发挥"死狂"精神,就是"无畏而死"。铃木大拙指出,这种"无畏"意味着"不留遗憾""问心无愧""烈如勇士""毫不犹豫""镇静从容"等。① 武士不管怎样死,只要符合无畏而死的特点,即便是犯下罪行,往往也能得到宽大处理。山本常朝生活在江户幕藩体制下的一个小藩里,在幕府统治下的整个日本都趋向秩序化的时代背景当中,他脑海里仍然存在着对武士可以叱咤风云的战国时代的风习的憧憬和向往。《叶隐》体现的是以山本常朝为代表的地方中下级武士的生活准则,其中的生死观代表了日本本土武士道思想中的生死观。面对当时大城市的繁华和武士的没落与颓废,与其说山本常朝是不理解,莫如说他是不愿意接受那样的现实。在《叶隐》中,他不可避免地把自己对武士道的崇拜,以及憧憬武士最耀武扬威之时代的情感全部宣泄了出来,于是便有了他提倡的"死狂"的态度。"如果将公共场所和私寝之地、战场和榻榻米之上视为完全不同的场所,分得一清二楚的话,一旦遭遇紧急,就很难立即发挥作用。在榻榻米之上不拥有武勇之心的人,也无法上战场。"(《闻书第二　74》)这足以验证,山本常朝并不是一个一心活在过去时代的人,他深刻认识到当代已是和平之世,风俗习惯的变化已经是无法阻挡,但是传统的精神也不能够完全丢弃,所以他说,"想把当代之风恢复到百年前的良好风俗是不可能的","在哪个时代做好哪个时代的事,才是最为重要的,那些只知道怀念昔风的人是因为不懂得这一道理,而那些一味认为昔不如今之人,则思虑不周"(《闻书第二　18》)。由此可以看出,山本常朝对田代阵基讲述和平之世普通武士应该遵循的伦理规范,期待他们拥有"死狂"的武勇精神,绝对不仅仅局

---

① 铃木大拙著,孟祥森译:《悟性的提升》,上海三联书店2013年版。

限在应对"喧哗"和"敌讨"这样非日常的场景,也不是要在切腹殉死时发挥这一精神,他的真正用意在于以古鉴今,希望武士们在榻榻米上的"奉公"之路中,仍然能够保有纯粹的一念。他是希望武士以有如当年战场上对敌般的"死狂"精神,去面对有生之年的每一个场景,通过最大限度的努力,去争取达到超越生死的自由之境,从而达到对自我尊严的维护。

《叶隐》之所以全篇充满极端的表达,字里行间似乎都在谈死,实际上谈的是无论哪一个时代,每一个作为个体的人都会遭遇的生命的终极问题,是涉及存在与虚无的问题。这不禁令笔者想到黑格尔(1770—1831)关于死亡的哲学。在《精神现象学》中,黑格尔把精神最内在的本质表述为"我＝我",意思是说精神是自身返回自身的运动,而实现返回这个过程,靠的是自己内蕴的否定力量。他认为在精神所拥有的否定力量中,死亡是最能生动地表达"否定"和"虚无"的内涵的。在黑格尔看来,精神生活是充满否定的生活,也就是充满死亡的生活。他说:"精神的生活不是害怕死亡而幸免于蹂躏的生活,而是敢于承担死亡并在死亡中得以自存的生活。"黑格尔的死亡哲学其实是个圈,终点就是"我＝我",他提倡以此种态度对待死亡,并对这样的人的人格做了很有特色的解说:"一个不曾把生命拿去拼了一场的个人,诚然也可以被承认为一个人,但是他没有达到它之所以被承认的真理性作为一个独立的自我意识。"山本常朝在谈论死,尤其是"死狂"精神的时候,也许并没有,或者应该说一定没有黑格尔这样的自觉,但他也在一再强调,"当真正面对死亡的时候,一个人才会遇到真正的自己"(《闻书第一55》)。自始至终,他都不是在讲死,而是在讲面对死亡时的勇气,在讲如何尊重武士的名誉,如何使身为武士的个体之生命更有价值和意义。山本常朝深知人在现实中,"中间的道路也许是最终的选择",生而为人,最终不得不做出某些妥协,甚至那些切腹之死、"喧哗"之死和"敌讨"之死,终归也要被囊括在对主君的"思死"当中。山本常朝懂得折中之路的必要和无奈,但也主张"在武士道,却必须超越"(《闻书第一83》)。为了一生无误地担当"家职",就要有"常住死身"的"奉公"之志。真正的"道"就是永远无法抵达,努力拥有一种"死狂"般的超越精神,实际上就是在被要求对主君绝对服从的体制之中,设法追求自我的一种表现。

第四章

从《叶隐》看武士道的忠诚观

　　《源平盛衰记》中记录了大庭三郎景亲和北条四郎时政之间展开的一场关于"恩"的论争。在石桥山合战①中，源赖朝派北条、佐佐木为先锋，率领伊豆、相模的三百名武者布阵，平氏派出的是率领三千骑兵的大将大庭景亲。当时的作战实行单打独斗，作战双方首先要自报家门。大庭景亲首先叫阵："大将军大庭景亲在此。先祖镰仓权五郎景政，曾伴随八幡太郎义家参加后三年战役，在攻打出羽国仙北金泽城时，年仅十六岁就打头阵，右眼中箭的情况下仍攻杀敌手不辍，名垂后世。不惧平家威力敢来应战者何人？"北条时政应战："景亲先祖，背叛三代主君源氏，早有耳闻。今日获得院宣能够讨伐不知何为'忠臣不事二主'之人，实乃幸运之至。速速放马过来！"对此，景亲的应答是："先祖主君确为源氏。但昔时是昔时，今日是今日。自平治之乱源氏沦为朝敌以来，我一人尚无置身之所，何况家人亲族。此间承蒙平氏山海般御恩。不知恩者如木石，怎可忘记今日之恩，顾念已不存于世的昔日主君？"通过二人的对话，大体可以明白事情的经过：景亲的先祖曾三代以源氏为主君，但到了平治之乱时的景亲一代之后，源氏因沦为朝敌，无暇顾及景亲，于是景亲背叛了源氏，转而追随平氏，从平氏那里接受俸禄。对于景亲来说，能够施恩于自己，为自己提供生活保障的才是主君，自己应该对这样的主君尽忠；而拘泥于单纯名义上的实际上已不在现世的主君，不向如今为自己提供物质保障的主君尽忠，才是忘恩负义。对此论调，北条时政予以反驳："景亲所言，正是对所谓'因欲失身'这句话的诠释。沉溺于一时的恩典，抛弃先祖三代侍奉的主家，成何体统？弓矢之道，金口玉言；生死之上，惜名更重。"在北条时政看来，景亲执着于从平氏那里获得的一时

---

① 石桥山合战，指治承四年（1180 年）源赖朝在伊豆举兵，布阵石桥山（位于神奈川县小田原市西南部），在此次合战中，源赖朝败给平氏一方的大庭景亲。

之恩,只不过是追求私欲的表现,来自祖祖辈辈侍奉的主君之恩才是真正的恩。为那样的主君尽忠献身本身就是目的,而非获取物质回报的手段。应该说,北条时政的这番理论,来自一种对主君无偿"奉公"的意识。君臣关系一旦上升到精神层面的结合,武士抛弃落魄主君的行为,就会被视为"弓矢之疵""家族之耻"。在这场关于"恩"的论争中,无论是源氏一方的武士还是平氏一方的武士,都支持北条时政的观点,表明在源平时代多数武士的观念里,是把对主君的不含利益打算的纯粹的献身视为"武者之习"的。

无独有偶,大久保彦左卫门忠教的回忆录《三河物语》(成书于元和八年,1622年)同样表现了一位三河谱代家臣的献身意识。在这部回忆录里,彦左卫门叙述了从初代亲氏开始到第九代德川家康止,大久保家代代侍奉主君的心情。其总结道,正是因为主君代代拥有"慈悲、武勇"的精神,以及对谱代家臣充满情谊的"御恩",才有如今的德川家族。其中还讲述了德川家康的父亲广忠处理谱代家臣近藤之事[①]——德川广忠在猎鹰途中,偶然见到谱代家臣近藤浑身泥浆,在田间插秧,于是策马上前准备询问。近藤远远地认出主君,故意俯面摔倒在田埂上,弄得满脸泥浆。随行者以为近藤难逃一死,却不料想广忠流着泪自责:"为了养活妻子、儿女,你们做着不符合武士身份的事(这里指插秧、种田等事——笔者注),一朝有事你们立即骑上战马投入合战,为我舍命。正因为我这个小身(指身份低微——笔者注)领主没有足够的领地,才无法让你们过上安稳的日子。耕田者一定不止你一人。你们一定是顾念谱代之情,才能如此忍耐着不另觅他主。人间至宝即是谱代之臣。你们没什么羞愧的,羞愧的是我。你们好好奉公,等扩大领地后对你们一定大加封赏。如今请暂时辛苦抚养妻子儿女,希望你们都能舍命奉公。"听到此番话的近藤,感动非常,泪流满面,发誓哪怕"不顾念妻子儿女,也要为主君舍命"。

实际上,《叶隐》中锅岛直茂处理齐藤用之助抢劫粮食之事与本章开头德川广忠处理谱代家臣近藤之事非常相似,无论是齐藤用之助抢劫还是近藤种田,都说明那些战国武士在从战争年代的战斗员转化为和平时代的"奉公人"时所面临的最迫切的生活问题,直茂和德川广忠对待这些落后于时代的武士的态度,以及他们对主君的感恩之心,都说明在君臣主从之间,除了"御恩"与"奉公"的契约之外,确实存在着纯粹的精神性的东西,那就是主君发自内心的慈悲之

---

① 小沢富夫『歴史としての武士道』(ぺりかん社、2005年)45—46ページ。

情和家臣发自内心的献身精神。曾担任过战国武士的大久保彦左卫门,在江户
之初,怀念并期待这样的主从关系,但是实际上到了第三代将军德川家光的时
代,对忠心耿耿侍君九代的谱代家臣已经缺少顾念和重视之情,大久保认为,这
是身为主君者的不周到之处。但是另一方面,他告诫子孙,越是在遭遇主君冷
遇疏远之际,越需要以"御家之犬"的心态加以忍耐,越是要为"奉公"尽忠之道
而献身。可以说,大久保彦左卫门在《三河物语》中吐露的是一个被时代的大潮
远远抛在后面的旧时武士的心声和苦恼。实际上,体现在《叶隐》中的忠诚观,
也与大久保彦左卫门的忠诚观存在着相通之处。《叶隐》的《闻书第十 55》中,讲
述了大久保彦左卫门的一件事:大久保彦左卫门武勇过人,有段时间随便口出
恶言,对"老中"们也不问候,有人提醒他为着子孙着想,也要按照当世之风去拜
访"老中"们,并向"老中"们行礼。大久保彦左卫门听从劝告,去一一拜访"老
中"们,却对"老中"们的诧异直言相告——若不是为子孙着想,才不来奉承各位
大人。一个耿直的、落后于时代的战国武士的形象就此浮现在读者眼前。在讲
述这件事的开头,《叶隐》的著者山本常朝盛赞大久保彦左卫门为武勇之人,可
见常朝对大久保是满含欣赏之意的,但对上述事实的记录,同时也说明常朝已
经看到大久保彦左卫门落后于时代的一面,这就注定《叶隐》的忠诚观中一定也
包含着努力超越其局限性的一面。对于战国武士来说,为了贯彻武士道,有时
只要舍弃宝贵的生命就可以了,可是和平年代的武士,为了贯彻"奉公人"之道,
有时只能遵守法度,背离武士道,他们很难有为此而需要舍弃性命的机会,所
以,小池喜明指出,在山本常朝那里,对于"奉公"之人来说,最积极的死就是通
过"忍恋"式的"隐奉公",达到对主君的"思死"[1]。要"一味以主君为重",要有
"无论发生何事,以死狂精神侍奉主君者唯我一人"(《闻书第二 63》)的觉悟。

第一节 一念思君的"隐奉公"

　　山本常朝在"夜荫之闲谈"中对佐贺藩的主从关系有一定的描述,如在⑭⑮
⑯中表现的那样,常朝心目中的君臣关系极其亲密,不仅是身为家臣的武士,就
连町人百姓也为代代蒙受主君深恩而感动万分,他们时刻感念主恩,如果有幸

---

[1] 小池喜明『葉隠 武士と「奉公」』(講談社、1999年)196ページ。

能在主君近侧做一名仆役，就一定努力做到忘我"奉公"。"即便被贬为浪人，被命切腹，也只考虑奉公一件事。哪怕在深山，在地下，都立志要为主家献身。"但实际上并不是所有人都有这样的自觉，也有被判为浪人、苦于生计而心存怨言之人。对于这样的人，山本常朝以禁止浪人出仕他藩是主君重视藩士的表现为理由，劝其忍耐等待被主君重新任用的机会。当有浪人对佐贺藩散漫的风气进行批判时，山本常朝却把这种风气说成是佐贺藩强大的表现。在山本常朝眼里，那些头脑聪明、勤于工作、善言利辩之人，如果得不到主君褒奖则难免会做他想；而佐贺藩的谱代家臣，他们生于斯长于斯，即便得不到主君的奖赏，也不会有移心他处的想法，所以才会悠悠然地将"懒觉睡到中午"。那些表面愚钝的人，不善巧智，内心刚直，他们追究内心，毫不隐藏。山本常朝自己在年轻时曾一度被主君免去职务，后来又被重新任用。十三岁时为了准备武士的成人礼，山本常朝曾有一年蛰居在家。究其原因，是因为主君厌弃面相伶俐者，而山本常朝当时就一副聪明伶俐相。于是，在一年的时间里，他不断于镜前修正自己，百般磨砺，等到离家"奉公"之时，外表看上去竟然像是久卧在床的病患。从山本常朝的这段经历也可看出，当时佐贺藩武士的理想样貌是无机巧聪明，而有谦恭、持重、沉静之气质的。这些亲身经历都是山本常朝劝说心存怨言的浪人安心留在佐贺藩的原因。世世代代生于佐贺藩，按佐贺藩的规定行事，即便被判为浪人也没有机会去往他藩。既然如此，那就接受命运的安排，安心"奉公"。即便被贬为浪人，如果仍然保有虔诚的"奉公"之心，他日也有被重新起用的可能；但如果因为成为浪人时日过久就对主君充满怨恨的话，那就是时运已尽的征兆，也许永远不会有再被起用的机会。所以，山本常朝主张，谱代之臣的忠诚就体现在一心念君上面。山本常朝在《叶隐》当中引用山崎藏人的名言，"过于伶俐的奉公之人不好"，并对这句话加以解释。山本常朝称他本人很讨厌用道理来衡量忠或不忠，义或不义，是否合适恰当等善恶之事，而更愿意排除一切理论忘我地"奉公"。他认为，忘记一切，唯以主君为重，私心就会自然消失，唯有这样的家臣才称得上是好的家臣。"即便因为过于热衷奉公，过于以主君为重而引发一些过错，但于愿足矣。一般人都认为凡事过犹不及，但对于奉公之人来说，即便奉公过了头，发生了过错，也可以心满意足。聪明又懂道理之人往往拘泥于细枝末节，枉然徒劳一生，真是遗憾的事情。人的一生极其短暂，不要为纷杂的事物所迷惑。舍弃万事，悬心奉公是最高境界。说忠或义，都是强词夺理惹人厌的事。"（《闻书第一 196》）山本常朝说的是，在短暂的一生当中，得以专心去做一件事,从而使自己的生命得以达到最大限度的充实,凡事不要用道理去衡量,而只要打定主意一念思君就好。对于"奉公"之人应该承担的责任义务,《叶隐》中随处可见如下语句:"奉公之人的最好结局就是被判浪人或切腹","没犯任何错误,却被判切腹的时候,要义无反顾地展现谱代家臣之勇","将自身交给主君,虽生欲速变幽灵,整日挂心主君之事,如不能着眼于巩固藩国之根基,则不配称奉公之人"。其中将全身心交给主君,一切听凭主君做主之意显而易见。

可以说,《闻书第十　10》中记录的大久保相模守忠邻那样的武士,就是山本常朝心目中"奉公"之人的典范。第二代将军德川秀忠时期,大久保忠邻遭遇谗言,以莫须有的罪名被送到近江彦根藩主井伊直孝宅邸,接受监管。井伊直孝知道忠邻冤枉,表明要代他到将军处申诉,以期将军重新任用他。一开始忠邻完全否认自己被冤枉的说法,但井伊直孝一再坚持,表明有很多证人可以证明他的无辜,最后以"政道出现邪恶之事,不利于治理天下。因为要拨乱反正,所以才希望忠邻可以被重新任用"为由,才终于使忠邻说出自己的真实所想:"如果将遭遇谗言这件事视作遗恨的话,早就对上申诉了。但如今天下大治,整个日本都对将军的裁夺和法式拭目以待之际,如果让'幕阁之中有佞臣,致使大久保忠邻遭受莫须有罪名'的说法流传起来,将军必然蒙受恶名,天下大名将各怀警戒之心。所以自己已经下定决心,不对自己的遭遇做任何辩解,而选择在发配之地默默而终,这是此时最大的奉公。想到即便被重新起用,也不会做出超越此事的尽忠之事,我就不会为现在所遭受的感到任何痛苦,也丝毫没有重新出世的打算了。"闻听此言的井伊直孝越发觉得如此忠臣更应该被重用,便坚持一定要申诉,结果惹怒了相模守,他坚定地表示,听了自己真实告白的井伊直孝如果仍然坚持申诉的话,自己宁愿饿死。井伊直孝感叹忠邻之忠节乃天下无人能比的大节,最后选择遵循忠邻的心愿。

遭遇莫须有的罪名,仍然甘心情愿忍耐,从而避免将主君恶名彰显天下。此种忠诚观,是山本常朝一贯坚持的,乍看上去是完全没有自我的忠诚,但实际上,持此种态度的人并不为了将自己的忠诚之名展现人前,如忠邻般,甚至承认自己之非,否认主君的错判。武士们通过此种不为人知的忠诚,获得只有自己可以体会的"心安理得"。他们相信"没有比为主君舍一命更干净洁白的事情"了,但是"武道中的奉公,是拼一命也难以做好的,所以很多人想逃避奉公,享受安乐。哪怕是世间没有学问的文盲,如能一心奉公或只是悬心养家糊口,也能度过漂亮的一生。身为奉公之人,却勤于坐禅,寄心诗歌,附庸风雅,这样的人多半会被减少俸禄而破财败家,非僧非俗,非公家亦非隐者,一副丢面子的光景。……悬心于家职一事,丝毫不可旁顾其他"(《闻书第二 60》)。山本常朝认为,对于武士而言,专念于武士之道最为重要,在和平之世,武士道的核心精神就体现在一心"奉公"上。坐禅、诗歌等不过是靠技巧立身,是弃置真正的自我并最终会沦为一种功用主义的东西,所以武士要专注于忠君"奉公",专注于这一被命运赋予的全部价值和意义。所以山本常朝继续说:"奉公之人心系主君,只此一念就足够。……靠某项技能出仕是下品。没有分别心、没有技能的丑男,即便在田边埋没一生,也要感念主君之恩。把自己看成主君唯一的家臣,不管主君如何对待自己,不管是恩情厚重,还是无情无义,甚至哪怕主君不知道自己的存在,也要感激主君的常住御恩,并流着眼泪将这种感激之情贯彻骨髓。……这只是个持心的问题,如能做到这一点,则是品格高的家臣。这就如同恋之用心。愈是无情愈是痛苦,思恋之心愈重。偶有机会相遇,甚至不惜舍命。忍恋正是奉公的好样本。一生不吐露,把思恋秘藏于心的人,心中才有真的爱恋。万一思恋遭遇对方的虚假,也会格外高兴;当虚假显现,又会陷入更深的思恋。君臣之间莫不如斯,奉公之根本,大抵如此,存在于理非之外。"(《闻书第二 61》)

不管主君如何对待自己,都强调要感念主君深恩,这与大久保彦左卫门"御家之犬"式的忠诚有相通之处,但是,在此基础上,山本常朝又进一步提出了"忍恋"的概念,把"奉公"之心喻为"忍恋"之心。"恋之极致,是为忍恋"。而所谓"忍恋",即一生相思却未形于色之恋。"相思便求得到,到底未有刻骨,沉挚之质到底也清浅。"(《闻书第二 2》)"情不知所起,一往而深",恋上一个人,常常没有任何理由,所思所想,一喜一忧,皆为对方。对方越是冷淡无情,自己越是炽热如火,其中夹杂着的痛苦愈重,说明自己恋心愈浓;偶尔得到对方的温情,误以为是真情而分外高兴,一旦对方虚假的外衣被脱掉,又会陷入更深的新一轮的思恋——恋情真是无法用道理说得清的东西,山本常朝也真是一个懂得"恋"之本质的人。所以,他期待武士对于主君的忠诚也能如此种思慕之心一般,超越道理,自发于内心,他所追求的是一种心情上的纯粹和无法压抑的、充满至诚的内在情感。

一、"忍恋"与"奉公"

"忍恋",是和歌中常常出现的词,如广为人知的收录到《百人一首》中的式子内亲王①的和歌「玉の緒よ絶えなば絶えねながらへば 忍ぶることの弱りもぞする」。「玉の緒」是连接灵魂与肉体的纽带,如果这个纽带断裂了,人将无法生存。但歌人说,"郁郁相思苦,自甘绝此生。苟延人世上,无计掩痴情"。这首和歌形象地表露了歌人无法言说的暗恋情怀,思慕之心已经到了一定的极限,如果再继续活下去,将无法掩藏对对方的恋慕之情,所以歌人干脆说"让我的命就这样断了吧",从中可见"忍恋"中包含的力量。在这首和歌中,歌人表现的是深藏在心底无法言说的恋情,当然,这种恋情是对异性之恋(有研究者说式子内亲王暗恋的对象是藤原定家),而山本常朝在《叶隐》中提倡的"忍恋",却并非指异性之间,而是同性之间的感情。

山本常朝比佐贺藩第二代藩主光茂年轻二十七岁,从九岁担任"侍童"起,在"奉公"生涯的三十三年间,多数时间从事"御书物役"一职,从现代人的眼光来看,大概相当于光茂的私人秘书。君臣二人之间存在很多的共同点。

首先,二人的成长经历及生活环境比较相似。主君光茂四岁时,其父锅岛忠直去世,从小依于祖父胜茂膝下;山本常朝是父亲中野神右卫门重澄七十岁时生的儿子,因此君臣二人从小耳濡目染,接受的都是来自战国武士的熏陶。又因江户时代幕府的参觐交代制的实行,光茂多数时间生活在江户,山本常朝作为"侍童",陪同主君一道生活在江户的时间较长,从小开始接触上方之风,与本家佐贺藩存在一定的距离。但是这种经历导致光茂继承家督后更倾向于文治主义,山本常朝更强调身为谱代家臣的尽忠意识。

其次,二人都喜欢和歌。光茂十九岁时开始接触和歌,一度沉迷歌书不理其他,并因此惹怒祖父胜茂,胜茂下令将所有歌书悉数烧毁,甚至以监督不力为名,将光茂身边的两名"年寄"判为浪人。山本常朝也会做和歌,经常被光茂的嗣子纲茂召唤,也因此一度被判蛰居在家。光茂因被祖父禁止,曾有数年时间

---

① 式子内亲王(1153? —1201),平安末期、镰仓初期的女歌人。后白河天皇的第三个皇女,1159年曾被任命为斋院到贺茂神社供职。而任斋院之人必须是未婚的内亲王或女王。因其身份的特殊性,一生独身。式子内亲王曾跟随藤原俊成学习和歌,其作品充满忧愁又热情似火,传于后世的有《式子内亲王集》。

不碰歌书,但最终醒悟:"如为乱世,自己也必将建立不逊于祖先的功勋;而和平之世,在武家可通过穷究歌学奥义留名于世。"其来到世上一遭,必要留名于世的志向与山本常朝追求"奉公"之极致,要"漂亮地度过一生"的想法在最大限度地发挥生之可能性方面存在某种程度的一致。山本常朝在主君身边服侍多年,无论是在日常的生活当中还是在精神层面,君臣之间都存在一定的共性。毋庸置疑,作为臣下的山本常朝对主君光茂一定抱有超越公式化的君臣关系的情感。所以他说,君臣之间,"如同恋之用心"。在山本常朝整个"奉公"生涯中,最令他引以为傲的,就是在主君光茂临终之前,为他拿到了《古今传授》。尽管无法查证《古今传授》当中如何解释"忍恋"一词,山本常朝从中得到了怎样的启示也不得而知,但在《叶隐》当中,他确实曾经数次引用一首和歌:「恋ひ死なん後の煙にそれと知れ終にもらさぬ中の思ひは/暗恋到死,化作青烟与人知,终未流露个中之情思」。从中可见,山本常朝提出的"忍恋",其中的"忍"与式子内亲王和歌中的"忍"同意,均有"忍耐、压抑、控制自己的恋情"之意,也可以看出山本常朝的"恋爱"观,是用尽生命的力气思念对方,即便死后化作轻烟,也不会泄露一丝一毫的心思,山本常朝认为唯有此才是最美、最真的恋情,恋之极致为"忍恋","忍恋"之极致则为"思念对方至死而已"。山本常朝说完这番话之后又立即补充说,"忍恋"这一心境,适用于世间方方面面。君臣之间,「この心にて済むなり/只有此心即可」。在日语中,「済む」一词,是"完了,可以了"的意思,山本常朝将这个词用得轻松、明快,似乎已经超越了暗恋一个人而不得的伤感、痛苦及寂寞的狭隘情怀,完全成为一种自愿、一种憧憬、一种享受,甚至成为一种理想。

当然,这里所说的"君臣之间"的"此心",也只不过是从山本常朝的立场上提出来的,仅限于臣对君、下对上的"奉公人之心"。前文对《闻书第二 61》的引用,就是对这一思想的最佳注释。对主君的"忍恋"之心越是深厚,越是强烈,便越能够在关键时刻为了主君不惜自己的生命。以原本不期待从主君那里得到任何回报的心境"奉公",一旦主君在必要的赏赐之外对自己表现出额外的关心,"奉公"之心势必会愈加浓烈。所以,就如《叶隐闻书二 63》中所述:"诚然,没有什么比蒙受主君加薪、赏赐金银更难能可贵的事情了,可是有时候只因为主君的一句话,就可以下定决心为主君赴汤蹈火。"而山本常朝本人,只因为主君曾经说过一句,"他(山本常朝)年轻,就把他安排到我身边(做御书物役)吧",便感念主君的知遇之恩,产生了为主君立刻可以舍弃性命的想法。在大阪陪同主君时,也因为主君把自己的衣服和被子送给他,并嘱咐他不必向"家老"等谢恩,山本常朝此后就"除了要为主君尽忠之外别无他念了"。由此也可以看出,山本常朝本身应该是一个非常感性且重情之人。如果只是为了从主君那里获得俸禄、金银,而做好臣子应做的分内之事,不过是一种理所应当之事罢了。因为主君能够在细微处想到自己,并且是身份地位如此不显赫的自己,能够将私人用的衣服、被子送给自己,身为臣子感动万分,甚至生出为主君殉死的想法,可以说对主君之情已经完全超越了单纯的公式化的"奉公"关系,而上升到一种私人情谊式的主从关系了。从人之常情来看,因为位阶差异等产生的距离感,很容易使臣下产生对主君的憧憬和崇拜之情,如果有幸得到主君的垂爱,产生一种类似于"恋爱"的情感也在常理之中。山本常朝或许将"众道"般的情感投射到君臣关系当中,但从他多次提及"忍恋",并将"忍恋"视为恋之极致的观点来看,他与光茂之间应该不存在如堀田正盛与德川家光那样的同性恋爱关系,也正因为如此,其"奉公"之心才能够保持纯粹,也才能够脱离一般的利益打算和患得患失。正如苏格拉底所说"暗恋,是最高贵的情感",从"暗恋"中获得满足及幸福感的不是被暗恋的对象,而是拥有"暗恋"情感的人。山本常朝倡导以"忍恋"的心情来对待主君,时常感念主君的知遇之恩,能够发自心底地为主君服务,是要将原本消极、被动的尽忠升华为积极的且充满主观能动性的尽忠,这也为山本常朝对去掉一切私心的"奉公名利"的追求,提供了必要的精神条件。

二、"众道"与武士道

前文提到山本常朝将"众道"般的情感投射到君臣关系之中,在这一小节当中,有必要梳理一下《叶隐》中"众道"与武士道的关系。"众道",用日语表示是「衆道(しゅどう)」。据日语百科事典的解释,「衆道」是「若衆道(わかしゅどう)」的省略语,也被称作「若道(にゃくどう)」,指代男性之间的恋爱关系。在武士道的观点中,男女之间的爱情是不足道的,《叶隐》中对男女之间的结合及恋爱等也甚少提及。这一点与江户时代的大背景有关。始于中世时期的"家父长"制度在江户时代深入并扎根于武士社会,武士阶级的家族继承制度到了江户时代变得极其严格。如果武士没有亲生儿子,一般都会将家业交给养子继承,但是每次换代时,继承者的俸禄都会被大幅削减,即便是身为大名的一流武士,如果没有亲生儿子,最终也会沦落为下层阶级。因此,为了家族的长久持续,传宗接代及财产继承问题便成为武士婚姻关系中首要考虑的问题。再加上,江户时代的武士,其结婚对象基本上是由主君和父母选择的,"如果是幕臣,需要向幕府申请并得到认可,如果是藩士,需要向所在藩提出申请并得到认可。这是制度"①。所以,"对当时的武士来说,既不能谈恋爱,也没有结婚的自由,婚姻全部都要在幕府和藩的监管之下进行"②,男女之间很难纯粹为爱而结合。而男子与男子之间,则少了传宗接代这一功利性的目的,又由于处在同样的"职场",接触的人、事、环境等有很多的共性,在朝夕共处中,容易产生惺惺相惜的情愫,在和谐融洽的气氛中,彼此依赖、恋慕,便也水到渠成。所以说,"众道"的产生是武士道蔑视女性、封建"家父长"制固定化、男女情爱手段化等社会背景下的必然产物。

在日本,关于同性恋爱之事的文字记载,最早可以追溯到《古事记》《万叶集》时期,但是直到室町时代,史料的正式记载并不多,只散见于一些笔记、日记及一些僧侣所写的教训书中。室町时代以后,贵族僧侣以"稚儿""喝食"的名义于寺院别室豢养俗家少年,形同男妻、男妾。及至战国,武士之间的同性恋爱行为日臻流行,但仅限于少数上层特权者。据赖钰菁的考察,这个时期武士社会中的同性恋爱常常是作为武士出人头地的手段(成为将军的"侍童",获得将军的庇护和宠爱)、窃取敌方情报的手段(通过与敌方武士结成"众道"关系)及强化军团的手段而存在的③。到了江户时代,同性之间的恋爱现象从上层武士、高级僧侣逐渐普及到一般士族和町人中间,后来随着女性歌舞伎被禁止,这种现象也开始普及到平民阶层。④这个时期,指代同性恋关系甚至暗含规则礼法的"众道"一词开始登场。由此可见,在日本的历史上,人们对同性恋爱的现象基本持宽容和认可的态度,其甚至作为一种理想的情义的结合方式,被人们所崇尚。江户城御宝藏番头新见正朝(1651—1742)在他的怀古谈《江户昔昔物语》中,就记录了不少关于旗本以"小姓""供小姓""小草履取"的名目豢养娈童,并为此相互争夺,从而产生纠纷,乃至械斗的故事。山本常朝在《叶隐》中也多次提到关于"众道"的逸闻。但是,当时因同性之间的恋爱关系而引起的殉情、殴

---

① 菊地仁美著,何慈毅、陈唯译:《江户时代的婚姻习俗》,南京大学出版社2014年版,第11页。
② 菊地仁美著,何慈毅、陈唯译:《江户时代的婚姻习俗》,南京大学出版社2014年版,第13页。
③ 賴鈺菁「『葉隠』における武士の衆道と忠義—『命を捨てる』ことを中心に—」〔https://www.lang.nagoya-u.ac.jp/nichigen/issue/pdf/9/9-09.pdf〕(最終検索日:2018年12月30日)。
④ 也有学者表示,造成此种结果的原因除了江户时代城市性别比过高之外,武士阶级的"垂典示范""引领潮流"的作用也不容小觑。详见緒上鏡『大江戸講座』(リイド社、2006年)218—219ページ。

斗伤人事件亦频频出现。为了抑制这种社会风气,幕府不得不出台相关法律。庆安四年(1651年)六月,幕府下令江户与上方的若众歌舞伎艺人要剪掉代表少年魅力的前发,并禁止旗本的同性恋爱行为;承应五年(1653年)五月,町中的"众道"行为被禁止;明历元年(1655年),幕府颁布法令,规定因私怨而械斗者,双方均处以死罪。岩波文库本的《叶隐》中有十一项关于"众道"的逸闻,其中七项中的相关人物都是在"众道"过程中产生矛盾,最后通过决斗解决,他们不是死于对方刀下,便是被主君下令切腹自杀,总而言之,皆以"遗恨"告终。这些反例说明,"众道"关系的建立,单纯依赖彼此的爱恋和倾慕是远远不够的,还要以双方深深的信赖关系为基础。

　　确立了"众道"关系的武士,双方之间互为"念者"与"若众","念者"是指行成人礼以后的成年武士,而"若众"则是没有成年的美少年。一般认为,"若众"最好的时期是在十二岁到二十岁之间的九年,在这期间,找到自己的"念者",对他们来说至关重要。井原西鹤在《男色大鉴》中的一句话,"没有同性恋人的少年就如同没有爱人的女人",曾作为名句被广为传颂,也被山本常朝在《叶隐》当中引用,由此也可以推测,在当时的武士社会,"众道"多么具有普遍性。『好色物草子集』也指出,建立了"众道"关系的双方,必须对彼此忠诚,他们要交换"誓纸",上面明确写出对彼此的约束。①比如规定"若众"不可以与其他男子握手;在不经过允许的情况下,不可以与其他男子单独行动;不可以一起喝酒等。"念者"也同样受到约束,如不可以再与其他人结成"众道"关系,不可以与女子肌肤相亲,更不可以对女子动心等。山本常朝在《叶隐》中借式部之口,明确了"众道"者所应持的精神操守。在《闻书第一　181》中,有这样的记载,式部所云,"年轻的时候,因为'众道'可能会发生注定一生的耻辱之事。如果没有这种觉悟是很危险的,但是很少有人会将其中的道理讲给别人听,我来大体说一下。应该懂得'贞女不事二夫'的含义。一生只为一人倾注感情,若非如是,则与野郎、相公无异,与淫奔之女同然。此为武士之耻。'没有同性恋人的少年如同没有爱人的女人'是西鹤的名句。总有人想对这样的少年下手。念友彼此试探,相交五年之久,如果认为心意牢固,自己就应该有信赖心。本性轻浮之人没有耐性,最后就会分手。既然彼此是可以舍命之人,就应该熟悉对方本性。如果认为对方本性扭曲,就说'不合适'而断然拒绝对方,如果被问'哪里不合适',就要回

---

① 参见『好色物草子集』(古典文库、1968年)325—326ページ。

答：'有生之年不能说出口。'如果对方无理要挟，就要以怒吼回应，如果仍然不听，就可以将其砍杀。年长一方要能够看透年轻一方的心思。舍命五六年，狂爱专注，就没有不遂心的。但是一心不可以二用。最要紧的是要在武道上下功夫。唯有如此，武士道才可以得到最终确立"。

这一条目当中记述的，可谓是一位人生经验丰富的年长武士的"众道"须知，简单概括就是，"众道"被当作武士道的一环，是身为武士者必修的课题，"众道"之人也要遵守一定的道德规范，讲究一定的操守。"众道"之人，应如同"贞女不事二夫"一样，一生只能将自己的情爱奉献给一人。如果做不到这一点，则与专门从事色情的"野郎"无异。《叶隐》中因恋慕歌舞伎演员而盗取他人的武士刀，最后败露而切腹的友田正卫门的故事，以及中野杢之助在江户隅田川的船上与男娼游玩时与地痞发生争执，最后将对方斩首的故事，都与"众道"中包含的纯粹的精神性的东西相去甚远，是被山本常朝所批判的。山本常朝在《闻书第一 182》中还记述了一位有着多年"众道"经历之人枝吉氏的话，他说："把生命置之度外才是'众道'的极致，如若不然，便是最大的耻辱。"这里提到的枝吉氏，是星野了哲（被称为佐贺藩"众道"的鼻祖）众多弟子中的一人，被星野了哲赞为"最谙'众道'之人"。一次在陪同主君去江户前，星野了哲问他是否懂得了"众道"的"精髓"，枝吉氏回答说："明明很喜欢，但也要做出不喜欢的样子。"数年之后，当有人问他这句话的真意是什么时，吉枝的回答是，"舍弃生命是'众道'的极致，反之则容易遭受耻辱。但一旦舍命就无法为主君服务，所以对喜欢的人也要做出不喜欢的样子"。枝吉氏一方面认为把生命置之度外是"众道"的极致，是对"众道"对象的最大的责任和义务，承认此种觉悟也最符合"众道"之人的心性，但是如果真因为"众道"之情而抛却了自己的生命，就无法继续为主君尽忠，于是只能把对对方的喜欢放在心里而不明示，即山本常朝向往与提倡的恋情之极致——"忍恋"。通过这段话也可看出，真正理想的"众道"对象，应该是值得以生命来珍惜的对象，所以必然要对对方的性情做深入的了解。如果对方是个性情扭曲之人，则需马上断绝与对方的交往。如若对方继续纠缠，则可以将对方斩于刀下。作为这种关系中年长者的那一位，要洞悉年纪较轻者的心理。如果能不惜赌上自己的性命，花费五六年的时间专心爱恋对方的话，自己的想法没有得不到实现的。也就是说，尽管"众道"是一种同性之间的恋爱关系，但既然已经上升到"道"的层次，其中就已经包含了超越单纯的色情与欲望，而重视伦理与观念约束的精神性的东西。

　　除了以上这些"众道"须知,《叶隐》中也多次提到关于"众道"的逸闻。以"众道"这一词条在索引中检索,在岩波文库本中共出现十一项。其中除了《闻书第一　181》《闻书第一　182》两处在讲"众道"须知之外,还有《闻书第一　115》《闻书第一　183》《闻书第七　15》《闻书第七　25》《闻书第七　31》《闻书第八　72》《闻书第八　73》《闻书第九　33》等八处在讲同辈之间的"众道",但其中只有《闻书第一　183》中的两人恋情顺利,可谓修成正果,其余七项中的相关人物都是在"众道"过程中产生矛盾,最后通过决斗解决,不是死于对方刀下,便是被主君判切腹自杀。总而言之,这些"众道"皆以"遗恨"告终,尤其《闻书第八　71》一项,记述的内容既涉及上下君臣关系又涉及同辈关系,即出现了三角恋情,最后陷入其中的武士获罪,被命切腹自杀。

　　《闻书第一　183》中,叙述了中岛山三与百武次郎兵卫的故事。中岛是公认的美男子,一天夜里突然跑到百武次郎兵卫家里,言称自己杀了三个人,又不愿当场切腹自杀,要百武次郎兵卫帮助自己逃到山里去。看到中岛山三如此信任并依赖自己,百武次郎兵卫大为感动,连夜陪他一起逃跑,路途艰难,中途拉他的手甚至有时还背上他,天明时分终于到达目的地。此时中岛山三才阐明自己所言皆虚,目的只是试探百武次郎兵卫的心意如何,并当场递上"誓纸",而百武次郎兵卫早在两年前就已中意于中岛山三,当时也表明心迹,于是二人结成"众道"关系。这无疑是一桩美谈,但其实也暗含波折。因为中岛过于俊美,对他暗生情愫之人众多,曾有一人示爱于他,没有得到期待的回应,甚至在主君面前有意无意透露过。佐贺藩第一代藩主胜茂也曾内心爱慕中岛,有一次在中岛走过自己面前时,情不自禁用脚去碰其膝盖,但中岛当场后退数步,正襟危坐向胜茂道歉,此事便告一段落。这段逸闻尽管也充满波折,但最终以完满的方式结束。如果当初那个求爱不成的人心生怨恨,也像其他逸闻中出现的人那样拔刀相向,引起"喧哗"事件,那么结局无疑将被改写;再如果,身为主君的胜茂运用权力将中岛强行收为自己的"身边人",中岛与百武次郎兵卫之间的恋情也必将无果。

　　《闻书第八　71》中,就涉及这样一种"众道"关系。北岛作兵卫是佐贺藩第二代藩主光茂身边的侍者。一天,光茂在"召见"北岛时,发现北岛穿了一件不同于平常的绛红色绉纱内衣,细问缘由之后,得知北岛恋慕神代弁之助,前一天在神代家里过夜,身上穿的是神代弁之助的内衣。如此一来,北岛与神代之间的恋情便暴露了,最后光茂命北岛切腹自杀。山本常朝用平常的语气将这个故事娓娓道来,似乎波澜不兴,呈现在我们面前的却是同时存在于上下关系及同辈关系之间的活生生的"三角恋情"。对于当时的真实情况,其实并不难想象。大概是藩主光茂与北岛之间存在着同性之间的恋爱关系,但这种关系的建立对于北岛来说也许并非出自真心与本意,只是作为臣下在被动地履行自己的"职责"罢了;光茂对北岛的心意如何,当然也难以推测。身为主君,贴身侍奉之人当然并非只有一人,对北岛,也许是真心爱慕,也许只是一时兴起,用现代的话来说,这中间存在着光茂对北岛的权力骚扰也说不定。而北岛与神代彼此恋慕,应该是不争的事实。当时摆在北岛面前的是一个两难的状况,是在"众道"与武士道之间如何取舍的矛盾问题。按照山本常朝的想法,身为臣下的北岛,对神代应该"喜欢也要装作不喜欢",要心怀"忍恋"之心,而义无反顾地选择武士道,即牺牲自己的恋情无条件地侍奉主君,为主君尽忠。如果背离了武士道,不管是对主君怎样的一种背叛,结局都只有以死谢罪。这个故事当中,北岛最终以切腹收场。至于神代的去向,《叶隐》当中并没有提及,如果按照"众道"双方的誓约,神代应该为北岛殉情才是。通过以上对《叶隐》中记录的"众道"事实的考察,可以看出"众道"关系的建立大致可以分为以下几种:上下级即君臣之间的"众道"、同辈之间的"众道"及同时存在于同辈之间与君臣之间的三角关系的"众道"。

第一种是君臣之间事实上存在着一种同性之间的恋爱关系,但这种关系的建立应该不会像同辈之间那样彼此交换"誓纸",并做出"今生今世只为一人"的约定。作为主君,身边的"侍者"不可能是唯一的,当然也不排除对其中的哪一个动了真心的情况;作为臣下的那一方,因为感念主君深恩,自然而然对主君产生一种恋慕之情,用看待恋人的眼光看待主君,并下定决心为主君抛却性命,而主君也恰巧有意于他,于是君臣之间建立起一种超越了低俗的、肉欲的事实上的"众道"关系。《叶隐》在《闻书第十一 83》中记录了三代将军德川家光去世时,"老中"堀田正盛剖腹殉死的情形——"堀田加贺守在为主君追腹的时候,说'因为曾为主君侍寝,不能将肌肤示人',所以没有脱衣服"。按常识来讲,武士在切腹时一般要脱去和服露出上半身,但堀田"因为曾为主君侍寝",此一句,暗示出堀田与家光之间曾存在性关系,不能将肌肤给主君以外的人看,所以切腹时便没有脱掉和服。堀田"众道"的对象恰好是主君家光,所以在家光去世之际,通过殉死这一举动,既对"众道"对象——主君尽了义,又对主君尽了忠,"众道"与武士道二者达成了完美的统一。当然,存在于君臣之间的这种关系,也不排除臣下出于立身处世的考虑,不得已屈服于主君的权力威压,于是君臣之间建立起一种明显低于"众道"关系的同性之间的恋爱关系的可能性。但不管具体情况如何,只要这种关系存在于君臣之间,"众道"与武士道至少表面上就是不矛盾的。

第二种是单纯存在于同辈之间的"众道"关系。此种"众道"与武士道既有统一也有潜在矛盾的时候。如《闻书第一 183》中提到的"众道"关系,就存在于同辈之间。在双方真心相许,并保证不节外生枝的情况下,作为臣下的"众道"双方可以一起为共同的主君尽忠,完全可以实现"众道"与武士道的两立。而实际上,这种情况并不是全部,如《叶隐》中涉及"众道"逸闻的十一项中有七项提到,建立在同辈之间的"众道"双方因为无聊小事拔刀相向,最后或死于对方刀下,或被判切腹自杀。这样的事实,显然不是《叶隐》的著者山本常朝愿意看到的,它完全是一种低俗的、无聊的同性之间的恋爱关系,破坏了山本常朝对"众道"的憧憬和向往的同时,也背离了武士道。此外,即便是超越了单纯肉欲,更重精神的同辈之间的"众道",也有与武士道相冲突的时候。"众道"双方要遵守约定,要对彼此忠贞不渝。尽管江户时代是一个相对和平,战死疆场的概率很小的时代,但按照山本常朝的理想,作为臣下的武士在主君需要之时,要毫不犹豫、毫不吝惜地抛却自己的生命,而作为那个抛却了生命的臣下的"众道"对象,为了"情",更确切地说,为了"义",要发挥"众道"的极致,便唯有"舍命",为"众道"对象而殉情。如此一来,便又背离了作为臣下必须为主君尽忠的武士道了。同时,从为主君而死的那位臣下的角度来看,因为他使自己的"众道"对象陷入了不得不殉情而死的境地,对其就少了一份"义"。如何解决这一矛盾,就成为身为武士者需要思考的课题。最好的解决方式,就是像枝吉氏所说的那样"喜欢而装作不喜欢",将真心埋藏在心底,在"众道"与武士道之间选择武士道。分析《闻书第一 181》和《闻书第一 182》不难看出,其中提到的"众道"须知,并非是存在于纵向的上下级,即君臣之间的恋情,而是指横向的、同辈武士之间的恋情,山本常朝对"众道"之情充满溢美之词,基本上是以一种纯粹的精神性的"道"的视点,来看待武士之间的这种情谊的。但无论是"众道"双方交换"誓纸",签订契约,相约"冬雷震震夏雨雪,天地合,乃敢与君绝"式的轰轰烈烈的爱情,还是"暗恋到死,化作青烟与人知,终未流露个中之情思"式的充满深情的"忍恋",终归是一种理念上的东西,多数只存在于山本常朝的理想当中。也就是说,作为臣子来讲,为主君尽忠,是毕生的事业和追求,当其他一切事情与"为主君尽忠"这一理想发生矛盾之时,舍弃其他选择"尽忠",才为武士应有之道。

后来,继佐贺藩颁布禁死令之后,幕府也下令禁死,如此一来,"为主君殉死"的武士道与"为念友尽义"的"众道"之间的矛盾,才在客观上得以解决。

第三种"众道"关系,同时存在于同辈与君臣之间,即现实版的三角恋情。这种关系在诞生之初,便产生了一种无法调和的矛盾。陷身在三角恋中的臣下在山本常朝的价值观里,不但背离了武士道,也亵渎了"众道"。这样的人与"野郎""淫奔之妇"无异,他们的结局注定只能有一个,即获罪——切腹自杀。

综合以上的分析,不管是哪一种"众道"关系,其中都包含着必须舍命的觉悟。"众道"亦有"道",此"道"虽然没有上升到一种制度,但是无疑作为一种理想、一种观念、一种美,为武士社会所崇尚。"众道"双方要对彼此忠诚,要重情重义,当此道与"武士道"发生矛盾,面临二者择一的情况时,要果断地舍此道而取彼道。武士,除了作为一个阶级、一种身份和一种地位存在之外,也是作为个人而独立存在的。他们既是社会的,又是个人的,既有公众的形象,又有私下里的人格。即便在"众道"这一层面上,他们内心深处也有自己的追求和标准。对主君忠心不二,是作为臣子的本分。如果碰巧主君心怀臣下、人格高大,臣下感念主君的知遇之恩,将对主君的忠诚上升到敬仰、倾慕的高度,君臣之间实际上结成"众道"关系,是最为理想的一种境界;如若只是单方面地恋慕主君,或恋慕的对方是同辈,为了避免"众道"与武士道之间的冲突,山本常朝提倡用"忍恋"的方式将两者统一,进一步将作为臣下应该具备的修养及心境提升到一个注重个性及个人主观能动性的高度。但是当"众道"与武士道之间的冲突与矛盾无论如何也不能避免时,山本常朝主张要义无反顾地选择武士道,而此时的武士道,都被收敛在对主君的"忠诚"上面。在江户时代的武士社会里,至少在山本常朝的理想里,处在君臣关系之中的武士,要无条件地服从主君。他们不但要一心思君,还要日复一日地想着"一切就在今天",即将每一天都当作生命中的最后一天,如果每天想的都是主君御前之事,就不会有错(《闻书第一 157》)。山本常朝频繁举出"众道"的实例并千方百计提倡"忍恋"的真正用意,都体现在以下这一段话中:"对主君尽忠,与同僚诚心交往,如不以彻底的态度进行,有时反而会成为仇敌。信玄的壁书上写有'忠节不满、不满叛变、叛变没落',说的就是这个意思。一心想着尽忠且尽了最大努力,却没有得到主君的褒奖,双方之间产生龃龉,反而容易产生不平之意,怨气发散出来而生叛变之心。原本没有想着尽忠的人,就不会产生叛变的念头,所以整日想着尽忠反而更糟糕。对待友人也是如此,如果总想着对对方很好,而对方不加以感谢,就会把对方看作不懂事的家伙,此后双方之间就会产生嫌隙。正因为如此,所以最初就要做好心理准备。即使忠心没有得到主君的褒奖,也丝毫不起怨恨,要愈发尽忠;对别人友好即使没有得到回报,甚至被误解,也不抱怨,要对人更加友好。要达到一切为人,就要使自己所为不为人知,为主君默默'奉公',才是自己的本分。有回报时要加以感谢,如果被恩将仇报,就权当自己用心于阴德,不求阳报。"(《闻书第十一　140》)也就是说,山本常朝不仅提倡以"众道"和"忍恋"之心对待主君,也提倡同样以此心对待同辈武士,其目的在于杜绝在为主君尽忠及与同僚交往时的"不彻底"的态度,摒弃一切出自私心的利益打算,追求一种情感上的纯粹性。

　　人从一出生便处于关系之中,武士自不例外。武士面对的是纵向的君臣关系和横向的与同辈武士之间的关系,但同时也是一个作为个体而存在的独立的人。从人的心理和潜意识角度出发,作为一个个体的人,没有哪个没有自由主义倾向,只是生活在封建制度中,长期处在权力的威压之下,从而习惯了服从的人不论干什么,都不会感到勉强,不会觉得自己所做的是遵从外部规范的行动,甚至误以为自己所做的一切都出于本心,是自然而然的一种反应,这就是把义务内化了的一种表现。生活在三百年前的山本常朝,以他卓越的洞察力大概已经意识到体制之内的不自由,也意识到身为武士者不得不担负宿命,但他在接受宿命的同时,也力求发挥"人"的最大的主观能动性。从这个意义上说,山本常朝用"忍恋"之心比喻"奉公",是将从外部被赋予的道德和义务内化为自身的自发行动的一种意识。山本常朝内心考虑的是身为武士者的问题,同时也是"人"的问题,无论是"死狂"之精神,还是"无二无三"地一心思君,对于任何一个普通人来说,几乎都是不可能达到的极限,山本常朝提出的是向极限挑战的问题,其中包含着如何处理"自我"与"他者"的关系问题。相良亨曾在《诚实与日本人》中指出,如果在德川时代将伦理作为具有客观主义性质的东西来把握的话,那么这就自然地与"国法"相合为一。因此,"维护以权力为背景的律法,追求对于他者的主观性的性情上的纯粹性——这就是德川时代的日本人所表现出来的生存方式的基本构造"①。山本常朝的精神根底之处,无疑也包含着德川时代日本人生存方式的基本构造。

　　《论语·颜渊》中有"君君臣臣"的说法,《论语·八佾》中又有"君事臣以礼,臣事君以忠"的说法。从中可以看出,儒家思想中的君臣关系是一种双向的、相互

---

① 相良亨『诚实与日本人』(ぺりかん社、1980年)149ページ。

的关系,其中格外强调的是人君之道,把处于强势地位的国君的行为是否符合君道作为前提。作为人君首先应当尽职尽责,以身作则,尊重臣下,依法办事,这样,做臣下的自然就会忠于职守,忠心耿耿。这种解释符合《论语》的最初之意,此后为了顺应时代或者说统治者的需要,汉代董仲舒及后世儒学家朱熹等对《论语》做了另一种理解,把儒家伦理思想解释成"三纲五常",其中"君为臣纲"的说法已经完全背离了《论语》中君臣关系应为双向的原意,将君臣之道阐释成臣下对君主无条件的尽忠。《古文孝经·序》中有"君虽不君,臣不得不臣"的说法,但据说真正的《古文孝经》已于梁代失传,发现于隋朝及传往日本的都有可能是赝品。所以原典中是否真有此句,已无从考证,统治者为了私己之利而杜撰出这样一句的可能性也并非没有。《孟子·离娄下》中,孟子对齐宣王说过一段话:"君之视臣如手足,则臣视君如腹心;君之视臣如犬马,则臣视君如国人;君之视臣如土芥,则臣视君如寇仇。"这段话强调人君的态度决定君臣关系。朱子学中的君臣观原本也是继承了《孟子》中"父子有亲,君臣有义"的思想,宣称"父子天合,君臣义合",把君臣关系看作后天的、契约式的关系,并将"君臣义合"的原则解释成"君若不君,则臣可不臣"。而被江户幕府引为官学的朱子学,尤其是山崎暗斋学派的朱子学,却主张臣下对主君的无条件服从,将"君虽不君,臣不可不臣"作为基本命题。幕府末期的吉田松阴①在《讲孟余话》中对上述孟子的这段话提出质疑。②吉田松阴指出,孟子的话主要是对宣王讲的,所以其着眼点在"君道",而"臣道"则与此完全不同。理想的"臣道"应该是"君虽不君,臣不可不臣"的。另外,难免会有"君虽视臣如手足,臣却视君如国人;君虽视臣如犬马,臣却视君如寇仇"的情况发生,而这种情况下的臣下则是罪该万死的了。吉田松阴的这一思想成为明治以后约束日本人的伦理纲常,在山本常朝那

---

① 吉田松阴(1830—1859),日本江户幕府末期思想家、教育家,明治维新的先驱者。著作有《讲孟余话》《幽囚录》《留魂录》等。

② 原文如下:「書を読むのは、主意を観ることを要点とする。この章の内容は、孟子が宣王のために説いたのだ。だから本章の主意は、あるべき君道なのだ。だがもし誤って臣道もまた本章のようなものだと思ったならば、それは非常にまちがっている。もし臣道を論ずるならば、『君、君たらずといえども、臣、もって臣たらざるべからず』なのだ。しかしながら、君主が家臣を手足のように大事に見ているのに家臣が君主をその辺の国民のように見たり、あるいは君主が家臣を犬か馬のように見ているのに家臣が君主を仇か敵のように見る者がいる。その罪、万死に値するが、殺しても償いきれない。」

里，我们似乎也可以看到吉田松阴思想的影子，或者确切地说，吉田松阴的此种君臣观，是受到了山本常朝的影响。与山本常朝同时代的大儒学家荻生徂徕则批判这种"君虽不君，臣不可不臣"完全丧失了主体性的"无我的"忠诚，称此种献身的伦理不外乎是"妾妇之道"。但通过前文的分析，想必可以看出，山本常朝所强调的忠诚，表面上是忘记自我的忠诚，实则是努力将自我发挥到最大极限的忠诚，所以是不同于荻生徂徕所批判的"妾妇之道"般的忠诚的。对于山本常朝来说，理想的君臣关系绝不仅仅限于"御恩"—"奉公"式的公式化的君臣关系，他认为君臣之间的关系是超越了理性的、感性的存在，他所倡导或者说他所向往的理想的君臣关系，是建立在一种发自内心的如恋情般的关系的基础之上的，充满温情。尽管山本常朝以"忍恋"喻"奉公"，提倡不求回报的隐"奉公"，甚至一直在讲"无我的忠诚"，但是他的"无我"论，绝不是一心谄媚逢迎，而是将"我"与主君、藩国化为一体，将献身与忍耐升华为维持与强化组织的手段。这从山本常朝将进谏视为臣下的大忠诚这一点也可见一斑。

第二节　劝谏乃是大忠诚

一、"谏言"成为江户时代武士的职责之一

"谏言"，由"谏"一词派生而来，最初是儒家的概念，跟"谏言"相关的历史，在中国最早可以追溯到周朝，可以说在中国的制度史和儒学史上有着悠久的传统。《周礼》"地官司徒"中有"保氏掌谏王恶"的记录，其中的"保氏"就成了中国最早的谏官。到了春秋战国时代，"谏言"制度已经颇具规模。秦汉时代，设置了"散骑""谏议大夫""给事中"等掌管谏诤的官职。唐朝，君臣都颇为重视"谏言"的作用，朝廷中大力增设与"谏言"相关的职位，"谏言"的功能得到扩大，"谏言"作为一种文化迎来全盛期。宋代以后，谏官也拥有很大的职权，可以"朝夕耳目天子行事"，一切是非"无不可言者"，对各方面的问题都可以提出自己的看法。元代虽然没有设立专职的谏官，但御史承袭宋制，兼任谏官之职。明代时期也没有专职的谏官，由"给事中"和各道御史兼任谏职，俗称"给谏"。清代言谏之官的建置大体跟明代相同，而事实上，清代的谏官形同虚设。综上可见，在中国大约自周及春秋战国以后，各朝各代都很重视谏官的设置，尤其以唐代谏

官机构最为齐全完备。谏官制度是制约皇帝的制度,尽管其制约性极其有限,但不能不说该制度在中国是一个奇特而重要的历史现象。

在一水之隔的日本,"谏"这一用语最早出现在《日本书纪》(720年)当中,"中纳言直大贰三轮朝臣高市麻吕,上表敢直言,谏争天皇欲幸伊势妨于农时"[①]的条目,记述了农忙之时天皇欲行幸伊势,而中纳言三轮高市麻吕试图进谏阻止之事。在武家政权确立之前,也有文人以文讽喻针砭时事的,[②]但是,源于日本政治体制上与中国的差异,在日本并没有形成系统的"谏言"制度。尽管如此,按照《伊吕波字类抄》《拾芥抄》《故实拾要》等的记载,可知在日本存在"参议"一职,其职能相当于中国的"谏议大夫"。镰仓幕府以后,天下以"武"为中心,又经战国时代,战争成为常态,"下克上"的现象时常发生,如遇到愚蠢的大将,臣下可以另觅名主,甚至可以策动谋反,直接取而代之。到了天下统一的德川时期,幕府开始标榜文武兼备,于是,"谏言"在江户时代的武家社会备受重视。之所以会出现此种情况,主要源于时代的变化。其时战争基本结束,天下处于和平之世,臣下为主君尽忠的场所从战时的战场变成了"榻榻米之上",如何进行"榻榻米之上"的"奉公"成为君臣必须重新考虑的问题。德川幕府方面为了强化中央集权的政治体制,整顿秩序,采用朱子学为官学,强调君臣之道,尤其强调臣下对主君的忠诚。另外,幕府规定各大名的领地均属幕府所有,各大名要以施行仁政、维持主家安泰为己任。为了更好地在和平年代发挥臣子的作用,当时各藩藩主针对自己的子孙和家臣团制定了各种家训。在那些体现藩政方针和治藩理念的家训当中,大体都规定了以"文武兼备"为基调的"奉公之道"和"治国之道",其中,"谏言"更是被不断提及。比如磐城平藩第三代藩主内藤义概(1619—1685)在延宝五年(1677年)制定的二十三条"内藤义泰家训"中,就借用《书经》中"木从绳则正,后从谏则圣"一文,说明身为主君者对"谏言"的重视。一言以蔽之,"谏言"本身并不属于乱世之相,到了和平时代,才成为"奉公"之要务被加以重视。山本常朝在《闻书第一 148》中有这样的表述:"所谓圣君或贤君,不过从谏如流而已。这样,家臣们就会拼命想着如何向主君进谏,如何使我藩成为治世之藩。久而久之,自然国泰民安。臣下武士、平辈同好之间,

---

① 坂本太郎、家永三郎、井上光贞、大野晋校注『日本書紀(下)』日本古典文学大系68(岩波書店、1966年)513ページ。

② 如山上忆良(660—733)、三善清行(847—918)等。

为求知己之非也自然会向智者寻求意见,如此便可知有生之涯和无穷之道。这样的武士是藩国之宝。"从这段表述中可以看出,在江户时代拥有纳谏胸襟的人才堪称拥有成为圣君贤君的资格。这与儒家所提倡明君有相同之处。《荀子·臣道》中判断忠臣及明君的标准如下:"君有过谋过事,将危国家、殒社稷之惧也,大臣父兄有能进言于君,用则可,不用则去,谓之谏;有能进言于君,用则可,不用则死,谓之争;有能比知同力,率群臣百吏而相与强君挢君,君虽不安,不能不听,遂以解国之大患,除国之大害,成于尊君安国,谓之辅;有能抗君之命,窃君之重,反君之事,以安国之危,除君之辱,功伐足以成国之大利,谓之拂。故谏、争、辅、拂之人,社稷之臣也,国君之宝也,明君所尊厚也,而暗主惑君以为己贼也。故明君之所赏,暗君之所罚也;暗君之所赏,明君之所杀也。"能够劝谏、苦诤、辅助、匡正的人,是维护国家政权的大臣,是国君的宝贵财富,能够尊敬、优待、奖赏这些大臣的君主是英明的君主;对这些如国之至宝的大臣加以惩罚、迫害、杀戮的君主则是糊涂且愚昧的君主。《常山纪谈》第十八卷中,记录了那波道円对其子的训诫:"乱世之中,臣士为君死;太平之世,勿忘谏死。"这表明乱世之下,武士的主要职责是战死沙场;在没有战争的和平年代,"谏死"则成为武士的重要职责。江户时代经历了日本历史上最长的和平时期,封建制度已经基本固定下来。又因为严苛的身份等级制度的存在,多数藩国大名都以世袭的方式继承家业,其中不乏先祖声名显赫,历经几个世代之后,因长期过着锦衣玉食的生活,加上周围人的阿谀奉承,而产生一些愚暗狂暴性格主君的情况。受儒家思想的影响,这个时代,作为臣下,最重要的职责就是对主君进行劝谏,"谏言"也因势成为江户时代的重要问题。《叶隐》当中,山本常朝对"谏言"的重视程度可以说如实地表现了江户时代"谏言"在武士社会中的地位。

二、《叶隐》中的"谏言"

(一)劝谏乃是和平之世的尽忠方式

"武士的功勋中,比起攻取敌人,为主君而死才最为上乘。佐藤继信用身体挡住了敌人射过来的箭矢,替义经而死,这才是忠义之士。"(《闻书第一 172》)佐藤继信在屋岛合战中,替主君源义经而死,是源于平时就有此觉悟,他在离开自己的故乡奥州时,就与妻子儿女进行最后的道别,表示要代替主君身赴险境的决心。当义经遭遇危险时,尽管身边的家臣都不曾惜命,却无人能够超越平时就有替主君而死之觉悟的继信。山本常朝对能够在关键时刻替主君而死的佐藤继信充满羡慕之情,但是死于主君之鞍前马后,毕竟是处乱世武士的要务,和平年代,武士们在战场上与主君同生共死、杀敌立功以表忠心的条件已不复存在,也因为禁死令的颁布,为主君殉死也变得不可能,他们表示忠心的手段已经从"为主君而死"变为"向主君进谏"。山本常朝在《闻书第十一　28》题为"忠节之事"的一节中有如下表述:"修正主君之心,巩固藩国,是真正的大忠。第一个冲进敌阵和第一枪杀向敌人,只要能舍命就能做到;而修正主君之心,光有舍命之心还不行,是需要花费一生心血的事情。首先要取得同辈之人的谅解,还要成为主君能够接纳的人。没有主君信任,没有担任年寄或家老之职,就无法向主君进谏。这个过程中的辛苦难以言表。为私欲而立身就已经要费尽周折了,为主君而立身,就更需要持续的觉悟及耐心和毅力了。如果不能着眼于此并为此而努力,就不能称之为忠臣。"在这段话中,山本常朝认为,只要能舍弃生命,第一个冲进敌阵和第一枪杀向敌人,都是瞬间就可以成就的事情,而修正主君之心,却需要花费一生的心血。德川家康也曾说过同样意思的话,即第一个冲进敌阵和第一枪杀向敌人的人固然要有舍弃性命的决心,但未必一定要死于战场。即便他真的战死了,也会留名于后世,会成功名、得赏赐,会家财兴旺、子孙荣光,是"得远胜于失"的忠诚;而向主君进谏之人,十之有九会遭遇刑罚乃至一家离散的命运,不得不说是"有失而无得"的忠诚。因此,进谏之事,非有私心私欲者而能之。[①]由此可以了解,被山本常朝称为"奉公之极致"的进谏,是何等困难的事情了。

　　因为在江户时代这样一个身份等级制度比较严格的大背景下,居下位者对比自己身份地位高的人进行批判,是极其无礼且会使对方感觉受辱的行为,很有可能被对方斩于刀下。比如岛原城主左近太辅隆长,就直接将对其进谏的"家老"土贺玄蕃砍杀了。所以,山本常朝才会说"只靠认真成就不了大业,要成就大业必须具有死狂精神"。古川哲史把山本常朝在这里所说的"大业",解释成"向主君进谏,巩固藩国"之事,并认为此事是山本常朝一生的目标。[②]

　　山本常朝是其父七十岁时生的儿子,生来体质弱,甚至曾被医生预言活不过二十岁,正因为如此,山本常朝才意识到:偶然来到人世,如果没有尽力"奉公"就死去,将是无比遗憾的事情。自从领悟到"奉公"之人最高的忠义乃是劝

---

① 古川哲史『武士道の思想とその周辺』(福村書店、1957年)。
② 古川哲史『武士道の思想とその周辺』(福村書店、1957年)168ページ。

谏主君更好地治理国家,他就给自己确立了五十岁以后成为"家老"的目标,并且日日思索和修行(《闻书第一　140》)。被誉为太平之世的德川时代,从所历时之长度来看可谓空前绝后,从封建制度之稳定程度来看亦堪称模范。这一时代,各藩国的大名多是通过世袭的方式继承其先祖的地位和家业。因此先祖是名声显赫的忠臣良将,而当世之主只不过是个凡庸之辈的情况也并不罕见。正所谓"饱暖生淫欲",在锦衣玉食的供应及谄媚逢迎的包围之下,难免会出现一些狂暴昏聩的主君。从《叶隐》开头的"夜荫之闲谈"也可以看出,当时的佐贺藩亦出现了世风崩坏的倾向。在《闻书第七　50》中记录了神代十兵卫劝谏锅岛忠直的事情。忠直是二代藩主锅岛光茂之父,在锅岛光茂四岁时就去世了。他在年轻时常做一些违背常理的荒唐事。忠直身边有一个他颇看不上眼的侍臣,一次他在扇子上写了很多关于那个侍臣妻子的坏话,并叫人把扇子给那个侍臣看,以此戏弄他。不知所以的侍臣一怒之下撕了扇子,忠直听说后竟然要判那人切腹。神代十兵卫再三为侍臣请命,锅岛忠直不听。最后,十兵卫流着泪说:"如果类似事情仅此一件也就罢了,只怕主君杀了这名侍臣后仍然御心不改。我实在不忍目睹主君如此无情无义之举,活下去也终将无趣,请主君杀了我吧。"如此,才令忠直改变心意,据说以此为契机,忠直的"慈悲心"才有所觉醒。十兵卫将生死置之度外,抱着必死的决心向主君进谏,终于使主君醒悟,及时中止了一场荒唐闹剧的上演。挽救侍臣性命事小,避免主君之声威扫地,并使主君洗心革面事大。其一心为藩国的忠心可鉴。通过这件事的记录,山本常朝表明,在几乎没有战乱的和平年代,"进谏"已经成为当时臣下的主要工作,也必将成为武士最重要的工作。当然,向主君进谏,必然要陈述与主君不同的意见,如果令主君情绪不佳,只能招致更糟糕的结果。所以有人说,不要轻易陈述自己的意见,即便主君的吩咐有不妥之处,依令执行就好。山本常朝认为这不过是出于私心,为自己辩解罢了,他认为只要有肯舍一命的决心,诚恳地进谏,一定会得到主君的理解。异议不明,必然忤逆主君,话说一半,被打断也是正常的。不能就因此而放弃或者抱怨。山本常朝很欣赏相良求马(1630—1680)、中野数马那样的家臣,常将他们进谏的事例引以为榜样。相良求马曾经在进谏的过程中触怒主君,甚至被判切腹,但即便如此也不改初衷,坚持请前来传达主君救命的两位家臣向主君转达自己的意见,最后承蒙主君英明,被赦免了。中野数马是三代藩主纲茂的"家老",一次,数名大臣因有违主君之命而遭遇救命切腹的厄运,中野数马向纲茂进谏请求赦免。当时纲茂曾问数马进谏的缘由,数马直言并无理由。纲茂大怒,将其斥退,但是数马仍然坚持进谏。被问缘由,仍称没有缘由,于是再次被斥退。如此反复七次,纲茂最后被他感动,说"没有缘由,竟然能七次进谏,想必赦免的时机也到了",终于收回成命,赦免了那几个人(参见《闻书第一 137》)。在这个例子中,中野数马在请求赦免被判切腹者时,一直称没有理由,试想一下,如果他陈述理由,必然会指出违背主君命令的几位大臣的正当之处,同时也必然会指出主君命令的不合理之处,主君之非也就必然会被示于人前,所以中野数马坚持进谏七次的行为本身,就是在用行动提醒主君对自己的命令进行反思,纲茂最后赦免了几个大臣的背后应该包含着对己之非的醒悟。所以,由以上两个例子也可以看出,进谏与死亡如影随形,相良求马与中野数马正是抛却了私心,抱着必死的决心才能自始至终向主君进谏,幸运的是他们遇到的是明智的主君,若不幸遇到顽固不化且愚钝的主君,他们自身的性命想必也会受到威胁。所以山本常朝深谙时势,晓谕武士以抛却性命之姿势"劝谏主君、巩固藩国"才是大忠诚。

(二)成为"家老"是为"奉公名利"

当然,在身份地位等级制度森严的社会制度下,并不是所有的武士都有向主君进谏的资格。江户时代大名家军制上的位阶序列,按照从上到下的顺序,基本呈现为"大名—亲族/家老—组头—物头—平士(以上为骑兵、以下为步兵)—徒士—足轻—中间/小者"的形式。大名是整个军制中的总大将,但并不负责直接指挥整个军团。军团通常由五至十个独立的军事单位"备"构成,各个"备"由"亲族"/"家老"层的武士负责指挥,称为"大将"或"旗头"。各大将拥有自己的家臣,构成"备"这一军团的核心力量,此外还有组头指挥的由平士构成的骑兵队,由"徒士"组成的枪部队,以及由"物头"负责指挥的弓箭、铁炮"足轻"部队。大名家的官僚制转用了军制上的形式。当藩内面临决议之时,并不是主君一人独断的。尤其是藩政确立以后的时期,基本采用"家老""中老""用人"合议的形式处理政务。除了特别重要的事务需要请示藩主裁决之外,其他事务都通过御前会议进行决议。也就是说,政治一概委托给"家老"和"重臣",藩主只需要下达最终的裁决即可。当然,这种合议的形式,其范围不仅限于"家老"和"重臣",遇到实际问题时,"家老"和"重臣"也会征询居于下位的从事实务的行政人员的意见,比如涉及财政问题时,就会咨询掌握财政知识的行政人员,在参考其意见的基础上处理问题。这种由实务役员参与政务决定的形式被称为"禀议型",当发生与实务相关的问题需要处理时,居于下位的实务役员要实际起草对策案,并在征询上司意见的过程中不断修正,然后再层层向上征询意见,直到被最后批准。也就是说,藩国的政治决策是由"家老""中老"等上级官员、中坚力量的"奉行"阶层及下层的实务役员共同参与的。①这种"禀议型"的政治决策构造,与江户时期武士道核心精神的形成有着密切的联系。它不但展现了藩国权力结构的存在方式,也在一定程度上暗示出作为藩国组织成员的个人的存在方式。尽管各个成员在藩国当中存在着力量的差异和序列的不同,但是各自在各自的职位上拥有固有的力量和固定的责任和义务,在决定藩国事务时,也并不是一味地无条件服从主君,而是保持着一定的自立性和主体性,这从"一分"的概念当中也可见端倪。

"一分"是出现在德川幕府体制下的武士伦理当中的概念,这一概念是对战国武士伦理中"分限"概念的延续。"分限"指的是身为武士,其行为必须符合武士身份所被规定、被赋予的责任和义务。这些责任和义务甚至涉及日常生活的各种细节。据《中世武士家训研究》一书介绍,武士的吃穿用度、马匹工具、使用的下人的品行等各个方面,都要严格按照自己在武士集团中所处地位的高低从主君那里领得,不能够过度也不能有所不足。如果一个武士做出不符合自己"分限"的行为,不但会遭人耻笑,也会遭到天罚。②"一分"是"分限"概念的延伸,但并不局限于武士阶层。正如樱井庄太郎在《名誉与耻辱》一书中所指出的那样:"名是武士的阶级意识,但'一分'则不带有丝毫的上下主从关系的印记,因此在近世封建社会中,'一分'也成为町人阶级的意识概念。"③也就是说,"一分"的意识是各个阶级都具有的意识,是对自身行为是否符合自身身份的一种主观的评价。"武士的一分",自然就是武士所应当履行的责任和义务,每一个武士对于"一分"都会有自己的理解,它是"来自武士内心的,对行为是否符合武士身份的自我评价和约束,但又不可避免地接受武士阶级统治阶层、社会各阶级的道德审视。因此,以'一分'思想为代表,武士对自身是否完成了作为武士身份所被赋予的义务的自我评价,也必须遵从来自幕藩和所处社会整体的外发性名誉评价"④。对于山本常朝来说,武士的"一分"就是为主君尽忠,而尽忠的手

---

① 笠谷和比古『武士道その名誉の掟』(教育出版株式会社、2001年)。
② 筧泰彦『中世武家家訓の研究』(風間書房、1967年)241ページ。
③ 王炜:《日本武士名誉观》,社会科学文献出版社2008年版,第207页。
④ 王炜:《日本武士名誉观》,社会科学文献出版社2008年版,第210页。

段和形式表现在方方面面,其中尽忠的极致就是向主君进谏。但是身为下级武士,没有进谏资格而进谏,就是违背了武士的"一分",所以,为了达到两者的统一,山本常朝在悟出一个武士真正的忠诚是向主君进谏的道理之后,马上提出为了获得向主君进谏的机会就必须努力当上"家老"。山本常朝的这一想法,不但体现在《叶隐》中,在为其子所作的《愚见集》中,山本常朝也多次谈到这个问题。山本常朝感叹,当世之下,认识到当上"家老"是为主君尽忠这一点并能做到这一点的杰出武士几近无人。偶尔有一些人对主君殷勤备至,也只不过是为了私利私欲,出人头地而已;那些淡泊名利之人,却又"奉公"之心消极,一心想出世隐遁。他批判吉田兼好①、西行②等人的出世是卑怯、窝囊的表现,是无法成就武士之业的愚蠢行为。山本主张,身为武士,哪怕置身于名利之争的漩涡,哪怕飞入地狱中央,也要一心为主君效劳而不做他想。这也是他之所以能够把自己一心成为"家老"的理想解释成脱离了私利私欲之"奉公名利"的根源所在吧。

前文说过,对于山本常朝自身来说,成为"家老"为主君进谏,是他一生的目标。这是山本常朝在被主君光茂免去侍童职位遭遇失意后,苦心悟出的一番道理。在《闻书第二 140》中,他说:"……从此,似乎在被人小瞧中过日子,我懊悔不已,万念俱灰,日夜思考如何才能身心愉悦地奉公尽忠。我每晚都去听五郎左卫门训诫。我还记得他说过'追逐名利之人不是真正的奉公之人,不追逐名利之人也不是真正的奉公之人'。这句话我翻来覆去地想,才终于想明白了。作为奉公之人,最高的忠义便是劝谏主君更好地治理国家。居下位而无所作为是毫无益处的,成为家老才是奉公的最高境界。忘掉私利私欲,一心想着为主君为藩国尽忠,我终于下定决心,一定要做到家老那个位置。"身份低微的山本常朝,自从悟出向主君进谏帮助主君治理藩国才是"奉公"之极致之后,便一心致力于登上"家老"的位置了。可这一决心的下定也让山本常朝颇感纠结。山本常朝一向主张"去私奉公"和"无我的忠诚",而想要成为"家老"的态度及想法,无疑很容易被人看成是对名利的追求,既然离不开名与利,哪里谈得上"去私"呢?可是现实情况是"人微言轻"。中国的孔子两千多年前就倡导"不在其位,不谋其政"。江户时代的日本,拥有向主君进谏资格的只能是"家老"或相当

---

① 吉田兼好(1283—1350),日本南北朝时期歌人,通儒、佛、老庄之学,对当时日趋没落的贵族投以批判的目光,作品有《徒然草》。

② 西行,日本平安时代歌人,又称西行法师,作品有《撰集抄》。

于"家老"地位的高级武士。没有进谏的资格而去进谏是一种僭越，是对自己身份的不自知，是对秩序的扰乱。山本常朝自然清楚这一点，他在《闻书第一43》中就说过"总而言之，不在那个位置上却偏要进谏反倒是不忠的表现"。一旦明白了这个道理，立志为主君进谏并为藩国效忠，就必须登上"家老"的宝座。"奉公"之人如果有想成为富贵之人的想法，就会于不知不觉中给自身添上污点，如果甘于贫穷，就不用有这种担心。山本常朝认为，那些退隐者和现在的户主或者父子兄弟之间之所以会失和，大体都是因为名分未定，又被欲望所牵引使然。而君臣之间，如果家臣都安于本分，就不会出现关系不好的情况。山本常朝跟自己说，"当上家老，并不是为了追求俸禄等物质利益，它不是目的，而是为主君尽忠的手段，所以此志向并不是发端于单纯想要利己的动机，而是与私利私欲毫不相关的'奉公名利'的思想"。

山本常朝也说"淡泊名利之人多似是而非，只会批评诽谤别人借以显示自己的伟大，终究是傲慢无礼不起作用，比名利之心深重之人更糟糕，对当事无益"（《闻书第一 155》）。这与中国明朝洪自诚在《菜根谭》里说的"谈山林之乐者，未必真得山林之趣；厌名利之谈者，未必尽忘名利之情"有异曲同工之妙。"这世间一开始就充满错误，如果没有这种认识，连面相也会变得可怖，别人也就不会接近你了。如果没有人理你，再优秀的人也不会是货真价实的吧。"（《闻书第一 56》）所谓相由心生，如果一个人看什么都觉得不顺眼，对周遭充满挑剔和厌恶的话，就会表现在脸上，自然就不会有人敢接近了。"水至清则无鱼，人至察则无徒。"要事先有一种觉悟，知道世间之事充满错误，世间之人尽是缺点，以此为前提，心态可能就会变得平和，不会自恃清高，从而主动融入世间，去做一些被通常看成俗不可耐之事，在这里常朝所指想必就是努力当上"家老"之事了，但他也主张在这一过程中精神上要始终留有一方与众不同的净土。

在山本常朝看来，一切"恶"都源于"不能忍受苦"，逃避就是不能忍苦，不能忍受来自世间的冷眼和误会。古川哲史指出，对于"奉公名利"的拒绝，源于自敬的动机。而自敬的动机当中蕴含着人格的价值，真正的伦理也显现在人格价值的极限之处，一个人过于坚守自敬的伦理，必然会封闭自我价值实现的道路。[1]古川哲史指出的是一个悖论式的命题，山本常朝本人显然也注意到了这一悖论，领悟到自恃清高，放弃名利的行为只不过是一种逃避和怠惰，因此，最终下

---

[1] 古川哲史『武士道の思想とその周辺』(福村書店、1957年)155ページ。

定决心投入名利场,奉劝武士为登上"家老"的宝座而努力,但在精神上将其净化成为"奉公"而追求的"名利",并视之为对主君的大忠诚。这一净化本身,实则也是对自我实现的一种追求。因此无法排除有人把这种"奉公名利"看作利用、服从的掩饰,实际上是为了达到利己主义目的的手段的可能性,如果利己主义是最终的目的的话,"奉公名利"本身也可被视为对权力隐形抵抗的一种手段。当然,我们已经无法探知山本常朝说出"奉公名利"一语时的最真实的心态,不知他是否真的如他自己所言,将其看作目的本身,但是有一点是确定的,那就是身为武士,一旦将服从主君、为主君尽忠的心情与表现自我、实现自我的心情混在一起,就会出现时而调和时而处于两难之中的状况,山本常朝一定也曾经遭遇过这种两难。为了解决这种矛盾,山本常朝说:"人的一生,如白驹过隙,短暂至极。在如梦的尘世间,总是做自己憎恶之事且烦恼度日,真是愚蠢至极。只是,如此思想倘或被不当听之或被恶意释之,就会相当有害,因此对于年轻者,终于无法言说其中至深的意义。"(《闻书第二 85》)山本常朝这里对"被不当听之"或"被恶意释之"的担心,大概就是笔者刚刚分析的"奉公名利"的思想被人看成是利用服从的假面,对权力进行隐形抵抗。山本常朝不希望被如此解读,但是又觉得他的"至深"之意,无法传达给年轻人。笔者认为,想必他是在奉劝年轻人,通过日常修行,变一切被动为主动,将"奉公"、尽忠变成一种内化了的义务,成为真心喜欢之事,从而可以主动地、不加分别心地实践"奉公",达到内外合一之境界的尽忠。这当然也意味着,山本常朝在"奉公"之路上一定也充满过矛盾和挣扎,对主君也并不是从一开始就可以达到发自内心的服从。但是,人从一出生就是被抛掷在世间,且始终是被裹挟在时代浪潮之中的。大道寺友山在《武道初心集》中将武士的生命视为主君之物,说:"……我身我命非我之物,何时主君命下,当即以身命报主君……"德川时代的西川如见(1648—1724),是将荷兰的自然科学介绍到日本的人,这样的人,想必拥有一定的超越时代的眼光。连这样的人也主张:"下民非治人之任,治于人者唯平常心专之,且不可有些许计谋之意……"(《百姓囊》)①个人的行为总是不得不外化于所谓社会的行为,这是生而为人者难以逃脱的宿命,生性敏感又有志向之人总想在这种宿命之中保有一种人之所以为人的精神,而山本常朝恰恰是这样的人。

---

① 南博著,刘延洲译:《日本人的心理 日本人的自我》,社会科学文献出版社2014年,第8页。

所以,山本常朝在面对无数次的挣扎和两难之后,最后终于有所领悟,他将被动的"奉公"之心比喻成绝对自然的"忍恋"之情,即努力将忠心"奉公"内化成个人真心喜欢之事。

那么,山本常朝出身低微,是不是绝对不可能当上"家老"呢?如果按照江户时代严苛的身份等级制加以衡量,其可能性当然微乎其微。但是如果参考历史的经验,这种可能性也并非没有。佐贺藩的家风与他藩不同的独特之处在于重视能力主义。第一代藩主锅岛胜茂甚至会从长期贴身服侍自己的人中选拔出"家老"和"年寄"等职。但是,前提条件是这些人服侍主君的时间足够长且能得到主君的足够信任。另外,担任第二代藩主光茂家判"家老"之一的相良求马,并不是谱代家臣的后代。他从小是光茂的玩伴,也是从身份低微者直接被提拔为家老的。光茂年轻时沉迷歌道,祖父胜茂盛怒之下,以监督不力为名,将两名"年寄"判为浪人,并把服侍光茂的贴身家臣召集起来进行训诫。在胜茂看来,和歌等是公家贵族之事,对于武家来说是无用的,作为主君身边的服侍者,忘记了自己的义务,终将导致锅岛家职无法存续。在场之人无人敢言,只有当时处在末座的相良求马站出来发表反论,他说,光茂殿下尽管具有超群的气度,但是也有性急、粗鲁等缺点,而歌道正有助于改正这些缺点,所以从使锅岛家长久存续和安泰的角度来考虑,喜欢和歌也许是个好事。因为此事,相良求马受到胜茂的关注,此后也一直为光茂所重用。山本常朝对相良求马的评价是:"像相良求马这么聪明的人绝不会有第二个,只要看上一眼就知道他是个聪明人,等再听到他发表的对事物的看法等,其聪明之处就更显而易见了。""聪明",原本与"武士道"无缘,却最接近"奉公人之道"。这样的相良求马,与主君光茂一体同心,最后以一己之身承担主君的所有恶事①,用自身的切腹平息了谱代重臣对光茂时期体制的不满。相良求马是突然被主君提拔起来的,成为"家老"时年纪尚轻,或许吸取了他的教训,山本常朝主张"大器晚成",相信"人若性情急躁,于事有害,自然也难成大业。倘若决意无论至何种境地,也要将事贯注到底,愿望反而会提前达成,此乃时间眷顾该当眷顾之人事而已"。他以十五年为一个

---

① 主要指小城、莲池、鹿岛三支藩与佐贺藩对立之事。有人分析事件的真实起因在于,在光茂一代,因参觐交代制等的实行,主君从小在江户长大,对于佐贺藩的历史等不甚了解,"年寄"冈部宫内原本是江户旗本浪人之身,相良求马又是从草根发迹而来的,与佐贺家风完全不符,也就是说主从三人因对佐贺藩"国学"的无知,而做出了一系列使三家与本家不和的事情。

时间段,认为"世间必有变迁","现在奉公的诸位,十五年后或许一个也不再有。现在的年轻人等出人头地,或许成就的只不过是一半之事"。因为,当今之世,"世事及人都渐趋衰微",如同"金若见底,银便为宝;银若见底,铜便为宝"的道理一样,万物皆适时而变。故"在人的素质也与时代相应,每况愈下之际,倘或稍微努力一下,十五年后也许正好为主君所用。在不过恍若一梦的十五年里,只要不怠惰于自身修养,终有一日达成为主君所用之念愿。在人才巨匠辈出之时代,唯有一生悬命方能有所成就。然若世间诸事每况愈下之时代,出人头地则易如反掌"(《闻书第二 130》)。山本常朝对时代的变化有着准确的把握,相信经过一番韬光养晦、心性的磨练之后,一定能够达成所愿。但是遗憾的是,主君光茂猝不及防地离世,这使山本常朝成为"家老"的志向成为永远的梦想。面对突如其来的变故,山本常朝从容剃发出家,可谓践行了藩祖直茂的训诫——谋大事当举重若轻。石田一鼎用"筹小事当举轻若重",对这句话加以注释。山本常朝对这两句话的理解构成了其整个思想的核心,他说:"所谓大事,充其量不过二三件而已,只要回顾一下平生所思所为便知。平日里常存审慎之心,临大事时方能举重若轻;倘若平日缺少恒备觉悟之心,一旦遭遇大事则方寸全失,志愿达成之力亦终不逮也。故平素应将己之'战阵'筹措得当。如此,乃'谋大事当举重若轻'之本意。"(《闻书第一 46》)用山本常朝的话来解释,便是平素常抱有死的觉悟,遇事方可"死狂"突入。正因为山本常朝平日素有殉死之志,才在主君去世之际立刻付诸出家隐居的行动。这一行动也标志着山本常朝成为"家老"之梦的破碎,但他在叶荫之下,践行着他的"哪怕在深山,在地下,哪怕是生哪怕是死,都要为主家献身"("夜荫之闲谈"第⑯句)的诺言。

(三)向主君进谏的方法

山本常朝尽管没能实现自己的毕生目标,没能当上"家老"向主君进谏,但对进谏之心性有着全面的把握。山本常朝指出劝谏是所有武士应该用心追求的目标,"善于修正主君的想法,使主君无过失,才是大忠",并且,他认为对于那些并没有处在"家老"之位的武士,也可以通过接近有谏言资格的人,从而达到为主君尽忠的目的。但是"向主君进谏有很多方法",并且"进谏的方法至关重要",必须遵循"和谐之道"及"商谈后和解"的原则。在《闻书第一 153》中,山本常朝指出:"进谏的方法至关重要。想要向完美无缺点的主君进谏是不会有效果的。'主君的娱乐之事,不管是怎样的形式都无所谓。只要主君能够让庶民、百姓安居乐业,家臣能够心情愉快地奉公,家臣们自然也会希望为主君效力,天下自然大治。而且主君也无须过度操劳。'如果是用这样的方式来说,主君自然容易接受。一切'谏言'和异见的提出,都是建立在'和'的基础上,在谏与被谏者的心灵之间建立一座沟通的桥梁,潜移默化,就会被接纳。义正词严必然导致尖锐对峙,这时,进谏自然不会有效果。"孔子曾经说过:"邦有道,危言危行;邦无道,危行言逊。"意思是说:当国家有道时,可以直述其言,但国家无道时,就要注意说话的方式方法。只有这样,才可以避免祸端。这可以说是一种明哲保身的为政之道。山本常朝讲出的上述这段话,与孔子所言似乎有相同之处,但他的出发点不在于考虑进谏之人的安危,可以说他完全是从人性的角度加以把握进谏的方式方法的。他提倡一切从"和"的原则出发,因为"被主君厌恶,就不能尽忠义",在对主君提出意见和建议之前,思考如何创造一种和谐融洽的关系,这样才能有效地避免产生正面冲突,更为重要的是,在融洽的气氛当中,可以使主君更容易接受自己的意见或建议,并且心甘情愿地改变初衷。可以说,这段话里边渗透着山本常朝敏锐的洞察力和颇具理性的思考。至此,山本常朝一直提倡的"忍恋"及"众道",其中包含的在君臣之间创造"建立心灵的桥梁"之意也就不言自明了。

山本常朝提倡,在和主君建立了良好的关系的基础上,对不同的主君要采取不同的办法尽忠——"对于内向又平庸的主君,为了避免失败的危险,也为了强化他的气质,就要对其不停地鼓励称颂;而对待气质刚毅、性格倔强、头脑敏锐的主君,最好使自己成为主君可以倚重的人,成为主君做事时会想'这事儿被他知道了会怎么想呢'那样的人",山本常朝称相良求马、原田吉右卫门就是能够使主君充分注意到其想法的人,山本常朝主张,努力成为那样的人,才是真的忠诚。因为如果主君身边一个这样的人也没有,主君就会认为家臣都是窝囊废,从而轻视众家臣,变得高傲自满。身为家臣,应该以武田信玄的"家老"板垣信方[1]和将军家的"老中"秋园但马守乔朝[2]为榜样,……耽思于不成功,就不会成功;而只要十年苦心碎骨,就一定会成功(《闻书第二 12》)。被主君厌恶或被主君轻视的人,不可能进谏成功,而要成为被主君信任和可倚重之人,非一朝一

---

[1] 板垣信方,曾以和歌为手段,博得武田信玄信任,并得到重用,此后多次向信玄进谏。死于1547年。

[2] 秋园但马守乔朝,武藏国川越藩主,历任"家臣""家老"之职,位列幕府"老中",深得将军纲吉的信任,被称为"为朝廷尽力的良宰相"。他的"奉公"之道就是首先得到将军的喜欢和信任,与近侍们和睦友好,然后再尽力矫正政道。死于1714年。

夕可以达成,在向"家老"这一"奉公名利"之路迈进的过程中,可能还会被朋辈视为谄媚之人,心理上承受的压力无法想象,所以这是需要花费更多的心血,甚至是要耗尽一生的事情。因此,山本常朝才说,在和平之世,成为"家老"是"奉公"之极致。成功当上"家老",有了向主君进谏的资格之后,还要思考具体进谏的方式方法。在《闻书第一 111》中,山本常朝提出"真心的进谏应该不为人知",在人前指摘主君的过失是不忠的行为,"诚意劝谏,应该在没旁人时进行,且不忤逆主君的情绪,以修正主君的嗜癖"。

山本常朝认为真正的忠义应该是细川赖之[①]式的忠义,并举出反例。很久以前,有一位主君在旅行途中突然要绕远道而行,一位"家老"听说后马上说:"我舍一命也要劝谏主君。旅行已经延缓了数日,却还要绕道游玩,这是不合时宜的。"甚至还做出一副与众人诀别的样子,沐浴清身,并穿上白帷子[②]的裙裤,去见主君。不一会退了出来,又对众人说:"我的劝谏主君非常理解,没有比这更令人高兴的事啦。而且我能够活着再次跟大家见面,真是想不到的幸运啊。"山本常朝指出,此等做法,在佐贺以外的藩国是常有之事,他将此批判成"完全是将主君之非示人而扬自己之忠义、自己之威势"的做法。山本常朝在《叶隐》中多次引用中野将监的话,将中野将监视为劝谏之典范。中野将监说:"'谏'一词,本身已含有私心。所以在武士的字典里不应有'谏'这个字。我一生中,没有给主君提过意见,也不曾向主君讲过大道理。我总是在不为人知的时候偷偷地说服主君……暗谏不被采纳时,必是一己之力不足,就要益发隐秘,益发费苦心,坚信苦谏总会被理解。如最终不被采纳,主君仍坚持己见,就要放下自己的主张站在主君一边,并且使这一过程如没有发生一样。"(《闻书第二 128》)当意识到主君有错误时,要想办法在不惹怒主君的情况下使主君改变心意,当自己的意见不被采纳时,最终应该拥护主君。中野将监持有这样的理论,同时也是这样理论的实践者。当年因小城、莲池、鹿岛三个支藩主被幕府直接任命为幕府御役并且享有与大名同格的待遇,光茂公直接向三支藩提出抗议,却遭到毫不客气的回绝,至此本藩与支藩发生不和。眼看问题愈演愈烈,"家老"们聚议,却始终达不成共识。中野将监一人悄悄来到御前,婉转劝谏主君光茂放低姿

① 细川赖之(1329—1392),日本南北朝时期的武将,追随足利尊氏,武功卓越,曾以室町幕府管领的身份辅佐幼将军足利义满。
② 用生丝或麻绢织成的单服,多用于裙裤,白色,一般让死者穿。江户时代切腹的时候穿。

态,接见各支藩藩主,并表示如果首先承认自己方面做事不周全之处,必能重新获得三支藩谅解,消除主藩与支藩的矛盾,从而使藩国平安无事。光茂接受将监的建议,并依言去做了,果然立刻达成了与三支藩的和解(参见《闻书第五46》)。据说此次事件中,将监对主君的"谏言"除对山本常朝外从未对他人说起,自始至终只说自己是遵从了御意。山本常朝感叹这才是忠臣之良苦用心,并在对田代阵基谈及此事时说道:"各方面都优秀、智慧超群又经常向主君进谏的奉公之人多半会得于一己之功而使主君蒙羞,这样的例子我也见过不少。而真正的进谏是把主君之恶全部承担过来,功勋则归于主君,这才是身为谱代武士该有的觉悟。如同这个事例所示的那样,忠臣很隐秘地劝谏时,常常可以得到主君的理解。"锅岛光茂执政时极其奢侈,导致锅岛藩财政出现困难局面,中野将监的进谏没能改变光茂,最后自己承担责任,切腹自杀了,可以说是一身担负主君恶名的典范了。多久美作在向小城藩主纪伊守元茂提意见时的表现也值得一提。美作去看望元茂时,看似不经意地问道:"如今末世,殿下以为家藩会因何而衰亡?"元茂思索片刻,答:"可能会因子孙而衰亡吧。"美作立刻转换话题,闲话其他后告辞而去。之后,元茂对近侍者透露了自己的想法:美作乃天下无双的"家老"。(《闻书第九 22》)多久美作在探望元茂时,以看似不经意的方式提醒他注意对子孙后代的教育,这种进谏方式很容易被对方接受,也正是山本常朝所推崇的方式。

　　山本常朝主张真的忠诚是不为人知,甚至是不为主君所知晓的劝谏,应润物无声,使主君于不知不觉间接受。在自己的苦谏不被理解和接受时,要反省是不是自己的努力不够,要更加隐秘地进行劝谏。如果再三劝谏,主君仍然固执坚持己见的话,作为臣下应该放弃自己先前的想法,站在主君一边支持他,并想方设法不被外人知道。山本常朝称这种暗地里"奉公"和出自不被人知的觉悟的"奉公"就是"隐奉公",而这样的人,才是山本常朝心目中最理想的忠臣。孔子说"成事不说,遂事不谏,既往不咎"想必也是这个道理。当发现一件事情已经"定案",再也无法挽回,就不用再说了。哪怕在当今时代所谓的"民主"社会,又何尝不是如此。有人说"民主"就是可以在投票之前争得面红耳赤,结果出来之后,即使不如意,也要遵循少数服从多数的制度。现代社会的"员工",是可以通过渠道建言的,但是一旦上面决策下来,明知不对,也要全力以赴;再不然,就挂冠求去,另谋高就。在民主社会,最有害的是那些投票结果合意就高喊"民主万岁",不合意则翻票箱喊冤的人。也是那些能反对的时候不反对,后来却放马后炮、消极怠工的人。即使他放得对,在团体里也终究会成为祸害。这一点山本常朝已经认识到了,他在《闻书第一 192》中引用了某个武士的日常备忘录,其中说到进谏之事时,是这样记录的:"在不得不进谏的时候要马上付诸行动。如果想着此时主君可能情绪不好,再另找机会的话,也许就在意想不到的时候出现过失了。"该"谏言"时必"谏言",该放弃时则干脆利落地放弃,是山本常朝理想中的"家老"在向主君谏言时应该遵循的义理。

如本节开头所示,中国的传统儒家思想,同样肯定进谏在维持社会及政治稳定方面的重要性,但是提倡的进谏方式及当谏言不被采纳时臣下当为的看法有别于山本常朝。孔子认为,向君主进谏的目的在于帮助君主做出正确的治国决策,所以对君主不应绝对而盲目地一味服从,必要的时候,可以犯颜进谏,所谓"勿欺也,而犯之"。在中国,尽管曾经形成严格的谏言制度,但是对于君主的进谏,并不限定身份地位,一般民众也有这项权利。问题是,不管进谏内容如何利民、利君、利国,如果君上无意纳谏,那么始终还是行之无果。对于此时的臣下,中国传统儒家思想提倡的做法是:如果臣下"谏言"而君上不听,则臣下应适可而止,或隐退以洁其身,所谓"用之则行,舍之则藏"①。孟子也主张,"君有过则谏,反复之而不听,则去";"君有大过则谏,反复之而不听,则易位"。在倡导"以道事君"的古代中国,当进谏不被采纳时,作为臣下可以离开君主去天下行道。由此可见,在中国,无论是从进谏方式来看,还是对进谏者的身份要求来看,都给予臣下以更广泛的空间,在进谏无果时作为臣下也有很大的进退自由。真正的儒家思想是讲"君君臣臣"的,君若不君,臣便可以不臣,"从道不从君"的臣下才被视为忠臣。山本常朝的理想自然是上有诚恳纳谏之主君,下有勇于进谏之忠臣,藩国稳定、百姓安居。所以他说"所谓圣君或贤君,不过从谏如流而已"。如遇圣君明君自然是臣子及百姓的幸运,可是若不巧遇到固执己见、不肯纳谏之庸君,山本常朝则主张臣下要履行自己的职责和义务,做与自己身份相符之事。身为"家老",与其身份相符之事,莫过于劝谏主君改变或撤销不合时宜的指令。但是,在山本常朝那里根本不存在"人臣三谏不听,则其义可以去矣"的思想,在他看来,因为有不满意之事就拒绝担当职务选择隐退,是把主君不放在心上的表现,形同谋反。他提出自己的主张:"他藩武士,有不遂心之事

---

① 此语是孔子对颜渊所说,大意是:有能任用我的,我就把治国平天下的大道推行于世;不能任用我时,就将这些治国平天下的大道藏之于身。

就隐退,并视之为理所当然。在我藩,只要上面下达命令,首先就要无条件接受,其后如有不遂心之处,再向主君申诉,直到愿望达成为止。"(《闻书第一158》)对藩政及主君的做法即便有不满意之处,一旦被任命也断然不能拒绝,接受命令之后,再想办法对主君进行劝谏,直到达成自己希望之事。与此同时,山本常朝也强调,此种劝谏永远要在私底下进行,如果主君一谏不听,再谏;再谏不听,三谏;如三谏再不听,身为臣下就要毫不犹豫地放弃自己的主张,站在主君一方,并将全部责任揽在自己身上。也就是说,山本常朝对于事君以谏有一定的积极认识,却无法消除其局限性,他明确地认识到,作为臣下并没有完全的自由,一切主张到最后又都收敛到君臣关系中身为臣下的"一分"当中。

　　笠谷和比古氏按照臣下三谏主君而不被纳谏之后的态度表现,将武士道分为三种。第一种是绝对服从型,即三谏之后如果主君不听,作为臣下的就要不管其政令是否合理,都选择绝对服从。第二种是当主君所下达的命令完全脱离政道并不肯采纳臣下谏言,证明其是暴君、昏君之后,臣下可以选择与其断绝君臣关系,离开本藩去往他藩。这种情况也确实曾广泛存在于战国时代和江户时代前半期。第三种情况则显得比较激进,当主君一贯倒行逆施,又不肯采纳家臣意见,导致领民为暴政所苦之时,家臣团可以采取幽禁主君,强制其退位的方式。[①]据笠谷氏对17—18世纪发生的古田骚动、丸冈本多骚动、加纳安藤家骚动等一系列御家骚动的经过及结果进行分析,认为家臣团在认为主君大恶无道时,将其废除并另立新君的行为既不是叛逆,也不是阴谋,而是理所当然的正当行为,并在元禄时代以后成为维护家族和领国统治稳定的政治惯例。[②]当然,幽禁主君在这一时代之所以渐渐成为惯例,也与这一时代的背景息息相关,在这个时代,武士一旦断绝与原主君的关系,便意味着他将会永远成为浪人。但是不管怎样,幽禁暴君与愚君这种惯行,在客观上使得来自臣下的"谏言"更具约束主君的力量。与此同时,也不得不承认,这种行为也是在武士的职能渐渐发生变化,其尽忠的对象从单纯的主君一人到家藩这一认识基础上形成的,是以御家思想、名誉观念为基础的武士主体性的表现,同时也提示读者在考察近世君臣秩序及其伦理思想时不可忽视"御家"所起到的杠杆调节作用。如果参照笠谷氏对武士道的三分法,山本常朝提倡的忠诚无疑属于绝对忠诚型,结合山

---

① 笠谷和比古『武士道その名誉の掟』(教育出版株式会社、2001年)147—152ページ。

② 笠谷和比古『主君押込の構造』(平凡社、1988年)241ページ。

本常朝生活的江户中期,这种思想似乎也符合当时的时代背景,但是笔者并不认为山本常朝的忠诚观是完全丧失了武士主体性的忠诚观,相反,山本常朝推崇的恰恰是在完全"没我""去私"的生活状态中,最大限度地发挥身为武士主体性的忠诚观。

(四)对朋辈武士提出异议的方法

山本常朝针对"家老"在向主君进谏时应该采取的方式提出了相应的看法,如在本节开头所述,尽管只有"家老"具有劝谏资格,但山本常朝认为劝谏应该是所有武士用心追求的目标。因为"不在其位而谋其政,反而不忠"的思想意识,山本常朝主张,"进谏之道,如非在其位,就让在其位的人去进谏,使之匡主君之非就是大忠诚。为此而与诸人诚意交往。如为自己则是谄媚逢迎。如出自以一己之身担负家职的真心,必将心想事成"(闻书第一 124)。也就是说,当自己不在"家老"之位,没有资格进谏之时,就努力接近"诸人",即有进谏资格的"家老"等人,事先与他们建立良好的关系。山本常朝解释说,如果这一切都出自私心,是为了自己的话,就是谄媚逢迎,如果一切都是为了家职的存续,则是真的忠心。对此,山本博文提出批判,称:"不得不说这只不过是明哲保身罢了。为了使主君走上正道,谏言本来应该是不管自身地位如何,抱着舍一命的态度进行的。当感觉到藩国面临危机之时,将意见讲给家老,再由家老传达给主君的迂回之策,是不会奏效的。"[1]山本博文这一论断,显然是忽略了江户时代武士社会严苛的身份等级制度。山本常朝"奉公"之时,正是第五代将军德川纲吉和第六代将军德川家宣执政时期。德川家宣曾经重用他的老师新井白石,并提拔其为将军的"侧用人",但即便如此,因为新井白石出身低微,向将军传达自己的政治主张时,也要通过中间人间部诠房间接传达,在这种情况下,新井白石同样给幕府的统治带来了诸多正面影响。所以不能否认,山本常朝要接近主君身边之人并与之搞好关系的主张,确实是顺应时代背景的迂回之策,并不能断定其动机是为了明哲保身。这从山本常朝的另一番话中也可得到确证,他说,没有进谏资格的人,"若有诚志,应将自己所想,先与地位相称的能进谏者私下里进行交谈,如果能把想法变成那人自己的主张,才算成功,才是忠臣;如私下谈话后,那人不接受,就另找一位相应之人商量,要煞费苦心才行。直到那件事成功

---

① 山本博文『「葉隠」の武士道—誤解された「死狂ひ」の思想』(PHP研究所、2001年)153ページ。

了，自己尽了大忠，还要装着一无所知。……举目四顾，认为唯有自己才配称为刚者，汲汲于功名，而又以自我为中心，老想着为自己建立功勋，自然事与愿违，提议无益，还要遭人非难，这样葬送了自身的人，数不胜数。毕竟没有真志，终究要露私。只有放下自我，一心思考主君之事，才不会纷乱"（《闻书第一　43》）。平时与"家老"们保持融洽的关系，当发现主君某些做法不当之时，先将自己的意见讲给他们听，取得他们的认同，他们自然将其作为自己的意见向主君提出，最终如果能够使主君改变心意，便也实现了自己的忠心，并且止于此就好，不对人宣扬自己的功勋。所谓"放下自我"，是另一种实现自我的方式。可以说，山本常朝关于进谏的观点，是受了中野将监的绝对影响的。他真正的主张是凭自己的力量，将一切防患于未然，将自己的思想渗透在平日与诸人交往的过程当中，在潜移默化中使事情往好的方向发展，但一旦超过自己所能"掌控"的范围，他仍然主张无条件服从。

　　山本常朝当然明白，武士不但处在纵向的君臣关系之中，也始终处在横向的与朋辈武士的关系之中。武士之间，本应惺惺相惜，但如第三章所述，在现实的武士社会里，对名誉及义理的重视使武士之间经常出现意想不到的矛盾和冲突，对这些矛盾冲突，如果处理不当，就会搭上彼此的性命，所以如何处理横向的关系，对武士来说也至关重要。山本常朝指出："给人提意见并使其改正，是非常重要之事，是大慈悲，为奉公之第一要务。而意见的提出方法，却是件很伤脑筋的事情。对他人之行为做出善恶之判断是件容易事，提出自己之意见也并不难。多数人都认为说出对方不爱听的难言之事是出于好意，如果对方不接受也是没有办法的事。如果这样就放弃了则毫无作用。只是让对方颜面扫地的提意见之方式，与说人坏话没有任何不同，归根结底只图自己爽快。所谓意见，要看对方有没有接受的意思，然后示对方以由衷的诚意，从对方喜好的事情开始步入正题，要注意自己说话的方式，还要考虑时机是否合适。写信问候时，多谈自己的失意，让对方以自己为鉴；或者先赞扬对方，给对方鼓劲，再提出意见。这样就如渴时饮水一样，意见很容易就会被接受。被接受的意见才能称其为真正的意见。所以，给人意见是非常艰苦之事。冰冻三尺非一日之寒，那些长期以来形成的恶习，不是用平常手段可以使之改正的。这一点我深有体会。平素满怀诚意与人深交，彼此提醒改正错误，齐心协力为主君所用，这才是奉公之大慈悲。如果提醒对方是为了羞辱对方，对方是无论如何也不会纠正过失的。"（《闻书第一　14》）

卡耐基在谈到如何改变一个人的意志而又不使对方难堪、反感时,提出要坚持九项规则,即用称赞和真诚的欣赏作为开始;间接地指出人们的过错;在批评对方之前,不妨先谈谈自己的错误;发问时,避免用直接的命令;顾全对方的面子;称赞对方最细微的进步,而且称赞每一个进步;给对方一个美名让他去保全;用鼓励的方式,使对方要改正的错误看起来很容易做到;使对方乐意去做你所建议的事。这些原则的出发点大体也在一个"和"字,而距今三百年前的山本常朝,已经持有极其相似的观点。也就是说,人在本质上,其实并无时代也无地域的差别。山本常朝认为给人提意见并使之改正缺点是"奉公"之根本,但在提出意见之前,应该先表扬对方的优点。对此,山本博文提出批判说,"与其说山本常朝的方式是出于慎重,毋宁等于说根本就不要指出对方的缺点"①。那么,山本常朝果真只是绕了一个弯,最后只想表明不要指出别人缺点的意思吗?在《闻书第一 154》中山本常朝曾指出:"世间爱教训之人多,而爱被教训之人少,遵从教训去做之人更少。"细细想来,山本常朝的看法不可谓不确实。作为个体的每个人,在行走坐卧之间,总免不了对自己的行为举止抱有盲目的信心,甚至相信世间唯有自己不会犯错,一旦在别人的指摘之下发现自己错了,有些人也会为了所谓的面子而死撑到底。山本常朝深谙人性的弱点,清楚地知道给人提出异议的目的并非发泄心中怨气,也不是羞辱对方,而是使对方接受,进而改变对方,使对方成为理想的家臣。因为山本常朝认为"真正的忠义就是为家藩培养优秀的家臣",并且"没有比为有奉公意向的人提供指引、将自己的经验传授给他人更令人开心之事了"(《闻书第一 125》)。为了达到这一目的,就要思考一些方法甚至采取一些手段。山本常朝一贯的原则就是,想把一个人培养成对主君有用的人,首先要想办法接近那个人,与其建立一种信赖关系,因为只有彼此间信任,才会自然而然地接受对方提出的意见。中国过去儒家先哲所言的五常之中也有"信"。人与人之间的"信",所表现的最一般意义就是对他人有承诺时应该履行自己的承诺,并进而扩展为相信他人也能履行其承诺,相信他人具有能贯彻其行为的人格。唐君毅对此曾发表过自己的意见:"人与人相与之间,一言一笑,一唱一和,凡觉相乎应而不相阻碍之处,彼此坦白直率的相遇之处;吾人即直觉他人与我之精神或活动之并存而相贯通,有一'人我之自我之统一'之直接呈现,此中即有一人与人间之信德之表现……吾人对情愈亲之人,愈欲

---

① 山本博文『「葉隠」の武士道—誤解された「死狂ひ」の思想』(PHP研究所、2001年)。

与之言,吾人之意之动与言之发之关系,以愈为直接。而对情愈亲之人,吾人之听其言,亦愈能直接思其意,而不疑其言之伪。因而人之自我愈能与他人之自我相感通而涵盖他人之自我者,其闻人言而即信其意之势愈速,而愈不易轻于逆诈亦不信。故人对人之信德之首先表现,即为愿信人之言,而不轻生疑。"①这段话读来稍嫌拗口,简而言之就是,人总愿意相信亲近之人,越是亲近越愿意向对方坦陈心迹,也愿意相信对方所说的话。要建立彼此间"信"的关系,首先彼此间要有坦白直率的相处,要对事物的看法有共鸣。山本常朝在《叶隐》中所提倡的对主君进谏及对朋辈提意见的方法,都是经过深思熟虑,并且在借鉴了一些真实事例的基础上才提出来的,并不是如山本博文所说的"根本就不要指出对方的缺点",而是几乎以不使对方察觉的方式,指出对方的不当之处,从而使对方在不知不觉间认识到自己的问题,并加以改正。因为在山本常朝看来,所谓"谏言"和异议都是马后炮,在坏事发生之后,不但其效甚薄,还会使其恶名广播,就如病后吃药一般。他认为,如果平常注意养生,就不会生病,并且比起病后吃药来,平常的养生更容易得多。在预料坏事发生之前,就把平素留意到的事情轻描淡写地讲出来,这与生病前的养生是一个道理(《闻书第二 14》)。可以说,山本常朝所提倡的给人提意见的方式,都是从理性出发,看似大象无形,实则费尽艰辛,心中没有"大慈悲"是难以做到的。

三、所谓"大慈悲"

据王炜考察,"慈悲"一词,最初来自佛教的大乘教义,可以理解为佛对众生的爱。日本进入镰仓时代以后,随着新佛教派别的出现,一些来源于佛教的伦理观念逐渐为世俗所接受,并逐渐演变为当时社会普遍的道德理想。但是到了战国时代,武士伦理意识中的"慈悲"概念,已经与佛教教义并无大的关联,其主要内涵演变成武士主君对臣下的关爱、同情、怜悯等感情,《叶隐》当中提及佐贺藩历代藩主的慈悲心时,多指此意(详见第二章第二节"锅岛藩家风")。也有后世的研究者指出,当时主君对臣下施与这些感情的真实意图在于,"与其使臣下毫无价值地失去生命,还不如让他们在战场上为了主君的事业而献出生命"。比如室町时期的伊势贞亲,他在家训中对子孙后代提出要求:为主君者要注意

---

① 唐君毅:《文化意识与道德理性》"第八章 道德意识通释",中国社会科学出版社2005年版。

日常生活的每个细节,要把任何生活内容都控制在最佳的度。伊势贞亲把这个"最佳的度"解释成"不引人注目的程度",主张要努力获得他人对自己的好的评价,使自己成为公认的好人。他甚至说,身为武士集团主君,关键问题不在于是否真正具有慈悲之心,而在于是否有好的名声。①伊势贞亲的家训也间接证明,身为主君的所谓好名声,有时不过徒有其表而已,其目的只不过是要臣下武士心甘情愿地为自己尽忠。山本常朝在《叶隐》的《闻书第一 179》中,引用了德川家康的话:"视众生如己出之子,众生则会视我如双亲,故天下太平之基,就是慈悲心。"这其中尽管包含着一种利益打算在内,但也说明居上位者至少已有"德需配位"的自觉意识,同时也暗示,战国时代的武士,在向主君"尽忠"的同时,也对主君有一种伦理期待,那就是来自主君的"慈悲"。主君为满足家臣武士的伦理期待,而对自身行为规范进行设定和标榜,从而使家臣死心塌地地团结在集团周围,扩大集团的实力,这其中当然不乏笼络人心的功利主义的目的。所以,王炜把战国时代武士主君"慈悲"的德行目标的实际意义看作一种外在的、理想的道德包装。但是,在笔者看来,尽管不能否定有这样功利主义的主君存在,但也不能一概而论战国时代所有主君的"慈悲"都是面子工程。同时,山本常朝对"慈悲"的领悟,也绝不限于主君对臣下的关爱。

山本常朝期待一般的武士也拥有"大慈悲"。通过本文第二章第一节与湛然和尚相关的内容分析,可以看出,湛然和尚在对山本常朝讲述的平生训诫中,格外强调"慈悲"的重要性。"武士把勇气浮于形式,胸中若没有大慈悲心,就难以保住家职"一句,表明对于"奉公"之人来说,"家职"能否成立,关键在于胸中是否有慈悲之心。尤其"古往今来,只有勇气而无慈悲心的武士中,断绝家名之例显然"一句,更是在山本常朝心中拥有极重的分量。这也是在《叶隐》当中,山本常朝一方面极力提倡"死狂"的精神,另一方面又努力与其保持距离的原因所在。也是山本常朝在《愚见集》中,将"慈悲"与"忠孝""武勇""智慧"一起,视为武士"奉公"之基本要素的原因所在。在《愚见集》中,山本常朝有如下表述:"有人似乎认为武士只要拥有武勇之精神就可以充分展现对主君的忠义之心,这种想法是错误的。胜败乃时运,古来只重视武勇之家,不会总被时运垂青,从主君到臣下很快就走向衰亡。慈悲之心有助于增强时运。武士者外表武勇,内心务必慈悲,如此才能武运强大、子孙繁盛、家业永久持续。年轻时候,湛然和尚总

---

① 王炜:《日本武士名誉观》,社会科学文献出版社2008年版,第127—128页。

讲起这样的话,到如今我终于明白其真意了。"由这段话可以看出,湛然和尚的平生训诫对山本常朝思想的形成确实起到了至关重要的作用,可以说成为山本常朝一生的行为指南也不为过。从山本常朝把武士的慈悲之心与武家的武运长久、子孙繁盛等紧密联系在一起这一点,也可以看出,"慈悲"这一德目在山本常朝心中的分量绝对不可小视。他对于"慈悲"的领悟,应该说颇具宗教意味。他在《闻书第一 179》中说:"所谓'大气'就是大慈悲之义。如天照大神的神咏所示:慈悲之目,没有可憎之人,尤怜有罪之身。这是广大而无限普照世间的慈悲心。在古代日本、中国、印度出现的圣人,时至今日依旧为人们所崇拜,就是由于圣人的慈悲之心广为普及。何事都要为君父,或为他人,为子孙而为,此乃大慈悲也。由此大慈悲而出的智勇乃真智勇,出于为该人考虑的慈悲心的惩罚,也可以带着勇气行动,其智勇将无比强大。要是为我,则是狭隘小气,是恶事也。关于勇气和智慧,我以前就有心得了,而关于慈悲,我最近才自心中有所悟。……直茂公说过:'纠缠于辨明是非的人,必将遭到惩罚。'想必这也是出于慈悲的训诫吧。我们常说的'道理之外还有理',也是针对慈悲而言的。"在这一段的最后,还加上了田代阵基的一句注解:"慈悲就是要多多体会取之不尽的感觉,这是常朝君集中力量说出来的话。"可见,山本常朝对于"慈悲"是有深刻的感受的,这段话中的"关于慈悲,我最近才自心中有所悟"一句,与《愚见集》中"湛然和尚总讲起这样的话,到如今我终于明白其真意了"互相呼应,说明山本常朝一生中花费大量的时间在体味其中"取之不尽的感觉",终于明白了"给人提意见并使其改正,是非常重要之事,是大慈悲,为奉公之第一要务"。"平素满怀诚意与人深交,彼此提醒改正错误,齐心协力为主君所用,这才是奉公之大慈悲。"(《闻书第一 14》)也就是说,主君对臣下的关怀与情谊是来自主君的慈悲之心,而作为臣下的武士,应该本着为主君尽忠的原则,与所有人交好,并努力将其培养成与自己一样毫无私心的奉公之人,才是"大慈悲"。山本常朝认为像殷商名相伊尹那样,拥有"万民洗心,洗尽不忠不义之人;万众一心,全都奉献主君"之志,才是大忠节、大慈悲。山本常朝以自己年轻时的实际经历为例,阐明自己当时为了主君,与朋辈建立了极为密切的关系,彼此发誓为了他人的成功而努力。当时团结了从"家老"到"足轻",数十名非常优秀的人,彼此结成生死相依的小集团,这些人都可以因为一句话而为主君献出生命(参见《闻书第二 129》)。所以,大慈悲是"奉公"之人确立起来的,是一切"为君父,或为他人,为子孙而为"的,是居于"道理之外"的"理"。对此,小池喜明氏结合《闻书第一 44》

中的记述，"比义更高的还有道，能发现其根本要义是极为困难之事，非大智者难为。站在道的立场上思考，义便微不足道了"，指出"此'慈悲'高高位于'道理'和'义'之上，正是从'公'的视点俯瞰一切的'大智者'"①。笔者在一定程度上赞同小池氏将慈悲视为"道理"和"义"之上的观点，且更倾向于相信，山本常朝是将"慈悲"视为"道"的。因为"'道'字与一切相通"(《闻书第一 140》)，也因为修"道"之艰难，所以，"没有人能说我的修行终于完成了。一有修成之念，就已经背离了修道。终其一生也不能有修成之念。应带着这也不足那也未充分的遗憾死去。在后人看来，那才是个有成就的人，纯粹无杂，心无二用，哪怕花掉一生的时间都难以做到。掺杂了多余的东西就不能说是道。奉公也好，武勇也好，都应止于唯一"(《闻书第一 139》)。因此，山本常朝所说的慈悲是构成不含任何分别心的、忘记自我式精神的底蕴。他提倡的尽忠是目的，也是手段，是永远"在路上"的修行，是身为武士者一生的义务，说到底是通往自我达成的唯一之路。但自我永远不会达成，这正如一位通晓剑术的达人老了之后说出的一番话："人一生修行，有境界次第。下之位，即使修行，也不成器，连自己都认为是'下手'，在他人眼里也是'下手'。因此，不中用；中之位，虽然还没有什么用，但悬心于自己的不足，也明白他人的不完善；上之位，心领神会，洋洋得意，易生自傲心，悦于他人褒奖，也为他人的不足而叹息，但可用也；到了上上之位，便一脸无知相，但他人一看便知为'上手'；超越上手境界的更高之位，便是得道。行于道中，深知"道"无边际，乃无止之境，不能终了。终生不生成就之念，不起自大之心，更无卑下之想，只是行进在道上，以终其一生。我听说，柳生殿下这样说过：'不知胜人之道，但知胜己之道'。今日之我比昨日之我技艺精进，而明日之我比今日之我再进一筹。一生日日上进，用道来说，则永无终止。"

　　和辻哲郎在《日语与哲学的问题》中曾对"道"做过如下解释："'道'的具象性存在是人走的道路，即障碍已被去除，引导人不迷失地移动至目标的东西，正如人们说的'赶路'这种用法一样，它意味着动向本身，意味着正在移动前行之中。这个具象性道路的意味也被用以表述针对精神性目标的动向，以具象性的问道、走道的姿态去表现精神上的问道、行道。所以，'道'的最高意味是'人伦之道'及'开悟之道'中的'道'。……不必赘言，知'道'不仅是知识性的问题，而且是一个与实践紧密结合的问题。"①山本常朝说,"在履行自我义务时,如果辨别是非,就会耽误时间落后于人,故忠也不要,孝也不要。武士道就是死狂,忠孝自然包括在死狂之中"(《闻书第一 45》)。在有限的时间里,将有生之年的每一秒都切实把握在手中的唯一办法,就是不要思想的行动;在一次性与可能性的对抗当中,秉承"死狂"的精神,才能将武士道发挥到极致,才能使生命在每一个瞬间绽放。

第三节 尽忠对象的变化

忠诚一直是武士奉行的伦理,在传统武士那里,他们只要对自己的直接主君尽忠就好,但是到了江户时代,尽忠的对象已经逐渐从具体的主君变成武士所处的家藩。江户时代存在着一道独特的政坛风景,那就是不断发生的"家骚动"。对于德川幕府来说,最期待的藩国大名家的状态莫过于大名具有一定的权威,其家臣与大名相协调,彼此之间能够保持微妙的平衡。因为这种平衡关系一旦被打破,就会出现"家骚动"。江户时代,发生"家骚动"的原因一般可以归纳为以下几点:一是当新的藩政提出之际,因意见的不统一而产生对立的派系;二是新旧家臣之间势力的对抗;三是围绕着继嗣问题产生的家族内部的纠纷。②万治二年(1659年),仙台藩伊达家就发生了一场"家骚动"。该藩第三代藩主伊达纲宗好声色犬马,叔父伊达宗胜在屡次劝谏无果的情况下,在和与伊达家有姻亲关系的几个藩的大名沟通之后,联合家臣一起向当时的幕府"老中"酒井忠清提出申诉,要求伊达纲宗隐居。尽管这种联合署名对抗主君的行为与当初德川家康要求建立的维护主君绝对权威的纵向政治体制背道而驰,幕府还是站在了家臣团的一边。幕府下令命伊达纲宗隐居,由其两岁的幼子,即后来的伊达纲村继承藩主。伊达家的事件开了一个先例,它使家臣联合署名废黜大名的行为模式得到了幕府的肯定。后来的藩主伊达纲村成年之后,因实行权力集中政策引起家族和家臣不满,在劝谏不得的情况下,家臣们联名上书,于元禄

---

① 熊野纯彦著,龚颖译:《和辻哲郎与日本哲学》,生活·读书·新知三联书店2018年版,第70页。

② 陈杰:《幕府时代 江户幕府》,陕西人民出版社2013年版,第62页。

十年(1697年)再度闹起了要求主君隐居的事件。消息传到幕府,引起第五代将军德川纲吉的不快,甚至还传出了江户要令仙台藩"改易"的流言,最后为大局着想,伊达纲村的姐夫越后国高田藩主稻叶正往劝说自己的小舅子隐居,此事才得以平息下来。

山本常朝的主君,佐贺藩第二代藩主光茂继承家督的过程也颇费周折。初代藩主锅岛胜茂在世时,原定将家督传给肥前守忠直,即光茂之父。怎奈宽永十二年(1635年),年仅二十二岁的忠直便英年早逝了。其时,忠直之子光茂只有四岁,在政治形势风云突变的状况下,将家业交给一个幼儿显然令胜茂有些拿不定主意,于是胜茂与妻子(忠直生母)都倾向于让忠直的兄弟直澄来继承家督。但是忠直的另一个兄弟元茂则倾向于光茂。于是在忠直去世后第二年,利用胜茂在江户宅邸招待幕府"年寄"土景利胜之际,元茂冒险令光茂乳母小仓抱着光茂一起到利胜所在的书院,因为利胜的一句"这就是肥前守殿下的嫡子啊,如此御家一定长久,真是可喜可贺",确保了光茂的地位。宽永十四年(1637年),外祖父松平忠明又带着光茂一起拜谒了将军德川家光,并蒙赐纸犬和礼签,进一步巩固了其世子的地位。从整个事情的结果来看,元茂和松平忠明以比较委婉的方式抗拒了当时的藩主胜茂的意图,在整个过程中任何一步走错,后果都将不堪设想,尽管在嗣子继位的过程中,并没有发展到"家骚动"的程度,事件背后的暗流涌动却也令人心有余悸。当然这件事情本身也说明藩士对藩主并非一味地无条件服从。尽管山本常朝在《叶隐》当中一直强调君臣之契,甚至主张用"忍恋"和"众道"之心"奉公",要将对主君的义务完全内化成自发的情感,但他把"谏言"视为"奉公"之极致的思想背后,暗含着他已经具备把武士尽忠的对象从主君变为家藩这一认识。

山本常朝幼年时,其父神右卫门曾经讲过:"武士的价值在于拥有好的家臣,因为无论多么厉害,一个人的能力毕竟有限。"(《闻书第一 132》)前文讲到的相良求马,是光茂时代的六大家老之一,颇得光茂倚重,单从他在《叶隐》中出场的次数(在二十二个条目中出现过)远远高于光茂时代其他"家老"这一点,也可看出其在山本常朝心目中的影响力非同一般。相良求马因出世较早,当上"家老"时身边并没有得力的家臣,所以向锅岛平左卫门安之提出请求,希望可以将他的家臣高濑治部左卫门"转让"给自己。安之将相良求马的想法传达给高濑,并令其直接回复相良求马。高濑首先感谢相良求马的另眼相看,随后表示:身为"奉公"之人应该始终不渝地拥戴主人,尽管跟随身为"家老"的相良求马会令自己一生荣耀,过上奢侈的生活,却会于心不安;跟随如今地位低微的主人,虽然只能吃些粗茶淡饭,却乐在其中。如此一来,相良求马只能放弃自己的初衷,但也深深感动于高濑对主君的忠诚(《闻书第九　19》)。不能否定高濑的拒绝当中可能包含着谱代家臣对因新规而被提拔上来的新人相良求马的轻慢,但也可以看出他将"始终不渝地拥戴主人",视为"奉公"之人的核心伦理,更把即便粗茶淡饭却乐此不疲视为谱代家臣的荣誉,他尽忠的对象就是自己的直接主人平左卫门安之。

　　在传统的日本封建制度下,高濑左卫门式的"忠"是存在于主从之间的私忠,也就是说臣下只忠于自己的直接主君,而对主君的主君,即越级的主君非但没有效忠的义务,一旦超越了等级秩序向更高一级的主君效忠,就意味着僭越和叛逆。日本武士所表现的这种忠,从中国正统儒学角度来看,完全是危害国家社稷的小忠。但是在日本最初的幕藩体制下,武士效忠的对象是具有直接主从关系的主君,而实践这种忠诚是符合当时的道德标准和社会风尚的。感动于高濑的忠诚之心的相良求马的忠诚,实际上也是对主君光茂一人的忠诚。光茂因从小在江户城长大的经历,对于本藩的历史缺乏了解,在担任第二代藩主之后,因在三支藩的资格问题上处理不当,招来谱代家臣的不满。相良求马本该对主君的不当措施加以制止,却因为其"不懂我藩'国学',看不清邪正,仅仅靠着与生俱来的智慧来判断,对各种事都心怀忐忑,只会说'太好了、太好了',从而堕入私欲"(《闻书第十一　169》)。在山本常朝看来,相良求马颇具智慧和才干,对主君的献身姿态也值得称赞,尤其对他为了保全主君的面子和权威,将所有的坏事都一人承担,以一己之身面对所有的反对势力,最后落得切腹而死的结局,更是颇令人感叹。但是,相良求马的问题是,没有领悟到和平之世的"奉公"之本质。对于光茂时代的德川幕府来说,武士家族制度和等级身份制度已经成为统治的两大支柱。在家族制度下,家成为最小的单位,武士之间所结成的主从关系也表现在"家"上,对大名及以下的各级武士来说,其存在的一切都依赖于家的存续与发展;而对于各个家族来说,其家的存在更是依赖于藩国,即主君之家的存续与发展。这样,大名及以下的各级武士的权利和义务都统合到大名的"家"中。在这样的政治秩序中,"家"的存续便成为各级武士最高的人生目标,甚至主君本身的存在与家的存在价值相比,也不得不居于从属地位。所以,此时武士的尽忠当中,是包含着主君和藩国的双重意义的。当主君的意志和藩国的意志出现矛盾和对立时,作为臣下的选择、取舍将变得极其重要。因相良求马本人一直陪伴在光茂身边,长期居住在江户,也对藩国历史一无所知。但是作为"家老",对本藩历史的无知便成为一切罪恶的根源。也正因为他眼里的尽忠对象只有主君光茂一人,反倒不知不觉间将主君引向与藩国对立的方向。在山本常朝眼中,相良求马的忠诚是出于私利私欲的,并不是真的忠诚;相良求马与光茂之间的这种主从关系,也是不利于"家"的长久存续的。相良求马家只强盛一代,也从侧面说明了求马的失败。

《闻书第八 68》中记录了志田吉之助的一件事。志田吉之助原本是龙造寺政家的"小姓",到胜茂之世隐居,但私下与"家老"多久美作守交好。因其杰出豪勇,多久美作守曾多次劝他"奉公",但都被拒绝。胜茂去世光茂继位之后,多久美作守曾就胜茂的政治遗言问题与志田吉之助商量,吉之助劝他不要将遗言示人。他的理由是,胜茂去世不久,家臣还眼泪未干,看了遗言会越发追慕先任藩主。而光茂自小在江户生、江户长,与佐贺藩的关系还不够亲密,恐怕现在还不会有愿意舍命去追随他的人。作为忠义的"家老",此时应该对自己的事只字不提,而将先代主君的遗书作为新主人的政见来发表,这样一来家臣们就会确信,新主人比胜茂公还要值得敬仰和追随。志田吉之助使多久美作守明白,家老的作用就在于使家臣追随主人。《叶隐》中讲述的这件事,已经说明在旧主君去世之后,家臣尽忠的对象应该从旧主人转移到新主人,这种变化说明,武士尽忠的对象已经不局限于一个具体的人,而是以主君为代表的家藩。这从《叶隐》中对发生在佐贺藩以外的一件他藩之事的记录当中也可见端倪。赞歧国高松藩主生驹壹歧守的"家老"前野助左卫门,因存在恶逆行为,生驹殿下家的生驹将监直接向幕府提出了诉讼。经过调查,幕府判处助左卫门死刑,生驹家被抄没领地,迁到出羽国由利郡矢岛,禄米被减到一万石。对此,山本常朝称生驹将监确实是忠义之士,可是这种忠义毁了主君之家,如果不直接向幕府申诉,或者采取其他手段,比如将助左卫门的所有劣迹详细汇报给其他"家老",就地斩首,这样幕府就不会指责藩主失政了(《闻书第二 113》)。也就是说,山本常朝认可生驹将监的忠心,却对他表达忠心的方式提出了质疑,尤其是那种"为了修正主君之癖,吵吵嚷嚷的,流入市井,反倒会有失国体",这种说法颇有种"家丑不可外扬"的意味,发生一切问题都在"家"里解决,一切都为"家"运长久而让步。这也验证了在山本常朝生活的江户中期,臣子们被要求的献身,"与献身于真理或正义的通常意义上的献身相比,那些对社会体系及集体的个别主义的献身更受推崇。那些对集体的献身,表面上是对集体中居上位者的忠诚,而实际上这种忠诚与其说是对人物本身的忠诚,毋宁说是对该人物所处地位的忠诚"①。这句话同样揭示出武士尽忠对象从主君个人转向家藩的事实。可以说,即便狂气如《叶隐》者,其中表现出来的忠诚也依然是动态的,而非一成不变的。

第四节　忠于自己方为真

山本常朝一贯主张"持有一颗诚心,不管是否得到主君恩宠,只要一心一意想着为主君尽忠就好"的"隐奉公",也强调,"真正忠义之谏,是私下向主君提出行之有效的建议。如主君不纳谏,就要愈发谦恭隐忍,设身处地为主君考虑"(《闻书第二　113》)。从结果上看,山本常朝理想中的武士似乎完全是没有自己的"灭私奉公"式的臣子,而从山本常朝竭力主张武士要为成为"家老"而努力,要为辅佐及匡正主君而进谏这一点来看,山本常朝心理想的武士绝不是没有自我的。在山本常朝的内心深处,"漂亮地度过一生"才是他的不懈追求。他要求将一切都做到极致,恋就"忍恋","奉公"就要当上"家老"向主君进谏,而为了做到一切不落后于人,他提倡"死狂"的精神。说到底,山本常朝所讲述的是对自己的忠诚,对人世的看透,对无常的接受和对执着的断念。

山本常朝已经领悟到生与死的不可选择,以及人的命运的不可控,他说:"幻"就是「マボロシ」。在印度,魔法师又叫作"幻术师",人们认为世上的一切都是被操纵的活动偶人,所以才有"幻"字(《闻书第一　42》)。"我们的肉体,是从无形中孕育有形的。我们存在于无中,所谓色即是空;而无中又万事俱备,所谓空即是色。这两者实为一。"(《闻书第二　31》)又说,"人这种东西,真像很好操纵的人形木偶,尽管不是用线来操纵的,却可以走,可以跑,可以跳,可以说话,确实是上手细工,在来年的盂兰盆节中,或许会作为神灵而被迎接呢,唉,人们都忘记了这是个无常的浮世"(《闻书第二　44》)。山本常朝一出生便成了一个七十岁战国武士的儿子,他无法选择也无法改变自己的命运,从小接受本家中野一门的教育。中野内匠在弥留之际,更是召集中野一门的人,留下遗言:"奉公人要有三个听凭任凭:听凭任凭主人,听凭任凭情,听凭任凭死。"(《闻书第八　70》)应该说中野内匠的这一临终遗言,在山本常朝心目中留下了不可磨灭

---

① 源了圓『義理と人情』(中央公論社、1969年)58ページ。

的印象,在侍君生涯中,他的忠诚完全是出自个人感觉性的对主君的忠诚,而非形而上的对社会秩序、社会伦理的忠诚,做到了一切听凭任凭主人。但是在这一过程当中,他又有自己的主张,他说:"于主人也罢,于家老重臣、年长者也罢,抑或不持自我凛然不可干犯之间隔者,不能成就大事。总是若无其事,如他人随身所携带钱囊般亦步亦趋者断不堪大用。此训应谨记于心。"(《闻书第二 94》)这段话里明显包含着身为武士者的自尊和自敬的精神。武士不怒自威,在平静中蕴藏着一种强大,自己尊重并执着于武士的方式,才能成就大事。尽管一切听凭任凭主人,但是"投降之事,即便是出于谋略,即便是为了主君,也万万是武士不可为之事"(《闻书第一 159》)。他强烈主张若是有辱武士之名之事,即便是为了主君也不可以为之。如何将独立的个人之"名誉"与身为臣子之身不得不对主君所尽的"忠诚"完美地统一起来,是山本常朝时代的武士们花费一生研究的课题。正如南博所说:"生存在固定、严格的秩序之中的人,只要不明确站在否定这一秩序的立场上,而在这一秩序的框框中,在不触法、不逆上的范围内,又想吐出一点自我之气,就要会分别使用服从主义和诀窍主义。"换句话说,就是"把两个矛盾的东西巧妙地统一起来"。①

　　在自我与他者之间如何自处,如何将处在制度中的自我的可能性发挥到最大,是山本常朝思考的问题。他看到死亡的必然,也看到死亡的不可选择,他知道"没有贵贱之别、老少之分,觉悟是死,迷茫也是死——人总是要死的",所以"我也好,他也好,并非不懂死的事"。但是,"谁都知道自己会死,可又都妄想着要死在最后,而且并不认为死亡立刻就会到来"。可以说,山本常朝说出了世间多数人的心理。"面对死亡,任何东西都是无益的。现实如幻影,人在世上,如在梦中游戏",一旦领悟到这一点,"就不再犹豫,放下妄想,死亡是随时可能发生的事,所以,把命悬于一处,应早些做好准备"(《闻书第二 55》)。对生命无常的认识,应该说是山本常朝"死狂"与"常住死身"之思想的根源。他引用菅原道真的和歌:"若与真道相拥,即使不祈祷,神佑依旧。"又引用某人的和歌对其中的"真道"加以解释:"在事事皆伪的世上,唯有死才是真道。"《闻书第十 58》山本常朝对人世及生死已经达到如此认识,认清这一点,就可以理解山本常朝为何一再强调在忠君"奉公"方面,必须拥有"舍我其谁"的大傲慢,也可以理解充斥

---

① 南博著,刘延洲译:《日本人的心理 日本人的自我》,社会科学文献出版社2014年版,第24页。

《叶隐》全篇的"狂气"了,那是山本常朝向"人"的极限挑战的姿态,是明知不可为也要争取发挥最大可能性的姿态,但在尽最大努力之后,如果仍然无法力挽狂澜,那么就一切尽人事,听天命。因为"盛衰者天然也,善恶者人道也",对一切不过于执着,懂得适时断念,就不会有绝望,就会拥有顺应自然的心境,这也符合日本人自古以来就有的心性。正如山本常朝自己所说:"只能将现在的每一个瞬间做到极致,一瞬一瞬地重叠起来就是一生。执此一念,除此之外,再也没有什么可以犹疑彷徨,四处寻求的事了,只要过好每一个瞬间就好了。一般人却弄错了,总觉得有别样的人生,忙忙碌碌地寻找,结果虚度一生。为了永远做到珍惜眼前的这一瞬,必须要修行,积累经验之功。但是只要有一次感悟到那一瞬的境界,纵使心中不常念,却也不会离开此境。如果能够充分领会这一瞬就意味着人生的全部,事情就会变得简单明了。在这一瞬之中便包含着对主君的忠诚之意。"(《闻书第二　17》)在笔者看来,力求将每一个瞬间做到极致的理想本身,已然包含着对作为个体的自我的忠诚之意。这也正是山本常朝一贯追求的"忠诚"之真意所在。

第五节　本章小结

　　武士从诞生以来,就处在一个主君生杀予夺的世界,存在于他们身边的永远是血雨腥风和不期而至的死亡,他们是权力世界中的棋子,如何被摆放,都在主君的一念之间。他们只要听从安排,领受俸禄,为主君尽忠就好。情,似乎与他们无缘。但是,在《叶隐》当中,山本常朝却说"武士重情",他谈古论今,援引众多战国时代武士为主君尽忠的例子,展现了主从之间超越冷冰冰的"御恩"与"奉公"的君臣之情;他也用普遍存在于武士社会里的"众道",来表现朋辈武士之间的纯粹恋情,用对情感的追求展现武士作为"人"的主体性。但是,为了追求对主君的绝对忠诚,他提倡朋辈武士之间彼此隐藏恋心,并用"忍恋"比喻对主君的"奉公"之心,力求将忠诚内化为自身的信仰,从"情"的角度述说谱代家臣的"隐奉公"思想。山本常朝提倡排除一切杂念,孔子、释迦牟尼等都与本藩无关,只要一念思君至死即可。当然,在和平年代,为主君而死的概率是非常小的,山本常朝的真意是要武士将个人利益置之度外。如果一个人能够做到正视死、不畏惧死,那么才能够真正接受自己被放置的处境,全身心地投入自己的角色。江户时代的武士,被命运选中为"奉公"之人,在山本常朝的观念里,"奉公"之人与战斗者的区别,在于对主君尽忠的场所的不同。身为战斗者,战死疆场是最大的忠诚;而"奉公"之人,在榻榻米上的进谏才是最大的忠诚。进谏同样需要拥有超越生死的觉悟,但也要首先登上"家老"的宝座。山本常朝认为,为了达到尽忠这一目的,应该不惜采取一切手段,如果肯抛开私利私欲,为当上"家老"而做出的努力就可以净化为"奉公名利",于是,来自同辈武士的误解、嘲笑甚至排挤都变成可以忍受之事,"忍人所不能忍,方为真忍"。

尽管生在等级制度极其森严,武士的地位和家职基本靠世袭继承的时代,山本常朝仍然主张身份低微者也要有大志向,要将当上"家老",向主君进谏视为武士一生的课题,因为他坚信"精神一到,何事不成",只要立下志向,并且发挥"死狂"的精神,没有实现不了的理想。他也进一步补充说,并非当上"家老"方可尽忠,如果没有"家老"之位,并非可以进谏之身,那么就努力接近可以进谏之人,用自己的想法潜移默化地影响那些可以向主君进谏的人,于不知不觉间将自己的想法变成那个人的想法,那个人再在不为人知的地方以春风化雨的姿态,将自己的想法变成主君的想法,如此在不需要"谏"这个字的情况下,就可以成就主君慈悲、臣下忠诚的理想藩国。当然,山本常朝并不像有些学者所批判的那样,"是个语言上的巨人,行动上的矮子,最后只是说说而已,其实并不提倡将进谏付诸实际行动"。相反,山本常朝深刻洞悉人的心理,也知道让对方接受才是进谏的真实目的,所以他千方百计思考的是如何"有效"进谏的问题。他认为最好的进谏方式就是不谏,他是本着"治病不如预防"的姿态说出这番话的。他提倡"和",因为他坚信,处理好与同辈武士的关系,在和谐的氛围中,用自己的思想影响他们,进而将所有的武士都培养成对主君有用的人,是身为武士者的大慈悲;也期待有进谏资格的"家老"们在与主君建立深厚的情谊,甚至是"众道"般的情谊的基础上,在不知不觉间修正主君之非。这其实是以极其隐蔽的形式,完成进谏这一需有死之觉悟之事。从中可以看出,山本常朝提倡的,绝不是"妾妇之道"般的"没我的忠诚",他从一开始,对于武士的主体性就有清醒的认识,只不过是将这种主体性以"隐奉公"的形式表现出来。

这种"隐奉公",除了在不为人知的地方"奉公"之外,还包含着不被主君知晓的"奉公"之意。也就是说,将一腔赤诚融合进日常的行走坐卧之中,于不知不觉间以一言一行将主君引向正途。表面上不费吹灰之力,背后付出的努力却非言语所能概括。在这个为"隐奉公",为不为人知,也不为主君所知的进谏而做出努力的过程当中,包含着山本常朝对现实中武士尽忠对象已经发生变化的认识。虽然他对"众道"般的、只为一人的纯粹的君臣情谊无比憧憬,但他也认识到,时代已经把武士的忠诚对象从主君变为主君所在的藩国。进谏的最纯粹的目的在于匡正主君之非,维持藩国的存续。所以,山本常朝提倡一谏不成,二谏;二谏不成,三谏。但是,在主君无论如何也不肯纳谏的情况下,就要放弃自己的主张,站在主君这边,并以一己之身承担主君所有恶事。表面上看,似乎最终丧失了武士的主体性,实则不然。山本常朝受湛然和尚的影响,思想中包含着佛教和禅宗的成分,对人生的无常和人的宿命有着很好的把握,他主张应该在有限的生命中发挥一个个体最大的可能性,但也深知有些东西非主观意志可以掌控,所以当努力到一切已经不可改变的程度,他提倡适时断念。进谏是为了藩国的长久存续,主君不纳谏,藩国岌岌可危,也是天道使然,那么就一切顺其自然。

武士从一出生便处在横向的与同辈武士和纵向的与主君之间的关系中,这是武士的宿命,在这一宿命当中发挥武士最大的可能性,就是以不落于人后的"死狂"精神为主君尽忠。在山本常朝的思想里,同时存在着理想主义和现实主义,理想是纯粹意义上的行动的体现,但现实并不是所有行动都能贯彻到底,比如不被采纳的谏言最终也只能放弃。山本常朝的忠诚观里包含着对主君、对家藩的忠诚之意,但最重要的是他要将这种忠诚内化为自发的情感,归根结底始终是对自己的忠诚。山本常朝对人世的虚无有着深刻的洞察,想要在虚无之间保住当下,所以他说:"现在就是那个时刻,那个时刻就是现在。"接受自己被授予的命运,把每一刻都当成生命的最后一刻来度过,对主君、对藩国的忠诚自然显现,个体生命也才能最大限度地得以燃烧和绽放。正如三岛由纪夫所说:"常朝对于自己勾勒出的全部精神与意旨其实是出于虚空之眼的自觉。"①

---

① 三岛由纪夫著,隰桑译:《叶隐入门》,江苏文艺出版社2010年版,第93页。

终

章

第一节　对全书的回顾与总结

武士是在日本氏族社会向封建社会发展的过程中,顺应历史的潮流而诞生的一个阶级。最初在封建领主扩大领地的过程中,他们是以私兵的形式存在的。随着封建领主不断开疆扩土,土地兼并的现象变得越来越严重,10—11世纪,地方上的封建领主广泛成长起来,发展为庄园主,他们出于自卫的需要,开始集结武力,并致力于培养以领主为核心,以族为单位的小规模的战斗组织,后来随着各庄园主相互之间持续的征战,以及规模不断扩大的战斗,这些战斗组织成长为大的武士团,渐渐肩负起国家机器的职责。后来皇室、公家、贵族在权力争斗过程中,也开始倚重武士的力量,武士也因此获得了以皇室为代表的中央政治体制的认可。在此基础上,他们逐渐获得在朝廷中的话语权,甚至开始建立独立的武家政权。也就是说,武士一开始只不过是被权力者所利用的争权夺利的工具,最初是野蛮和暴力的代名词,在其地位不断提高并终于高于其他阶级的时候,为了巩固自身的地位,他们势必要运用一些手段将所获得的一切合理化。回顾日本历史上武士道概念的形成过程,也可以了解到,它正是发端于武士面对王朝贵族的生活方式时所产生的要进行一种不同的、独自的生活方式的自觉。在战乱频仍的中世时期,武勇、取胜、不畏死是武士最重要的伦理;到了战国时代,尽管武勇等仍被视为武士不可或缺的美德,但因为"下克上"等现象的一般化,忠诚成为武士的最高道德标准,君臣之间超越生死的情谊被极度美化,武士的家训当中也都出现了要求臣下无条件服从主君的相关条目。近世以后,当死亡渐渐不再成为武士日常生活的一环,儒学家山鹿素行将武士的道德规范与儒学相结合,将历来的武士道发展为广义上的武士道,即"士道",与此同时,崇尚死亡之美的,尤以《叶隐》为代表的武士道书中所提倡的武士道也应时而生,此种武士道常常被后人称为狭义的武士道。到了明治时期,新渡户稻造提出一种"与高贵的身份相应的义务",即在欧美基督教社会中应有的姿态和道德观,他将所谓的广义的武士道和狭义的武士道进行分化、整合,创造出了一种明治时期特有的道德观,被称为"国民的武士道"。这种被新渡户以"近世以来的传统思想"冠名的武士道,其实是跨越了武士这一阶层,扩展到平民甚至商人阶层的"平民道"。通过对前面章节的考察,其实不难看出,所谓的武士道,并没有成型的典章制度和教规教义,它只是通过各个时代人们对武士言行的口耳相传、军记物语等文学形式、武家的法律法规及武士的家训等形式表现,并由后人解读出来的。中世时期的武士道,大体是通过武家的法律表现出来的,笔者认为,该时期的武士道可以按照戴季陶的说法归纳为"制度论的武士道",近世时期那些被儒学者广泛宣传的武士道可以归纳为"道德论的武士道",而明治以后被大肆宣扬的武士道则可以归纳为"信仰论的武士道"①。其中,因为"制度论的武士道"和"道德论的武士道",其对象都是针对武士这一阶级的,所以可以归结为"武家的武士道",而明治以后,所谓"信仰论的武士道"已经上升为全民的道德,天皇被宣扬成全体国民尽忠的对象,因而是广泛意义上的"勤皇的武士道",可以说"勤皇的武士道"已经不是真正意义上的武士道,而是被美化和歪曲了原意的武士道,因而在本课题中并未做深入探讨。但是,不管哪一种武士道,大体都是统治阶级或是站在统治阶级立场上的人通过种种方式传达出来的伦理规范,其最根本的目的都是维持统治秩序。而所谓的秩序,正如罗曼·罗兰曾经说过的那样,"就是想做不让做,不想做的偏让做",那些通过武家法度或是武士家训等方式传达出来的"武家的武士道",也许与当时武士的真实样态恰好是相反的。

---

① 戴季陶先生对于武士道曾经进行过如下阐述:"武士道这一种主义,要是用今天我们的思想来批评,最初的事实,不用说只是一种奴道,就是封建制度下面的食禄报国主义。至于山鹿素行、大道寺友山那些讲武士道内容的书,乃是在武士的关系加重,地位增高,已经形成了统治阶级的时候,在武士道上面穿上了儒家道德的衣服。……我们要注意的,就是由制度论的武士道,一进而为道德论的武士道,再进而为信仰论的武士道。"(戴季陶、蒋百里:《日本论 日本人》,上海古籍出版社2013年版,第4页。)戴老先生对于武士道的概括可谓切中肯綮,但是对于"武士道最初只是奴道"这一说法,笔者却持保留意见,因为这种说法发生的背景一定是建立在对武士阶层中居于统治立场者所提倡的武士道的研究之上的。

　　出于以上考虑,本课题首先从宏观的立场对日本武士的兴亡史进行了考察,并按照武士掌权的不同时代,对各个时代武士的基本道德伦理进行了简单的梳理,为了更有说服力,在宏观阐释的基础上,又选取了具体的文本——《叶隐》,对武士的生死观及忠诚观等日本武士道的根本思想进行了更微观、更具体和更深入的分析和考察。这是因为,首先,《叶隐》产生的江户时代,已经有了明确的“武士道”的提法,“武士道”俨然已经走到了集大成的时代;其次,《叶隐》的讲述者和笔录者虽然也属于统治阶级,但他们都是其中的中下级武士,并没有实际权力,所以他们的讲述并不秉承上对下的姿态,同时《叶隐》被讲述的最初,并不以公开示人为目的,因此讲述者能够更真实地阐述自己的心声,相较于其他武士道相关书籍,更有利于研究者和读者从多角度且更深入地了解武士的真实形态。

　　可以说,《叶隐》是在幕藩体制下的和平环境中,对战国武士的行事作风在意识形态上的深刻总结,其中所体现出来的,是讲述者山本常朝和笔录者田代阵基对在江户时期佐贺藩内日渐低迷的武士之风气的焦虑和不满,他们虽为中下级武士之身,却在深刻地思考武士所应秉持的思想准则。实际上,从一些相关的史料当中,也可以了解到,山本常朝时代的武士大体都生活得十分惬意和悠闲。比如尾张藩藩士朝日文左卫门重章(1674—1718),从生卒年来看,他与山本常朝基本是同时代的人。朝日家自曾祖父以来代代担任尾张藩御城代组同心一职,拥有百石家业,重章继承家督以后,也很快成为御城代组同心,进入了名古屋城的警卫队,成为一名“番方”。但是在太平之世,基本不会出现以死尽忠的场景。当时重章每八天登城值宿一次,工作相当清闲。后来重章转职成为“役方”,任“御畳奉行”,工作相对忙碌了一些,但是每有长期出差,被派到京都、大阪等地购买榻榻米时,就会完全放飞自我,到处观光游玩。[1]神坂次郎在他的名著《元禄御畳奉行日记》中曾生动地再现了朝日重章的生活:“他非常喜欢戏剧,凡是在名古屋城下演过的剧,他都看过了。当然,他不会肆无忌惮地以武士身份进入戏棚子。他会中途把裙裤寄存他处,戴上草笠,偷偷潜入戏棚子看剧。他还喜欢钓鱼、相扑等,经常不惧远路出门钓鱼。热衷于纸牌等赌博游戏,沉迷酒色。弓箭等武术在表面上也练练,却并不出众;汉学的学习也会走走过场,却更爱游山逛水。”[2]从这些内容中不难看出,当时武士的生活确实是极其

---

① “番方”“役方”“御畳奉行”,日语词,皆为日本古代官职名。

② 竹内誠『元禄人間模様　変動の時代を生きる』(角川書店、2000年)93ページ。中文为笔者译。

悠闲的。另外,从朝日重章本人的日记《鹦鹉笼中记》也可以窥见当时的世态。《鹦鹉笼中记》记录了从元禄四年(1692年)朝日重章十八岁到去世前一年享保二年(1717年)期间,将近二十七年的事情。其中的内容不但涉及他个人的方方面面,对当时的社会状况、物价的涨落、天气情况、发生在名古屋城下及三都(江户、京都、大阪)之内的大事小情,甚至戏剧评论、赌博信息等也有颇多记载,堪称丰富多彩。尽管朝日重章本人的生活方式未必代表元禄时期所有武士的生活方式,但是因为是以日记方式记录的,其可信度更强些,也可以据此推测当时武士真实的生活状态。《叶隐》中对武士理想形象的描述和《鹦鹉笼中记》中表现出来的现实的武士形象之间,存在着很大的反差,这种反差可能才能够更真实地表现山本常朝所在时代的样态。也就是说,在山本常朝生活的万治、元禄、享保年间,时代呈现出来的真实样态其实是:原本存在于武家社会的主从间的情谊、作为家臣的献身尽忠精神已经被淹没于世间追逐名利之风中。这种日益低迷的武士风气令山本常朝和田代阵基难以忍耐,他们认为,即便在远离战争的和平年代,武士在死亡的问题上也要时刻保持"死的觉悟"并做到"死狂";武士"生的理想"就是侍奉主君,要在整个"奉公"过程中以"忍恋"之心做到一念思君至死,并主张任何一个武士都应该把当上"家老"向主君进谏作为自己一生的目标,实现对主君的"大忠节"。在痛定思痛之后,山本常朝一声断喝:"所谓武士道就是求死之道。"

在《叶隐》当中,山本常朝提倡以"忍恋"之心"奉公",要视主人如自己暗恋的对象,对其一生忠诚。在山本常朝的概念里,不存在脱藩另侍他主的可能,佐贺藩也不会从他藩雇佣外样武士,但是江户时代的真实情况绝非如此。从第五代将军德川纲吉对《武家诸法度》(天和令)的修订可以反观当时武士的实际样态。在法令中,纲吉将第一条武家要务由"修炼文武弓马之道"改为"奖励文武忠孝、正礼仪",表明了幕府对臣下向主君尽忠的严格要求。此外,第四条"于江户并何国,假令何遍之事虽有之,在国之辈者守其所,可相待下知事",此条法令严格禁止武士出入他藩,而且,第十二条"本主之障有之者不可相抱。若有叛逆杀害人之告者,可返之。向背之族者或返之,或可追出之事",这就意味着对于得罪了原来主君的武士,幕府禁止其他各藩雇佣。这些法令一方面表现了幕府对武士的约束愈加严格,"忠诚"仍然是统治者格外重视的武士伦理,另一方面也说明,当时的武士对本藩绝不是从一而终的。事实也表明,在当时的武家社会,中间、小者等下级武士频繁地更换主人已经不是什么稀奇的事情,而尤其出人意料的是,那些从事跟藩政改革密切相关的财政工作的武士,也有为不同大名服务的情况。连载于《茨城县史研究》的论稿《松波堪十郎搜索》中的资料表明,松波堪十郎就是一个这样的人。

松波堪十郎大概生于宽永末年,其熟练掌握土地测量等技术,拥有卓越的处理财政的才能,曾先后为七个藩(下总的高冈藩、上总的大多喜藩、大和的郡山藩、备后的三次藩、奥州的棚仓藩、美浓的加纳藩、德川御三家的水户藩)服务过,更有一个时期同时参与两个藩的藩政策划的经历。这一事实本身至少说明两点:第一,即便在身份等级制度森严、要求武士绝对忠诚的江户时代,只要拥有出类拔萃的才能,还是有可能被居于上位的主君看到并得到重用;第二,当时在财政方面出现赤字,并不是某个藩的偶然现象,而是普遍存在于旗本、大名甚至是御三家的亲藩大名之间的真实状况,可以说江户时代所有的领主都在为财政问题所困扰,他们都在努力寻找解决财政危机的办法。在这种情况下,比起那些只懂得忠诚的谱代武士来说,拥有一技之长的武士当然更容易得到各藩藩主的青睐。但是,山本常朝认为这些武士的"奉公"终归是出于私利私欲的动机,作为谱代家臣,最可引以为豪的就是不计利益得失,关键时刻能够出于谱代的情谊为主君舍命,但是,山本常朝绝不是在提倡丧失一切主体性的忠诚,他所秉持的一直是和平时代"奉公"之人的自尊。这从他对赤穗浪人的态度中也可窥见一斑。

第五代将军纲吉时代,颁布了臭名昭著的《生类怜悯令》。尽管百姓对此"恶法"怨声载道,却丝毫不敢反抗。从中可以看出纲吉的权力之大和可怕,实际上,在历代将军对大名实施惩罚的改易措施中,纲吉所涉及的数量也确实是仅次于三代将军德川家光的,可以说纲吉将军一生气,天下震动。所以,各大名在将军面前都是战战兢兢,如履薄冰。加贺百万石的前田家,只为接待将军纲吉半天的宅邸"视察",就花费银钱将近四十万两。就是在这种所有大名及百姓对如此"治世"敢怒不敢言的情况下,发生了对公仪公开反抗的赤穗浪人为主君复仇的事件。如前所述,在当时的社会背景下,浪人们即便失去了主人,也并不是没有"再就业"的机会,尤其当时在大名和旗本中间流行雇佣临时下级武士,这些被临时雇佣的下级武士被称作"渡中间",浪人们通过这种方式完全可以维持生计,实际上当时也的确有很多藩对浪人们伸出了橄榄枝,比如土佐、肥前、肥后、筑后、备前等五个藩都先后向大石内藏助发出过邀请,但都被大石拒绝了。另外,即便不选择"再就业",当时亲戚之间关系密切,居住在他藩的亲戚也会对生活困难的浪人提供经济上的援助,山本常朝被主君解雇期间,就有亲戚要为他提供帮助,关于这一段经历在《叶隐》中也有明确记录。中五郎右卫门广次在被贬为浪人时,也曾受到舅父的接济(参见《闻书第七 3》,前文第三章第二节内容"追腹")。从中可见,元禄时代的武士,即便成为浪人,也不会立即流落街头,想要维持生计也是有很多途径的。①但是,浪人仍然选择了为主君复仇,可以说,他们的身体里遗留着战国武士追求"武""勇"的品质,在商品经济大幅度发展,金钱的作用越来越大的元禄时代,赤穗浪人的行动适时地为渐趋颓废的武士打了一剂"清醒剂",他们的复仇行为可以说是战国武士道绽放出来的最后的花朵。山本常朝尽管对四十七浪人没有在主君切腹之时立即将复仇行为付诸行动感到遗憾,但根本上是对其持赞赏态度的。从这里也可以看出,山本常朝讲述《叶隐》,尽管也是在讲述和平年代"奉公"之人所应该遵循的伦理,但是他的出发点与当时的儒学者荻生徂徕站在主君的立场讲述如何治理国家的出发点完全相异。徂徕强调作为政治原理的"圣人之道"的超越性,而山本常朝讲述的则是"人"的超越性。山本常朝思考的是生与死的问题、存在与虚无的问题、生而为人所拥有的可能性与必然遭遇的一次性的永恒对抗问题。

总而言之,山本常朝所秉承的生死观和忠诚观都是超越了理性的,他将"不畏死""接受死"视为最大限度的生的前提和为主君尽忠的手段,也似乎将为主君尽忠视为身为武士者的最大课题,但是从他的表述方式里,以及从言语的裂缝之间,我们可以捕捉到的是,不管是为主君尽忠也好,还是狂气之死也好,其实这一切都被山本常朝视为忠实于自己,以及最大限度地发挥个人主体性的手段。这正如笠谷和比古所指出的那样:"《叶隐》的真正意义在于说明如何才能实现武士完美的人生。所谓武士道是死亡的说教,抑或是在死亡中成就武士道,这样的理解只不过是脱离了书中语句任意编造空想的产物。"②也如中国学者王志对《叶隐》做出的评价:"虽然在结构上不如山鹿素行的士道论那样系统和完整,但《叶隐》的指向是:武士在世时应该如何行为及其人生究竟应有何归宿,以及武士所面临的人生问题。"③对于以上两位学者的总结,笔者深以为然。

山本常朝表面上在谈武士之道,实际上谈的却是人之道。他看透了人世的

---

① 津本陽『武将の運命』(朝日新聞社、2000年)177—179ページ。

② 笠谷和比古、周志国、杨士敏:《武士道概念的历史沿革》,《南开日本研究》2011年第00期,第90—128页。

③ 王志:《〈叶隐〉武士道思想简论》,《古代文明》2012年第6卷第3期,第88—93,114页。

虚无,明白了在人之上终有人无法掌控的名为"命运"的东西在操控,但他不想淹没于虚无之中,也不想无条件、无选择地屈服于命运和权威。他提倡直面死亡的精神,实际上是在表达追求生命永恒与自由的超越情怀,或者说他是在提倡以武士道德为基准进而实现生命的超越的精神。因为回避死亡,掩盖死亡,忘却死亡,最终只能得到临时的、短暂的抚慰;只有正视死亡,觉悟死亡,理性地看待死亡,才能发掘生命的最大动力,也才能抓住使个人主体性得到最大限度发挥的前提。事实也证明,即便是当今时代,在那些不把个人存在的结局视为问题的社会里,死亡与生存往往都呈现出尚未有根本区别的形态,而这样的社会也往往都是个体化进程甚微的社会。山本常朝正是认识到了人作为个体存在的一面,也领悟到了死亡对于人的意义,所以才能够郑重其事且大张旗鼓地主张"常住死身"。他的目的是要将不可逃避的死作为手段,进而最大限度地把握生,是要在有限的生涯中牢牢地抓住"自由",并实现"自由"。但是古今中外,绝对意义上的自由并不存在,正如卢梭所说,"人生而自由,却无往不在枷锁之中",出生即被置于武士之家,与主君之间的主从关系及当时武家社会的条条框框,成为山本常朝那样的武士不得不背负的"枷锁",而枷锁之所以成为枷锁,是因为武士们主观上认为它是枷锁。尽管山本常朝一出生,便被父亲将"要成为刚者""要为主君尽忠"等概念吹进耳朵,但山本常朝并未把这一切视为理所当然,他开始怀疑这个被语言建构的世界,他认识到所有人都是提线木偶,他的潜意识似乎已经要引导他碰触语言之外的世界了,但是时代的局限性终归使他看不到武士身份之外的路。既然打破不了那枷锁,他便努力将枷锁消解于无形,于是,最终他用"奉公名利"的思想,将"成为家老向主君进谏"的理想合理化了,同时也成功消解了那个枷锁。在此基础上,他又进一步将"众道"及"忍恋"这一自发的情感投射到对主君的忠诚当中,将来自外在的"无条件服从主君"的要求内化为自身的生命动机,力求在短暂的人生中,以做自己喜欢之事的方式,体验生命的极致。可以说,山本常朝是极其理想主义的,但同时也是无比现实主义的,所以他主张在进谏之时要注意"和"之道,在当上"家老"之前,要竭力接近有进谏资格的人,以潜移默化、春风化雨的姿态来影响"家老",进而影响主君,从而保证家藩的长久存续。在他"进谏"的思想当中,包含着他对时势的洞察,他已经自然而然地将对主君一人的忠诚转化为对家藩的忠诚。他最后提出,在多次进谏而主君无论如何不肯纳谏的情况下,身为臣下要无条件站在主君一方,并以一己之身承担主君之非。这种选择似乎是矛盾的,但其实里面包含着山本常朝一以贯之的思想。在山本常朝所处的江户时代中期,幽禁恶君暴君的行为尚未形成普遍趋势,一旦引发大的"家骚动",惊动幕府,家藩势必面临减封或者改易的处分。如果站在主君一方承担主君之非,尽管这有时意味着以臣下的生命为代价,主君至少还有幡然醒悟的可能性,从而洗心革面重振家藩。如果家臣的"诘腹之死"仍然唤不醒主君,那就说明时运已尽,只能顺应天命,接受主家即将断绝的事实。一言以蔽之,作为出身低微的中下级武士,山本常朝已经认识到了武士作为个人存在的主体性,这是他的思想超越了他所在时代的体现,但他的局限性在于,他将外在权威强加的忠诚内化为自发的情感,将"武勇"定义为以"死狂"精神去完成命运所赋予的东西,换句话说,这是一种在尽最大努力之后又对无法改变的命运释然和断念的勇气。他的理想主义是对自己尽最大的忠诚,而现实主义又始终把他框在君臣关系的枷锁之中,这是他个人的局限,也是他所处时代的局限,时代使他看不到武士身份之外的路,即便看到了,也必将有另外的枷锁横亘眼前,这些局限都使得他最终将"死狂精神"收敛到为主君"奉公"的范围内,不得不说,这也正是《叶隐》曾被军国主义分子大肆利用的根本原因所在。但是,也不得不承认《叶隐》的价值也恰恰在于它的矛盾,这些矛盾为同样始终处于诸多矛盾之中的读者创造了太多思考的空间,在现代,如何重读《叶隐》,如何重新认识武士道就成为一个必须认真对待的问题。

第二节 《叶隐》、武士道与现代

历史总是被言说的,我们无论如何也无法回到历史的现场,对于历史的研究归根结底是对历史学家所言说的历史的研究。正如黑格尔在《历史哲学讲演录》中所说的那样:"在我们的语言中,历史一词兼有客观的侧面与主观的侧面,因而,它既表示事件的记录(Historia Rerun Gestarum),又表示事件的本身(Resgestar)。历史是事实的描述,亦是事实本身。"黑格尔的此番论断,严绍璗先生认为是十分精当的,他又进一步解释说:"历史,它作为'事实的本身'是唯一的;然而,它作为'事实的描述'是多层面的。"[1]同样,武士及武士道的历史也

---

① 严绍璗:《文化的传递与不正确理解的形态——18世纪中国儒学与欧亚文化关系的解析》,《中国比较文学》1998年第4期,第1—11页。

一定毫不例外，它们都有一个唯一的"事实的本身"，但处于历史之外的人永远无法把握，如今我们所能接触到的，都是多层面的"事实的描述"。不同的时代以及不同的人，对武士道的"描述"都各有不同，对于这些"描述"将进行怎样的阅读和怎样的取舍就显得至关重要。正如米歇尔·福柯所说，"重要的不是故事讲述的年代，而是讲述故事的年代"，所以我们在研究《叶隐》，研究武士道时，就要具体看它被讲述的年代。《叶隐》讲述的大体都是战国时代的故事，但它诞生于江户时代，就如我们无法到达江户时代一样，《叶隐》的讲述者山本常朝也同样无法回到他所讲述的战国时代。山本常朝生活的时代，无论是政治体制还是经济、社会、文化状况都已经不同于故事讲述的年代，如前文所示，他的目的并不仅仅在于对战国时代武士之风气的怀念和憧憬，也不在于完全照搬战国武士的伦理道德，而在于以古喻今、以古讽今和以古鉴今。在某种程度上，山本常朝以他无法还原和捕捉的战国时代的武士的"虚像"映衬出了他所处时代的武士的实像，在虚与实之间，他进行着他的思考，也表达着他的思考，他的"武士道"归根结底是"人之道"，具有高于他所在时代的超越性，在这一点上，笔者认为可以用西田几多郎的一句话进行概括，西田说："在我国，所谓的复古总是被称为维新。这并不是回归过去，而是作为对于永远的现在的自我的限定而向前迈出的一步。"[1]山本常朝在他的时代，想起了过去的时代，并在此基础上向未来时代迈进了一步，他的思考当中触及的生与死的问题，以及"自由"与忠诚的问题，其实都是涉及应该如何"存在"的问题，这也是与每一个"现在"紧密相关的问题。

　　说起来，生命短暂无常，过去是，现在是，丝毫没有发生变化。现代社会处在一个经济飞速发展、科学技术极度发达的时代，以死作为自我行动原理去思考问题也似乎已经从根本上成为不可能。人们厌恶思考死之于生的意义，多数人只是一味关注生之前景，对死则多是逃避而不敢面对，但与此同时，这些人对生之前景的理解又似乎模糊不清。笔者认为，那些被迫突然站在生命终点之人，往往会爆发出巨大的能量和才情，这些事实想必都是对死之于生之意义的最好诠释。如果一味地否认死亡，拒绝将其作为生命的一个基本方面，并且不把死亡意识和苦难作为生命的强大动力之一，就无法体会到生命深处的快乐和热情。人，无法选择生，也无法选择死，但既然已知生命有限，死之必然，在生之意义上思考如何直面死亡，便是一个无论如何也无法回避的问题。山本常朝在

---

① 西田几多郎『西田几多郎全集　第12卷』(岩波書店、1978年)336ページ。

认识到人世的虚无之后,仍然坚持着一种极致的理想主义的操守,那绝不等同于在空虚之中陷入无边的享乐主义,而是强调如何将仅有一次的生命活出最大限度的意义,那是人之所以为人的根本所在。

无论古今中外,人总是属于某一个共同体的,这就决定了人在拥有个人自我的同时,必然拥有社会自我。现代社会,人仿佛拥有了更多的自由,个人自我得到极大的成长,人仿佛可以按照自己的意愿进行自由的思考,也可以按照自己的感觉进行自由的选择和行动,但多数人都忽视了一点,即所谓自己的意愿和自己的感觉真的是自己的吗?语言先于意识而存在,人一出生便被置于语言系统构筑的世界当中,所以人的思想、感觉和愿望都免不了会受到来自他所被置于的世界的影响,在某种程度上可以说都是被从外界灌输的。当一个人开始对他自己的思想有所怀疑的时候,便是他的个人自我真正觉醒的时候。山本常朝显然认识到了这一点,他对身为身份低微便注定以身份低微者终结一生的等级制度产生了怀疑,所以他奉行能力主义,主张"要当上家老向主君进谏",这是他的个人自我发出的声音;但与此同时,他又对自己的这一主张产生了疑问,那是他作为武士的个人自我和处于君臣关系之中的社会自我产生冲突的瞬间,最后他用"奉公名利"之说,化解了二者的冲突。反观现代的人,那些看似自由的消费、自由的享乐及自由的升迁,真的是个人自主的选择及真正的个人自我的实现,而不是对某种权威①的屈服吗?在笔者看来,那多是对内在权威或是匿名权威的屈服。说得更明白一点,实际上是从众心理在作怪。而这些在从众心理指导下发生的从众行为,往往也伴随着付出一定的代价,特别是当从众行为

---

① 按照弗洛姆的阐释,权威可以区分为外在权威、内在权威和匿名权威。所谓外在权威常以人或者组织机构的形式存在,明确告诉你必须做这或不许做那。内在权威则以职责、良心或超我等名目为伪装。现代思想从新教发展到康德哲学,其特征就是内在权威取代外在权威。在很多人的意识当中,臣服于外在的命令似乎相当于不配做一个自由人,而人的理性、意志或良心征服人的自然倾向,建立起其对个人自然部分的统治,似乎成了自由的本质。但在笔者看来,因为良心同样受制于以伦理道德方式出现的社会需求,只不过是一种隐形的外在权威罢了。匿名权威是以常识、科学、心理、健康、道德与舆论的方式呈现的,因其不言自明的特征往往不需要发号施令,这种匿名权威比公开权威更有效,因为人不再认为还有别的人期望自己服从命令。也就是说,在外在权威中,有命令和发布命令的人,人可以与权威做斗争,个人的独立与精神勇气在斗争中也能得到发展。在内在权威中,命令是内在的,但仍然可以看得见,而在匿名权威中,命令和命令者都踪影全无,就像受到了看不见的敌人的攻击,任何人都无还手之力。

意味着按照与个人的"真实自我"相冲突的方式行动的时候,就更是如此。如果一个人内在的自我足够强大,有冲破世俗的勇气,就会按照自己的愿望和思想做出选择,从而避免使真实的自我受到损害。但是,如果内在的自我是软弱的,在外部的压力下往往会退缩,那么就极有可能做出违心的选择,从而失去真正的自我。对于个人来说,失去自我所引发的后果将是灾难性的,因为如果一个人总是试图从外部寻求怎样思考、怎样感觉及怎样行动的提示,而不是以自己的主观意志去感觉、思考、判断和行动,那将会逐渐变得越来越没有安全感,失去了正确的自我观做行动的指导,就会形成事事依靠他人的依赖性,一旦没有他人的指点和同意就会不知所措。在这样的情况下,一个人展示给世界的自我必将是经过精心伪装的自我,而不是真正意义上的个人自我。一个没有真正的自我来指导选择的人,不可能与他人及社会建立起真正成熟的关系,那些建立在虚假自我基础上的关系也注定只能是虚假的关系。这种虚假的关系,如果是与人的关系,只能流于表面而且极不稳定;如果是与组织和社会的关系,也必然同样经不起推敲,因为组织和社会毕竟都是由个体的人构成的,没有独立的成熟的个人,这个组织和社会也很难达到真正的成熟。从这个意义上说,人的个人自我无比重要,人的真正的自由对于一个社会来说也极其必要,但是正如弗洛姆在《逃避自由》中所指出的那样:"现代社会结构在两个方面同时影响了人。它使人越来越独立自主、富有批判精神,同时又使他越来越孤立、孤独、恐惧。"[1]弗洛姆的意思是说,自由不仅仅是个量的问题,也是个质的问题,人不但要保存并扩大传统的自由,而且要赢得新的自由,这种新的自由是能够使人认识到属于自己的真正的个人自我。但是这就涉及笔者刚刚谈到的问题:个人自我到底是什么? 它与一个人的社会自我如何平衡?

这个问题是山本常朝提出来的,他最终的解决方式是将社会自我内化为个人自我,并主张在尽最大的努力之后,听从所谓命运的安排,这是山本常朝个人的局限,也是他所处的封建时代所造成的局限。如今,处于现代的我们,仍然面临同样的问题。相比于山本常朝,我们似乎更明白:要实现真正的个人自我,个人就不应该屈服于自己的发展进步或幸福之外的任何外在目的。但是同时我们也面临着另一个问题:幸福是什么? 说到底,任何时代,人都不可能获得完全脱离社会自我的个人自我,真正的、绝对的自由是不存在的。生而为人,如何在

---

[1] 艾里希·弗洛姆著,刘林海译:《逃避自由》,上海译文出版社 2015 年版,第 69 页。

个人自我和社会自我之间达到最大的平衡,必将成为一个人一生的课题,这个课题也必将无解,但无论在任何时候,人必须秉持作为人的骄傲与尊贵,这是山本常朝告诉我们的,他也同时告诉我们,人一生都在"道"中,唯有死亡才与真道相拥。从这个角度来说,《叶隐》不仅是伦理的,同时也是文学的和哲学的,山本常朝思考的是人的存在的问题,他通过《叶隐》呈现出来的"武士道",是堂·吉诃德终其一生而不得的,是"道可道,非常道"的,是语言之外的,是形而上的。但是,这样一种形而上的东西,却曾经下降为某种制度和法规,曾经被等同于军国主义分子所宣扬的神风特攻队般的"死",其背后隐含的"武士道"的阅读者或者倾听者的个人自我的问题,是值得深刻思考和挖掘的问题。笔者认为,《叶隐》是值得一读再读的,其中的"武士道"带给现代人的启示是值得去把握的,《叶隐》带给我深邃的思考,但是愚钝如我,终不能在这里给现代人面临的问题提供任何解决的方案,或许,这可作为笔者今后研究的课题和生命的课题不断地进行探索。行文至此,竟是情不自禁地想借用山本常朝的那句话结束本文,"人之道,就是凝视死亡之道"。

参考文献

日文文献

[1]川上多助．武士の勃興[M]．東京：岩波書店,1934．

[2]栗原荒野．葉隠の神髄[M]．佐賀：佐賀印刷社,1935．

[3]和辻哲郎．葉隠(上・中・下)[M]．古川哲史,校訂．東京：岩波文庫,1940－
　　1941．

[4]橋本実．葉隠研究[M]．東京：平凡社,1940．

[5]山鹿素行．山鹿語类(卷十三)[M]//山鹿素行．山鹿素行全集思想篇(第六
　　卷)．東京：岩波書店,1942．

[6]立花后道．葉隠武士道と禅[M]．東京：三省堂,1942．

[7]山上曹源．葉隠武士の精神[M]．東京：三友社,1942．

[8]紀平正美．葉隠講話[M]．東京：有精堂,1942．

[9]橋本實．日本武士道史[M]．東京：地人書館,1943．

[10]中野礼四郎．葉隠の由来[M]．東京：東京中文館書館,1944．

[11]中村常一．葉隠武士道精义[M]．東京：拓南社,1944．

[12]石田文四郎．日本武士道史の体系的研究[M]．東京：教文社,1944．

[13]和辻哲郎．日本倫理思想史(下卷)[M]．東京：岩波書店,1953．

[14]古川哲史．武士道の思想とその周辺[M]．東京：福村書店,1957．

[15]古川哲史．日本倫理思想史概説[M]．大阪：大阪教育図書,1960．

[16]坂本太郎,家永三郎,井上光貞．日本書紀(下)[M]．大野晋,校注．東京：
　　岩波書店,1966．

[17]筧泰彦．中世武家家訓の研究[M]．東京:風間書房,1967.

[18]城島正祥．葉隠(上・下)[M]．東京:新人物往来社,1967.

[19]中村吉治．武家の歴史[M]．東京:岩波書店,1967.

[20]源了円．義理と人情[M]．東京:中央公論社,1969.

[21]奈良本辰也．日本の名著17葉隠[M]．東京:中央公論社,1969.

[22]神子侃．葉隠[M]．東京:徳間書店,1970.

[23]桜井庄太郎．名誉と恥辱[M]．東京:政法大学出版局,1971.

[24]相良亨．『葉隠』の世界[M]//齋藤一馬,岡山泰四,相良亨．日本思想体系
　　26 三河物語・葉隠．東京:岩波書店,1974.

[25]齋藤一馬,岡山泰四,相良亨．日本思想体系26 三河物語・葉隠[M]．東
　　京:岩波書店,1974.

[26]平出鏗二郎．敵討ち[M]．東京:歳月社,1975.

[27]栗原荒野．校註葉隠[M]．東京:青潮社,1975.

[28]大隈三好．葉隠[M]．東京:新人物往来社,1975.

[29]滝口康彦．葉隠—鍋島武士の人間模様[M]．東京:創元社,1976.

[30]西田幾多郎．西田幾多郎全集 第12巻[M]．東京:岩波書店,1978.

[31]菊池駿助．徳川禁令考 前集三[M]．東京:司法省,1978-1882.

[32]井上義巳．日本教育思想史の研究[M]．東京:勁草書房,1979.

[33]スチュワード・D・B・ピッケン．日本人の自殺 西欧との比較[M]．東京:
　　サイマル出版会,1979.

[34]葦津珍彦．武士道 戦闘者の精神[M]．東京:徳間書店,1981.

[35]德富蘇峰．近世日本国民史:元禄時代(世相篇)[M]．平泉澄,訂．東京:
　　講談社,1982.

[36]鶴見俊輔．戦争時期日本精神史[M]．東京:岩波書店,1982.

[37]三島由紀夫．葉隠入門[M]．東京:新潮文庫,1983.

[38]家永三郎．日本道德思想史[M]．東京:岩波書店,1984.

[39]利根川裕．日本人の死にかた[M]．東京:朝日文庫,1988.

[40]笠谷和比古．主君押込の構造[M]．東京:平凡社,1988.

[41]大道寺友山．武道初心集[M]．加来耕三,訳．東京:教育社,1989.

[42]河原宏．「江戸」の精神史[M]．東京:ぺりかん社,1992.

[43]家永三郎．日本文化史[M]．北京:商務印書館,1992.

［44］相良亨．武士の倫理　近世から現代へ［M］．東京：ぺりかん社,1993.

［45］忠田敏夫．参勤交代道中記［M］．東京：平凡社,1993.

［46］古川哲史．葉隠の世界［M］．東京：思文閣,1993.

［47］山本博文．殉死の構造［M］．東京：弘文堂,1994.

［48］小沢富夫．武士　行動の美学［M］．東京：玉川大学出版部,1994.

［49］入間田宣夫．中世武士団の自我認識［M］．東京：三弥井書店,1998.

［50］小池喜明．葉隠　武士と「奉公」［M］．東京：講談社,1999.

［51］丸山真男．丸山真男講義録　第五冊［M］．東京：東京大学出版会,1999.

［52］竹内誠．元禄人間模様　変動の時代を生きる［M］．東京：角川書店,2000.

［53］津本陽．武将の運命［M］．東京：朝日新聞社,2000.

［54］池上英子．名誉と順応　サムライ精神の歴史社会学［M］．森本醇,訳．東京：NTT出版,2000.

［55］笠谷和比古．⑧－⑨期NHK人間講座　武士道の思想［M］．東京：PHP研究所,2002.

［56］笠谷和比古．武士道その名誉の掟［M］．東京：教育出版株式会社,2003.

［57］笠谷和比古．武士道と現代［M］．東京：産経新聞ニュースサービス,2002.

［58］菅野覚明．武士道の逆襲［M］．東京：講談社,2004.

［59］小沢富夫．歴史としての武士道［M］．東京：ぺりかん社,2005.

［60］田中耕作．初期の鍋島佐賀藩［M］．佐賀：佐賀新聞社,2002.

［61］末次祐司．古賀秀男先生遺稿集［M］．佐賀：佐賀印刷社,2003.

［62］新渡戸稲造．武士道［M］．岬隆一郎,訳．東京：PHPディターズ・グループ,2003.

［63］新渡戸稲造．武士道［M］．矢内原忠雄,訳．東京：岩波書店,2004.

［64］山本博文．『葉隠』の武士道―誤解された「死狂ひ」の思想［M］．東京：PHP研究所,2001.

［65］山本博文．切腹［M］．東京：光文社,2003.

［66］山本博文．武士と世間　なぜ死に急ぐのか［M］．東京：中央公論新社,2003.

［67］三島由紀夫．葉隠入門［M］．東京：新潮社,2003.

［68］藤原正彦．国家の品格［M］．東京：新潮社,2005.

［69］多田顯．武士道の倫理——山鹿素行の場合［M］．千葉：麗澤大学出版会，2006.

［70］鈴木大拙．日本的霊性［M］．東京：角川学芸出版，2010.

［71］八幡和郎，臼井喜法．江戸三〇〇年「普通の武士」はこう生きた［M］．東京：KKベストセラーズ，2011.

［72］佐保恵子．『葉隠』の世界［J］．葉隠研究，2003（49）.

［73］大園隆二郎．佐賀藩の成立事情と『葉隠』［J］．葉隠研究，1989（11）.

［74］川島武宜．義理［J］．思想，1951（327）：21-28.

［75］松田修．葉隠序説［J］．国語国文，1967，36（11）：1-22.

［76］池田史郎．葉隠の成立と基調（藩政改革と明治維新）［J］．九州文化史研究所紀要，1983（31）：221-247.

［77］頼鈺菁．『葉隠』における武士の衆道と忠義——「命を捨てる」ことを中心に——［J］．言葉と文化，2008（9）：147-165.

［78］種村完司．『葉隠』における献身道徳のゆくえ——『葉隠』思想の特殊と普遍（一）——［J］．鹿児島県立短期大学紀要 人文·社会科学篇，2010（61）：1-16.

［79］種村完司．『葉隠』の「死生」観と「性」意識——『葉隠』思想の特殊と普遍（二）——［J］．鹿児島県立短期大学紀要 人文·社会科学篇，2011（62）：1-15.

［80］種村完司．『葉隠』における武士の「自律」と「服従」——『葉隠』思想の特殊と普遍（三）——［J］．鹿児島県立短期大学紀要 人文·社会科学篇，2012（63）：21-35.

［81］種村完司．『葉隠』をどう評価すべきか——『葉隠』の歴史的論理的評価について（その一）——［J］．鹿児島県立短期大学紀要 人文·社会科学篇，2013（64）：1-14.

［82］種村完司．『葉隠』の本質をどう捉え，どう批判するか——『葉隠』の歴史的倫理的評価について（その二）——［J］．鹿児島県立短期大学紀要 人文·社会科学篇，2014（65）：1-14.

［83］種村完司．葉隠思想の逆説性と両義性——『葉隠』の歴史的倫理的評価について（その三）——［J］．鹿児島県立短期大学紀要 人文·社会科学篇，2015（66）：1-20.

中文文献

[1]三岛由纪夫. 叶隐入门[M]. 隰桑,译. 南京:江苏文艺出版社,2010.

[2]福泽谕吉. 文明论概略[M]. 北京编译社,译. 北京:商务印书馆,2011.

[3]内藤湖南. 日本历史与日本文化[M]. 刘克申,译. 北京:商务印书馆, 2012.

[4]铃木大拙. 悟性的提升[M]. 孟祥森,译. 上海:三联书店,2013.

[5]橘玲. (日本人):括号里的日本人[M]. 周以量,译. 北京:中信出版社, 2013.

[6]南博. 日本人的心理 日本人的自我[M]. 刘延洲,译. 北京:社会科学文献 出版社,2014.

[7]菊地仁美. 江户时代的婚姻习俗[M]. 何慈毅,陈唯,译. 南京:南京大学出 版社,2014.

[8]速水融. 近世日本经济社会史[M]. 汪平,李心悦,译. 南京:南京大学出版 社,2015.

[9]弗洛姆. 逃避自由[M]. 刘林海,译. 上海:上海译文出版社,2015.

[10]小和田哲男,本乡和人. 倒叙日本史3 战国·室町·镰仓[M]. 委平和,译. 北京:商务印书馆,2018.

[11]熊野纯彦. 和辻哲郎与日本哲学[M]. 龚颖,译. 北京:生活·读书·新知三 联书店,2018.

[12]唐君毅. 文化意识与道德理性[M]. 北京:中国社会科学出版社,2005.

[13]阎德学. 武士之路 日本战略文化及军事走向[M]. 北京:人民出版社, 2006.

[14]李冬君. 落花一瞬:日本人的精神底色[M]. 北京:北京大学出版社,2007.

[15]姜建强. 山樱花与岛国魂:日本人情绪省思[M]. 上海:上海人民出版社, 2008.

[16]王炜. 日本武士名誉观[M]. 北京:中国社会科学文献出版社,2008.

[17]张崑将. 德川日本"忠""孝"概念的形成与发展:以兵学与阳明学为中心 [M]. 上海:华东师范大学出版社,2008.

[18]关丽丹．武士道与日本近现代文学:以乃木希典与宫本武藏为中心[M]．北京:中国社会科学出版社,2009.

[19]陈杰．幕府时代 镰仓幕府[M]．西安:陕西人民出版社,2013.

[20]陈杰．幕府时代 室町幕府[M]．西安:陕西人民出版社,2013.

[21]陈杰．幕府时代 江户幕府[M]．西安:陕西人民出版社,2013.

[22]戴季陶,蒋百里．日本论 日本人[M]．上海:上海古籍出版社,2013.

[23]娄贵书．日本武士兴亡史[M]．北京:中国社会科学出版社,2013.

[24]娄贵书．武士道与日本现代社会的价值理想[M]．北京:中国社会科学出版社,2014.

[25]张博．浮世绘、武士道与大奥:日本江户时代的大众文化[M]．上海:三联书店,2014.

[26]赵玉皎．森鸥外历史小说研究[M]．天津:南开大学出版社,2015.

[27]李威周．论日本武士道[C]//李威周．中日哲学思想论集．济南:齐鲁书社,1992.

[28]严绍璗．文化的传递与不正确理解的形态:18世纪中国儒学与欧亚文化关系的解析[J]．中国比较文学,1998(4):1-11.

[29]谭艳红．漱石文学与武士道[J]．外国文学研究,2002(3):115-119,129-174.

[30]李群．武士道与文化侵略:探析近松门左卫门文学中的侵华意识[J]．东疆学刊,2005(4):26-31.

[31]李群．近松门文学中的武士道和侵华意识[J]．日本学刊,2006(1):129-139.

[32]朱玲莉．《叶隐》的武士道思想[J]．日本研究论集,2007(00):330-343.

[33]李冬君．关于《叶隐闻书》和武士道[J]．博览群书,2007(9):73-80.

[34]刘柠．《叶隐》、武士道及其他[J]．书城,2007(9):44-50.

[35]朱坤容．向死而生:武士道生死观之述评:以《叶隐闻书》为中心[J]．杭州师范大学学报(社会科学版),2008(3):42-46.

[36]胡水清．日本文学中英雄崇拜的雏形:战记物语中的武士道精神[J]．榆林学院学报,2008,18(5):79-81.

[37]韩东育．关于"武士道"死亡价值观的文化检视[J]．历史研究,2009(4):153-168,192.

[38]韩亮. 简论《叶隐》之"死狂"的精神[J]. 大众文艺,2010(24):143-144.

[39]张晓刚,国宇. 从《叶隐》中的格言蠡测日本人的处世之道[J]. 文化学刊, 2010(2):151-154.

[40]杨钢. 从《叶隐闻书》看日本人的生命价值观:兼与中国文化相比较[J]. 湖 北师范学院学报(哲学社会科学版),2010,30(3):57-59.

[41]张晓明,乔莹洁. 再探日本江户时期的武士道:以山鹿素行士道论和《叶 隐》武士道论为中心[J]. 日本问题研究,2011,25(1):35-41.

[42]李海春,熊晓琳. 武士道之"道"与中国传统文化:以日本《叶隐闻书》为中 心[J]. 世界宗教文化,2011(1):53-56.

[43]笠谷和比古,周志国,杨士敏. 武士道概念的历史沿革[J]. 南开日本研究, 2011(00):90-128.

[44]张玲玲.《叶隐》中的君臣观:与中国传统君臣观的比较[J]. 日本学研究, 2012(00):297-306.

[45]王志.《叶隐》武士道思想简论[J]. 古代文明,2012,6(3):88-93,114.

[46]姜明,张雪梅. 山本常朝与新渡户稻造武士道之生死观分析:以《叶隐闻 书》和《武士道》为中心[J]. 大连大学学报,2013,34(2):76-80.

[47]韦梦夏. 再探《叶隐》武士道的精神实质与其时代变容[D]. 上海:复旦大 学,2014.

[48]赵笑蕾. 意识形态:一个经典概念的历史起点和逻辑起点:读《德意志意识 形态》[J]. 理论学刊,2014(5):14-17.

[49]张秀莹.《叶隐》武士之"勇":以"喧哗"为中心[C]. 中国日语教学研究会, 洛阳外国语学院日本研究中心. 第八届日本学研究论坛论文集(五). 上 海:华东理工大学出版社,2015.

[50]张晓明. "逆转"与不同中的新旧武士道论:以山鹿素行士道论和《叶隐》武 士道论为中心[J]. 日本问题研究,2015,29(4):1-10.

[51]韦立新,陈斌. 也谈近世日本武士的生死观:以《叶隐》为中心[J]. 广东外 语外贸大学学报,2016,27(2):99-104.

[52]张秀莹,张瑾.《叶隐》中山本常朝的义理观:以"众道"为中心[J]. 日语教 育与日本学研究,2017(00):225-229.

附

录

附录一　山本常朝家系关系略图①

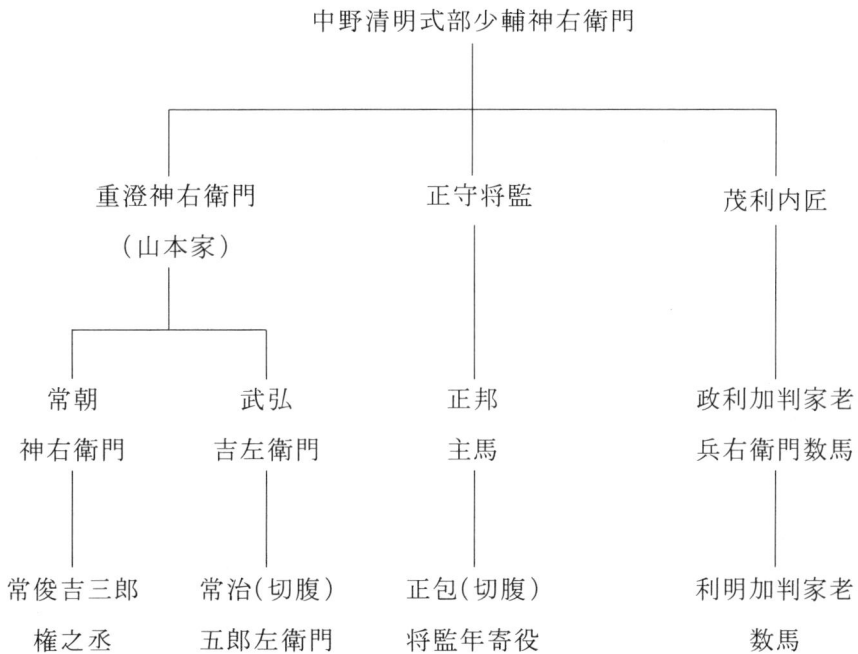

中野清明式部少輔神右衛門

重澄神右衛門
（山本家）

正守将監

茂利内匠

常朝
神右衛門

武弘
吉左衛門

正邦
主馬

政利加判家老
兵右衛門数馬

常俊吉三郎
権之丞

常治（切腹）
五郎左衛門

正包（切腹）
将監年寄役

利明加判家老
数馬

---

① 此图是在参考山本博文的『葉隠の武士道』（PHP研究所、2001年）中相关图表的基础上制
作而成。

附录二　龙造寺家系略图[①]

```
                              康家
        ┌──────────────────┼──────────────────┐
      家兼               家和            胤家
   ┌────────┴────────┐   ┌──────┼──────┐       ┆
 家门           家纯   胤久      胤和      略
   ┆         ┌───┴───┐  │        │
   略   庆阎  周家    女  胤荣    庆阎
              │  ┌────┐  ┆        │
          隆信─┼→隆信  直茂之母  隆信之母
              │      │
              ↑      政家
              ┆      │
              ┆      高房
              └───────┘
```

附录三　与本书内容相关略年表①

　　天正十二年（1584年）三月　龙造寺隆信、有马与岛津的联合军在肥前岛原交战，战死。隆信之子政家被托付给老臣锅岛直茂。

　　天正十五年（1587年）六月　丰臣秀吉平定九州之后，将肥前佐贺三十五万七千石的领地所有权交给龙造寺政家。

　　天正十八年（1590年）　龙造寺政家按照丰臣秀吉的意向隐居，因嫡子高房年幼，锅岛直茂作为后见人掌握的领国的实权。八月，山本神右卫门重澄出生。

　　文禄元年（1592年）四月　锅岛直茂出兵朝鲜，之后回国。

　　庆长二年（1597年）一月　锅岛直茂再次出兵朝鲜，其子胜茂随行。

　　庆长五年（1600年）九月　关原之战。锅岛家从属西军。之后在柳川通过与立花宗茂一战再次确保了领地的领有权。

　　庆长十二年（1607年）九月　龙造寺高房自杀未遂，后伤势过重去世，终年二十二岁。

　　庆长十二年（1607年）十月　政家病死。锅岛胜茂继承了龙造寺，成为佐贺初代藩主。

　　庆长十三年（1608年）　佐贺城开始整体建设，庆长十六年完工。

　　庆长十七年（1612年）　中野神右卫门次子权之丞成为山本助兵卫的养子，

---

① 此年表参考滝口康彦的『葉隠　鍋島武士の人間模様』（創元社、1976年）及『葉隠　武士と「奉公」』（講談社、2006年）的部分章节。

称山本传左卫门。

元和三年（1617年）　锅岛胜茂长子（庶子）元茂创立小城藩,成为小城藩初代藩主。

元和四年（1618年）六月　锅岛直茂去世。终年八十一岁。

元和七年（1621年）　山本传左卫门受命于锅岛胜茂,继承父亲神右卫门之名。

宽永六年（1629年）四月　石田一鼎出生。

宽永十二年（1635年）一月　锅岛胜茂嫡子肥前守忠直病死。终年二十二岁。嫡子翁助（直茂）四岁。

宽永十四年（1637年）　岛原之乱。锅岛家出兵。

宽永十五年（1638年）二月　总攻原城之际,锅岛军违反军令,锅岛胜茂被命令闭门反省。

正保二年（1645年）　石田一鼎成为锅岛胜茂近侍。

庆安元年（1648年）十二月　锅岛光茂元服（古时男子成年时的戴冠仪式）。

明历三年（1657年）二月　锅岛胜茂隐居,光茂成为第二代藩主。石田一鼎成为光茂近侍。

明历三年（1657年）三月　胜茂去世。终年七十八岁。

万治二年（1659年）六月　山本重澄七十岁得子,山本常朝出生,幼名松龟。

宽文二年（1662年）　石田一鼎因触怒光茂,被贬至小城藩领山代乡蛰居。

宽文七年（1667年）　常朝九岁,开始担任锅岛光茂的"侧小僧",名不携。

宽文九年（1669年）　山本神右卫门重澄去世,终年八十岁。石田一鼎被允许回归佐贺,开始闲居下田。湛然和尚离开高传寺。

宽文十二年（1672年）　常朝改名为市十郎,成为锅岛光茂的"小小姓"。

延宝六年（1678年）八月　常朝元服 改名为山本权之丞,被任命为"御侧役""御歌书方"。田代阵基出生。

延宝七年（1679年）四月　常朝至华严庵,承接湛然和尚之佛法法统。

延宝八年（1680年）十一月　湛然和尚圆寂。

天和二年（1682年）六月　常朝结婚。

天和二年（1682年）十一月　常朝堂兄泽边平左卫门因赌博被命切腹,常朝担任"介错人"。

贞亨三年（1686年）二月　常朝担任江户"书写物奉行"。

贞亨三年（1686年）三月　常朝被任命为"京都役"。

贞亨三年（1686年）六月　常朝回到佐贺。

贞亨四年（1687年）七月　山本五郎左卫门常治因自宅着火被问责，切腹。常朝被命离开主君。

元禄二年（1689年）　中野将监被命切腹，常朝担任"介错人"。

元禄四年（1691年）九月　常朝奉光茂之命复职，继续担任"御书物役"。光茂赐其沿用其父"神右卫门"之名。

元禄六年（1693年）十二月，石田一鼎去世。

元禄八年（1695年）十一月　锅岛光茂隐居。嫡子纲茂继任第三代藩主。

元禄九年（1696年）三月　为了完成锅岛光茂的夙愿，常朝从三条西实教那里拿到《古今传授》，常朝被任命为"京都役"。

元禄九年（1696年）十二月　田代阵基十九岁，成为纲茂的"佑笔"。

元禄十二年（1696年）　第三代藩主锅岛纲茂加增常朝俸禄。

元禄十三年（1700年）五月　常朝归国，将《古今传授》的秘卷交于病榻之上的光茂。光茂去世。常朝出家。

元禄十三年（1700年）七月　常朝进入黑土原的草庵朝阳轩。

宝永二年（1705年）五月　田代阵基成为武士，俸禄为十五石禄米。

宝永四年（1707年）二月　锅岛纲茂去世。其弟吉茂成为第四代藩主。

宝永四年（1707年）四月　常朝完成其父神右卫门年谱，交于养子吉三郎（权之丞）。

宝永五年（1708年）二月　常朝将"奉公"心得写进《愚见集》，交于权之丞。

宝永六年（1709年）五月　田代阵基被免去"御侧役"。

宝永七年（1710年）三月　田代阵基初次前往黑土原的草庵拜访山本常朝，此后频繁拜访，记录与山本常朝的谈话。

正德四年（1714年）五月　常朝著《乍恐书置之觉》一卷，翌年，献给川久保邑主神代主膳（其后的五代藩主锅岛宗茂）。

正德五年（1715年）常朝完成一卷《饯别》，交于养子权之丞。

享保元年（1716年）九月　田代阵基将《叶隐》全十一卷编订完成。

享保四年（1719年）十月　常朝去世。终年六十一岁。法名旭山常朝。墓地位于八户龙云寺。

享保十六年（1731年）八月　田代阵基成为五代藩主锅岛宗茂的"御佑笔"。

宽延元年（1748年）四月　田代阵基去世。终年七十一岁。

后 记

　　我与《叶隐》的邂逅,始于20世纪90年代末的大学课堂。彼时,通过阅读新渡户稻造的《武士道》,获知了《叶隐》的存在,得知"武士道便是死亡之道"是《叶隐》这本武士道书的主旨。也因为《武士道》的只言片语,我对《叶隐》武士道的最初印象仅停留在武士的"死狂"精神和一把把滴血的武士刀上面。

　　研究生二年级时,我获得以交换留学生的身份赴日留学一年的机会。留学所在地福冈,距《叶隐》的发祥地佐贺,大约只有不到两个小时的车程。我的日本指导老师难波征男教授和大学院同学永田女士,曾驾车带我到佐贺进行实地调查,参观了《叶隐》的口述者山本常朝和笔录者田代阵基生活过的地方,以及他们所侍奉的主君锅岛家的菩提寺。幸运的是,因为佐贺县立图书馆大园隆二郎先生的协助,当时还得以近距离地接触有关《叶隐》的第一手资料。因为这些难得的经历,尽管彼时不得不面临阅读古日语的难题,我还是义无反顾地将《叶隐》定为我的硕士学位论文的题目。研究生毕业留校后,因为教学工作及结婚生女等人生路上众多琐事之牵绊,我与《叶隐》曾经若即若离了若干年,待到重新集中精力阅读,已是2012年我再次赴日之后的事情了。真是应了那句话,"年少不懂书中意,读懂已是书中人"。多年后再读,才深知《叶隐》绝对可以担当得起"经典"二字,是值得一读再读的。它不仅仅在写武士之道,充溢其间的还有个人与体制、自我与他者、生与死的矛盾,是每一个被禁锢在时间与生命之中的人,都不得不面对的问题。那一段时间,我甚至将《叶隐》作为枕边书,不断地反复阅读,而每一次阅读必然有不同于上一次阅读的感受与收获。我发现,《叶隐》不仅是伦理的,同时也是文学的和哲学的。我希望更多的人能阅读《叶隐》,了解《叶隐》,并从中获取"生"的力量。回国后,我将在日期间的思考进行了整理和总结,以"从《叶隐》看日本武士道的根本思想"为题,申报了教育部人文社会科学一般项目,并于2014年成功获批,最终得到该项目中青年资金项目的资助。本部专著便是这一课题研究的最终成果体现。

　　"宝剑锋从磨砺出,梅花香自苦寒来。"历时数载春秋,伴随本人经验、阅历的不断丰富,书稿也在几经修改后得以最终完成。回首处,几多辛苦甘甜,如人饮水,冷暖自知。在本书即将付梓之际,忽觉心中的感激之情无以言表。一路走来,我要感谢的,实在太多。首先,要感谢教育部人文社会科学项目的资金资助;其次,要感谢我的母校,也是我的供职单位——大连外国语大学,为我提供的不遗余力的支持,也感谢我读博期间的母校——同济大学,为我提供的良好的科研环境;最后,感谢在我的学习、工作和生活方面,总是默默且无私地关心、爱护我的家人,尤其是我懂事而又自立的女儿,还要感谢那些真心爱我的朋友。这里,要特别提及的,是本书的责任编辑姚媛女士。从本书的校稿到版面的确定,从封面设计到全书内容等的确认,姚女士事无巨细,一一过问,其严谨的工作作风和敬业精神,使我深受感动。记录在此,以表谢意!

　　除了直接引用的参考文献之外,本书在撰写过程中,也参阅了很多其他资料,在此对各位先学致以诚挚的敬意和感谢。另外,囿于本人学力和能力所限,书中难免存在不足之处,恳请各位方家、读者批评指正。

2019 年 8 月 5 日

于古城京都四条大宫